柳田國男と東北大学

鈴木岩弓・小林隆 編

東北大学出版会

Kunio YANAGITA and Tohoku University

Iwayumi SUZUKI , Takashi KOBAYASHI

Tohoku University Press, Sendai

ISBN978-4-86163-311-9

はじめに

〝日本民俗学の祖〟とも呼ばれる柳田國男が、「日本民俗学」と冠する授業を大学の講義の中で行った最初は、一九三七年五月三日から始まった東北帝国大学における集中講義であった。この時の授業について柳田は、一〇年後の一九四七年に出された「現代科学といふこと」において以下のように回顧している。

昭和十二年に、東北大学の法文学部では私を招いて、始めて日本民俗学の講義をさせた。ところがあの大学としてはまことに不作な年で、国史科は三年を通じて、大島正隆といふ人たった一人しか無かった。この外に心理学の教室から数名、助手や副手の篤学の聴講者を合せて、十数人の聴手があっただけだった。それでもこの大島君が非常に熱心にノートを取ってくれたので、いつか借りて見て置かうと思って居るうちに、この人はあまり勉強し過ぎて若死にをしてしまった。さうして私の手控はや丶不完全である。(「現代科学といふこと」民俗学研究所編『民俗学新講』、明世堂書店、一九四七年(『全集』㉛、三八五〜六頁))

柳田が見たいと思っていたこの時の講義ノート、実は、現存していた。大島の遺族から考古学教授であった伊東信雄の手に渡ったノートは、その後宗教学教授であった堀一郎に託された。堀が柳田國男の娘婿にあたると言うこともあったのかもしれない。その堀は東北大から東大に転勤し、定年後に柳田國男と近しい成城大学教授となった。そうした経緯で大島のノートは、最終的には成城大学の鎌田久子教授のもとに保管されるところとなった。鎌田はこのノートを翻刻し、さらに柳田國男のメモや著書を参照した上で校閲を加えて、成城大学大学院文学研究科で刊行している『日本常民文化紀要』の第一五輯（平成二年三月）及び同第一六輯（平成三年一月）に二回に分けて掲載したのである。

「柳田国男先生『日本民俗学講義』」と題された大島のノートによると、第一回目の授業、一九三七年五月三日の授業の冒頭の第一声を、柳田國男は以下のように始めている。

日本民俗学と題して講義するのはこれが始めてであり、多分これが後々記念すべき出来事の一つとなることを自信している。

（『日本常民文化紀要』第一五輯、三四頁、一九九〇年）

以来八〇有余年、「日本民俗学」の言葉は日本国内の大学や各地の民俗研究会の中に広がったのみならず、日本文化研究のさまざまな場面に展開し、隣接諸科学に対しても多大な影響をもたらしてきたことは、周知の通りである。

本書は、そうした機縁のある東北大学において、文学研究科の東北文化研究室主催で開催されたシンポジウム、「柳田國男と東北大学」において発表された内容をもとに、若干の手を加えてまとめたものである。東北文化研究室というのは、その前身が一九二五年（大正一四）に東北帝国大学法文学部国史研究室に設置された奥羽史料調査部で、戦後、新制大学に移管後の一九五五年（昭和三〇）に文学部内の独立研究室として発足し、現在は東北大学大学院文学研究科内の共同利用施設となっている。とりわけ東北地方を対象とした研究を行っている教員・大学院生が兼担し、それぞれの専門研究をタテ糸とするなら、〝東北〟という括りのヨコ糸の中で、年一回の紀要の刊行と講演会の実施を中心とした研究活動を行っている。所属研究室は日本史・宗教学・国語学・社会学から始まり、現在では心理学・国文学・日本思想史学・考古学・日本美術史学・行動科学・文化人類学などにも広がってきたが、今回の企画のように、文学研究科内の他の研究領域の教員も随時参加して企画・運営されることもある、入会地的研究母体である。

シンポジウムの開催は、震災のあった二〇一一年の一一月一九、二〇日の両日のこと。一九六二年の八月八日に亡くなった柳田國男の五十年祭を記念して、東北文化研究室の公開講演会として企画され、東北大学川内北キャンパスのマルチメディア教育研究棟においてであった。当日は仙台市内はもちろん、東京や関西方面からも多数の参加者があり、たいへん盛会裡に実施することが出来た。特に一日目の夕刻から開催した懇親会では、さまざまな立場からさまざまな想いを持って柳田に対峙してきた人々同士の新たな出会いが生まれ、その間でいろいろな意見交換・情報交換も進み、本書執筆のための新史料の発見も見られた。

本シンポジウムの企画は、それまで「日本民俗学」という用語の使用に慎重であった柳田國男が、東北帝国大学での集中講義の講義題名で初めてこの名を掲げることを決断した、というご縁をもとに、東北大学の文学研究科・教育学研究科・国際文化研究科といった、大学内で人文学を担っている部局に所属する教員たちが、それぞれの関わるさまざまな学問分野から柳田國男の業績を再考し、今後に向けたその可能性について模索しようとするものであった。とはいえ誤解の無いように確認しておくと、当時も現在も、東北大学には、専門分野として「日本民俗学」を標榜する教員は、誰一人としていないのである。しかしそのことは、東北大学の教員が、柳田國男の提出してきた膨大な業績と全く無関係な生活を送っていると言うことを意味してはいない。とりわけ日本文化の研究に関わる多くの教員は、それぞれの研究を進めていくに際して、さまざまな場面において柳田國男の業績と出会い、啓発されることもあれば時には格闘することも珍しいことではない。柳田國男の業績に対して「柳田学」という言い方がなされることが示すように、彼の研究成果は一つの既存学問体系の中にのみ還元されるものではない。複数の学問分野が絡み合った非常に幅の広い視座の中に組み立てられる論理は、「日本民俗学」を専攻していない研究者にとってもどこかしら重なる部分があり、彼の指摘はさまざまな導きの糸となって多くの場面において関わりがもたれてきた。

その意味で本書の企画は、『柳田國男と○○』というこれまでにも数多く出版されてきた類書とは一線を画している。つまりこの企画には「日本民俗学」の専門家が誰一人として参加してはおらず、民俗学そのものの議論を深めようという目論見で作られてはいないということである。「日本民俗学」の専門家からすれば、どちらかというと周辺部、場合によると全く相容れないと考えられがちな学問領域の研究者が柳田國男を逆照射することで、柳田の思想、柳田の業績を再考してみようという企画だからである。逆に言えば、柳田國男のもつ研究領域というのはとてつもなく大きく、深みを持っていると言うことであろう。それがゆえに柳田は、現在さまざまな研究領域から先端的な研究を進めている東北大学の人文学研究者の思惑を、それぞれしっかりと受け止めてくれるような幅の広い間口をもった学者であると言うことが出来よう。本書の中には、そうした数多くの研究領域から柳田國男と対峙した成果がまとめられている。柳田國男との浅からぬ縁をもった東北大学におけるこの企画を通じ、没後半世紀を過ぎた柳田國男の業績を広く人文学の中に再定位し、その現代的意味を考えると同時に今後への展開を考える手掛かりとなることができれば幸いである。

本書の刊行にあたっては、文学研究科の研究科長裁量経費からの援助を頂くことができた。篤く御礼申し上げる次第です。

鈴木岩弓

小林隆

目次

凡例

・本書において柳田國男の著作を引用する際には、原則的に筑摩書房刊の『柳田國男全集』を典拠とした。その際には（『全集』㉛　一七頁）の様に表記し、巻号は○の中に算用数字で示した。
・また『柳田國男全集』の刊行が現在も継続中であるため、『全集』で典拠が示せない場合は、以前までの柳田國男研究の際に用いられてきた『定本柳田國男集』筑摩書房を用い（『定本』⑩　三二頁）のように表記した。
・さらに『全集』『定本』どちらにも掲載が見られない著作に関しては、それぞれ執筆者が使用した著作を典拠として示すこととした。
・本書の執筆者の専門領域はさまざまであって、それぞれの研究分野の〝書式〟に則って論考が執筆されている。編者としては、本書は専門書と言うより一般読者を想定して編集しているため、文献の典拠は本文の中に（　）で示し、「注」は極力本文に入れる形で整理した。しかしそうした書き方が難しい論考もあり、体裁に不統一が見られてしまった。これは上記のように、研究分野ごとの〝書式〟に基づくものとしてお許し頂きたい。

第一章　現代を生きる柳田國男

野家啓一

はじめに

本稿は、柳田國男五十年祭を記念して「柳田國男と東北大学」をメインテーマとする二日間にわたるシンポジウムが開かれるにあたり、思いがけず担当した基調講演をもとにまとめたものである。私は柳田國男についてはまったく専門外の素人で、民俗学とも歴史学とも関係のない西洋哲学の研究者であり、柳田國男の著作についてはこれまで自分なりの勝手な関心を持って読んできたにすぎない。ただ、自分の著作の中で言及したり引用したりしたこともあるので、多分そんなところを見つけられて、基調講演という大役を押し付けられる破目になったと思われる。したがって、基調講演というよりは、後から登壇する専門家の話の引き立て役、真打ち登場を準備する前座の話と思ってお読みいただければ幸いである。

二〇一一年一〇月、『讀賣新聞』の読書委員を務めていた関係で、東日本大震災と関わらせて柳田國男の現代的意義について何か書くようにとの依頼があった。本稿はその内容を膨らませたものであり、イントロダクションとして、まずはその記事を再掲させていただくことから始めたい（『読売新聞』二〇一一年一〇月一〇日「時事×思想」欄に野家啓一「大震災を語り継ぐ×柳田國男」と題して掲載）。

＊　＊　＊　＊　＊

柳田國男は「旅」を愛し、旅を「方法」とした民俗学者であった。すなわち、空間を水平に移動することによって時間を垂直に遡り、そこに生活の「原基」というべきものを探り当てた、という意味である。事実、日本国内で彼が足跡を残さなかった地域はほとんどないと言ってよい。

大正九年（一九二〇）の盛夏、貴族院書記官長を辞して朝日新聞社客員となった柳田は、東北地方東海岸の旅に出た。二ヶ月ほどの旅程は、仙台から石巻を経て三陸海岸を北上するもので、今回の東日本大震災による津波の被災地域にほぼ重なる。その紀行文「豆手帖から」は、後に名作『雪国の春』に収められた。

その中に「二十五箇年後」と題する一篇がある。冒頭は「唐桑浜の宿と云ふ部落では、家の数が四十戸足らずの中、只の一戸だけ残って他は悉くあの海嘯で潰れた」（『全集』③　六九三）と始まる。言うまでもなく、明治二九年（一八九六）の三陸大津波の描写である。

柳田は土地の故老たちの言い伝えを採録しながら「話になるやうな話だけが、繰返されて濃厚に語り伝へられ、不立文字の記録は年々に其冊数を減じつゝ、あるかと思われる」（同　六九四）と記している。大津波による惨禍の記憶も、二十五年の後にはすでに薄れているのである。村ごとに建てられた記念塔は「恨み綿々など、書いた碑文も漢語で、最早其前に立つ人も無い」（同　六九五）という有様であった。だが、柳田はそれを丹念に書き留めることによって、「死ぬまじくして死んだ」（同　六九四）人々に一灯を献じようとしたのである。

他方、家族を失い家財を流されながら生き残った人々の苦しみは想像に余りある。先の東日本大震災に際して、被災者の救助に当たった桑山紀彦医師は「心のケアが必要な人にとって、記憶を紡ぎ出し、それを物語化し、どういう形でどこに仕舞う、つまり奉納するかという一連の作業が必要です」（海堂尊監修『救命』新潮社）と語っている。

被災者にとって、家族や家財と共にあったはずの過去、ありうるはずの将来の物語が突然断ち切られたのである。それゆえ彼／彼女らは、自己の物語を再構築して「語り直す」ことを強いられている。それは筆舌に尽くし難い個々人の「体験」を、言葉によって普遍的な「経験」へと昇華し、次世代の子供たちへと語り残す作業でもある。

そのような口頭伝承、すなわち「個々の小さな口から耳への伝承」を世代間コミュニケーションの手段として重視したのも、『口承文芸史考』を書いた柳田であった。彼はその中で「話のカタルにも元は多数の参加、知識の共同の意味があったのかと私は思ふ」（『全集』⑯　四四二）と述べている。

つまり、「語る」という営みは個人の記憶や経験を言葉によって共同化し、共同体の記憶や経験として蘇生させるための不可欠のメディアにほかならない。避け難い忘却の力に抗うのは、何よりも「物語る力」なのである。

柳田自身によるそうした「喪の作業」の一端を、私たちは、月夜の浜辺で女たちばかりの盆踊りに遭遇し、それを囃す哀切な歌謡の由来を尋ねた佳編「清光館哀史」の中に見ることができる。

柳田國男が民俗学を通じて生涯をかけて追求し続けたのは、生者と死者との絆をどのように結び直すのか、そして名もなき人々の「幸福」とはいかなるものか、という日本人へ向けた問いであった。

だとすれば、三月一一日の大震災によって亀裂が走り、綻びの生じた私たち自身の物語を紡ぎ直し、新たな一歩を踏み出すためにも、柳田の著作は今こそ読み直されるべきなのである(1)。

＊　＊　＊　＊　＊

本章の構成だが、最初に「方法としての〈旅〉」、柳田國男は旅、旅行についてどのような考えを持っていたのか、それが彼の学問にどう反映しているのかについて考えてみたい。それから二〇一一年三月一一日の東日本大震災、この東北大学もかなりの被害を受けたし、また私自身も自宅が全壊と判定され、罹災証明書なるものを初めて交付されたが、その大震災の後で柳田國男を読む意味について考えたい。実際、柳田國男は『雪国の春』という著作の中で、唐桑半島を訪れた折に「二十五箇年後」という短いエッセーを書いており、そこで一八九六年（明治二九）の三陸大津波のことに詳しく触れている。

もう一つは、この大震災の体験をどういうふうに語り継ぐかという側面から柳田國男を読み直すことである。周知のように、柳田國男は「口承文芸」というジャンルについて鋭い考察を重ねているが、そういう観点からも彼の思想を読み解いていきたい。

それから最後は、仮に「幸福論の復権」とでも言っておくが、柳田が彼の学問の目標に置いていたのは、やはり「日本人の幸福」とはいかなるものか、という問いであった。しかも、小さきもの、名もなき人々の幸福はどうあるべきか、ということについての考察が彼の民俗学を支えていたと言っても過言ではない。最後の部分は、柳田のその「幸福観」というか、日本人の生き方についての考え方を、これは私の専門にやや近いのだが、現代の政治哲学、コミュニタリアリズムといわれる潮流、その代表的な論客は「白熱教室」で有名なマイケル・サンデル教授だが、そのコミュニタリアリズムの考え方と柳田國男の思想の接点を探ってみたい。

一．方法としての旅

第一節に「方法としての〈旅〉」というタイトルをつけたが、周知のように柳田國男は日本全国にほとんどくまなく足跡を残している大旅行家であった。当時はまだ新幹線など便利な交通手段がない時代であり、彼はわらじに脚絆で全国を駆け巡ったわけである。そういう柳田國男にとっての旅の持つ意味というものを考えてみたい。

ここで、いささか唐突ながら、レヴィ＝ストロースという有名な文化人類学者の『悲しき熱帯（Tristes tropiques）』という書物を引くことから始めたい。彼はその冒頭で「私は旅や探検家が嫌いだ。それなのに、いま私はこうして自分の探検旅行のことを語ろうとしている。だが、そう心を決まるまでにどれだけ時間がかかったことか！（中略）一体何だというのだ？あのたくさんの味気ない些事や取るに足りない出来事を細々と物語る必要があるだろうか」（レヴィ＝ストロース『悲しき熱帯Ⅰ』川田順三訳、中央公論新社、二〇〇一年、四頁）と述べている。文化人類学者とは思えないような、あるいはフィールドワークを仕事にしている学者とは思えないような率直な告白である。

それに対して柳田國男は、生涯を通して旅を愛した人であった。典型的なものとして、『豆の葉と太陽』という著作の自序を挙げることができる。「たとへば厚く刺したわらじ足袋に、新らしい草鞋のはき心地、あれが早朝の山道に少し湿って、足の裏を軽く押す感じなどは、曾て私にと取っては旅の一つの要素であった。大地を踏みしめて一歩毎に、移り動いて行く風景を観たといふ記憶は、いつでもこの卑近な触覚を伴なうて居る」（『全集』⑫　二〇一）といった具合である。これを読んだだけでも、柳田國男がいかに旅を愛したか、あるいはわらじの感触とともに日本中をくまなく駆け巡ったかということがわかるであろう。だが、彼は単に旅を愛しただけではなく、旅を「学問の方法」としたところに非常に大きな特徴があると私は考えている。

柳田國男の学問的方法ということで言えば、鶴見俊輔が「柳田國男の学風」という短いエッセーを書いている。その中で彼は「柳田國男の学問は方法としては現象学的であり、傾向としては伝統主義的である」と述べており、さらに「現象学的方法は、とにかく現れてくることは、何一つもらさず、全部かきしるしておくということである。（略）資料批判の欠如と法則への還元の弱さとが、この現象学的方法につきまとっている」（鶴見俊輔「柳田國男の学風」、神島二郎（編）『柳田國男研究』筑摩書房、一九七三年所収、一五二、一五三頁）と続けている。私は多少なりとも現象学の専門家なので、この鶴見の現象学理解はいささか浅薄で間違っていると言わざるをえない。すべてとにかく現れてくるものを細大漏らさず書き記しておくのが現象学だと思われるのは甚だ心外だが、ともかく柳田が旅で見聞したことを手帳に絶えず書き記していたことは事実であるし、また彼の考え方が伝統主義的であるのは、これは紛れもないことである。

鶴見は柳田の現象学的方法の弱点として「資料批判の欠如と法則への還元の弱さ」、つまり体系的厳密性がないということを指摘しているわけだが、そのあとで、逆にそれを柳田の学問の強みとして評価してもいる。つまり西洋の学問に見られるような緻密な資料批判や体系性が欠如しているからこそ、柳田はそれぞれの土地の人々の心情の中に深く食い入ることができたというわけである。

ただ、この「現象学的」ということについて、先に鶴見の理解は間違っていると批判したが、柳田の方法に関しては、当たらずとも遠からずという面がある。柳田國男は幾つかの旅行論を書いているが、岩波文庫で手に入る『青年と学問』という本の中には旅行についてのエッセーが二編ばかり収録されている。その一つ「旅行の進歩および退歩」の中で柳田は、「然らば旅行の価値標準、旅行の第一義は如何。此問題は私にはさして答へにくゝは無い。一言にしていへば本を読むのと同じである。（略）良き旅行といふのもやはり良き読書と同じで、単に自分だけが之に由って、より良き人となるのみならず、同時にこの人類の集合生活にも、何か新たなるもの、又幸福なるものを齎し得るか否かに帰着する」（『全集』④　三八）と、旅行を読書になぞらえて論じている。旅というものは、いわば世界を読むことにほかならない。デカルトの『方法序説』の中に、世界という大きな書物を読むために自分は旅に出たという一節があるけれども、柳田國男もまた世界（世間）を読む行為に旅行をたとえている。それゆえ、世界あるいは世間というものを一冊の書物のように解読する楽しみを彼は旅行の中に見出していたのである。その際に、旅行は個人的な楽しみに留まるものではなく、「人類の集合生活」というところに柳田は着目している。そこで「何か新たなるもの、また幸福なるもの」と表現しているが、そういうものを旅行がもたらし得るかどうかが「よい読書、よい旅行」に共通して求められるものだというわけである。

同じエッセーの中で柳田は、今でいうとパック旅行というようなことがこれから盛んになるだろうし、そういうことの組織を自分はつくってみたいということまで言っている。根っからの旅行好きと言うべきだろう。ある研究者の論文のなかには、柳田國男がしょっちゅう家を空けて旅行にばかり出ていたのは、何か家に居づらい事情があったのではないかと邪推（?）しているものさえある。そんなことはないと思われるが、ともかく彼は全国を駆け巡ってさまざまな聞き書きを取ることに専心した。

同じく『青年と学問』に収められた「旅行と歴史」と題するエッセーのなかで、柳田國男は旅行の効用を論じ、「魚が水に居り人が空気の中に住んで、水空気に馴れて感ぜぬ如く、生れた時から周囲の人ばかりと接して居ては何とも思はなかったものが、一旦其の間から抜け出して振返り、或は前と後とを比較して見る時に、始めて少しずつ自分と周囲との関係が分って来る。是が所謂旅をさせよの意味であったと思ふ」（同四五）と述べている。

先ほど鶴見俊輔が柳田の方法を「現象学的」と特徴づけたことを紹介しておいた。それからすると柳田は、我々が日常的にどっぷりつかっている既存の人間関係や社会関係のしがらみからいったん身を切り離して新たな時間と空間の中に身を置くこと、そこに旅、旅行の効用を見出しているのである。現象学には「現象学的還元」という日常的・自然的態度から離脱するための重要な手続きがある。これは「エポケー」ないしは「判断停止」とも呼ばれている操作である。現象学を創始したフッサールは、我々が哲学的な態度に立って世界を見直すためには、まず誰もが首までつかっているこの日常性、自明性からいったん身をもぎ離し、先入見を遮断して——それが「判断停止」と呼ばれる——もう一遍世界を原初の生まれ出ずる姿において見直す訓練をしなくてはならない、と述べている。それが「現象学的還元」にほかならない。

それゆえ、我々が今まで自明のもの、当たり前のことと考えてきたことにいったん判断停止を加え、新たに世界を「驚き」とともに捉え直す方法として、フッサールはこの現象学的還元という手続きを導入したわけである。先の文言を見てみると、柳田が旅行、旅に求めたのもまさにそういう世界、世間を見直すためにこれまでのしがらみや日常性、自明性からいったん身を引き離し、そこから抜け出して振り返るという、そういう手続きを想定していたことはきわめて興味深く思われる。またそれは、彼が旅に求めたものが何であったのかを、おのずから語っていると言ってよい。つまり、我々は空気の中に住んでいるわけだが、空気が希薄になったり、汚染されて初めて、我々は空気の重要性に気づくのである。それと同じように、我々がふだん吸っている空気とは別の空気に触れる、異なる空間に身を置くことによって、これまでの我々の生活を振り返り反省してみるきっかけが生まれる、柳田が旅に託したのはそういう経験ではないだろうか。

そのような観点から柳田は菅江真澄という大旅行家で、特に東北地方を旅したことで知られる江戸時代の文筆家にしばしば言及している。柳田はその菅江真澄に非常に親炙しており、何篇かの菅江真澄論を書いているほどである。これは『雪国の春』の中に見られる菅江真澄論だが、「この風雅人の旅の日記を見て、何よりも先づ目に立つのは田夫野人の言葉、彼等と何の心遣ひも無く、自由に立話をした見馴れぬ遠来の客の旅姿であった。此時代の東北の田舎に於ては、ちゃうど明治の終頃に、やたらに洋服を着た者に目礼をしたと同じく、旅人を粗末にせぬしをらしい気風があったこと、思ふが、真澄も亦特段に、家々の奉公人とか女や子供とかの、物言ひ挙動に注意をする人であった」（『全集』③ 六四〇―一）と菅江真澄の旅姿を描いている。

すぐに気がつかれるように、これはおのずから柳田國男自身の旅姿を描いたもののように見える。それゆえ、この「田夫野人の言葉、彼等と何の心遣ひも無く自由に立話をし」といったところ、あるいは「家々の奉公人とか女や子供とかの、物言ひ挙動に注意をする人であった」というのは、まさに柳田國男その人の振る舞いでもあったかと思われる。

私は哲学が専門なので、それをもう少し抽象化してみたいと思うのだが、専門家の言葉をまず引用すると、文化人類学者の米山俊直は「柳田國男の旅」と題する報告論文の中で「柳田学の最大の功績は、明治以来の日本において、文字以前のものとして存在していた世界を、文字のある世界に組み込ませたことだと思う。（略）近代における柳田の事業は、すでに確立されている文字のある世界へ、とりのこされてきた無文字の世界を、改めて組み入れてゆくことであった」（米山俊直「報告　柳田國男の旅」、神島二郎・伊藤幹治（編）『シンポジウム柳田國男』日本放送出版協会、一九七三年、七三頁）とその功績を評価している。これは柳田が『口承文芸史考』という本の中でも、絶えず文字に残されたものと文字に残されていないものの対比という形で我々の文化の伝承を考えていたことを思い合わせれば、まさに的確な指摘と言うべきであろう。旅というのは基本的には空間的な水平移動、歩くにせよ飛行機にせよ新幹線にせよ、水平的に空間を移動する行為である。しかし、柳田の場合、その空間的な水平移動という行為が、同時に時間的な垂直遡行というか、時間的に遡るという意味を二重写しに持っていた旅であったと考えることができる。それはまさに無文字世界の中へと空間を水平移動することによって、垂直に過去の無文字世界の中へと降り立つような旅であったということができるであろう。

その無文字世界への移行というのは、まさに我々の生活の「原基」を浮き彫りにする、あるいは原型、プロトタイプへと遡るような作業であった。そういう作業を通じて柳田は「歴史と民俗の発見」を敢行したのである。石母田正に似たタイトルの『歴史と民族の発見』という著作があったが、そういう水平的な空間移動が同時に時間的な垂直の遡行であるような旅を通じて、柳田は生活の原基を発見し、そこに幾重にも層をなす歴史の積み重なり、累積した歴史的な地層を発見していったのだと言えるであろう。そういう意味で、まさに柳田民俗学と旅、旅行というのは切っても切り離せない関係にあったのではないかと思われるのである。

二．大震災の後で

第二節には「大震災の後で」というタイトルを掲げた。一九二〇年、大正九年のことだが、柳田國男は四六歳の折に、よく知られているように、貴族院の書記官長を辞職して朝日新聞の客員となった。貴族院書記官長を辞するに当たっては色々な事情が推測されているけれども、とにかく彼は自由人となって旅がしたかったのである。そのことは、朝日新聞の客員となるに当たって、三年間は自由に旅をさせてほしいという条件を朝日新聞側に飲ませたと言われていることからも知られる。とりわけこの一九二〇年、大正九年という年は柳田自身が「自分にとって非常に意味のある旅をした一年であった」と回顧しているが、まず佐渡に渡り、それから東日本大震災の被災地とも関係の深い東北の東海岸をずっと北へ遡行し続ける。それから、東海、近畿と歩いて山陽地方に及び、最後には沖縄に渡って、後に『海南小記』という著作にまとめられるような旅行をすることになるのである。

特に、この東北東海岸の旅行については「豆手帖から」と題された『雪国の春』に収められている小文集があるが、これは旅の先々での見聞を柳田國男が、原稿用紙で三枚か四枚ぐらいの短い記事にまとめ、朝日新聞に送って連載されたものである。短いものではあるが、それを東北東海岸の旅行成果として上げることができるだろう。

どのように東北東海岸を旅行したかについては、当時大学院生で旅に同行した松本信弘が次のように回想している。「その間、柳田先生は仙台を起点として……」、たしかこの仙台では土井晩翠夫人がまとめた仙台方言集に感銘を受けたということが記されているが、「仙台を起点として海岸沿いに北上の旅を重ね、一旦遠野に来られ、私をおつれになり……」というのは松本はその当時遠野で調査をしていたらしいのだが、「……最後に気仙沼から船で釜石に渡り、そこで遠野の佐々木さん……」、あの『遠野物語』の語り部であった佐々木喜善のことである、「……を一行に加え、総勢三人でいよいよリアス式の上り下りの多い海岸道を一路八戸のあたりまで向かうことになったのである」（松本信広「東北の旅」、臼井吉見（編）『柳田國男回想』筑摩書房、一九七二年、四一頁）と記述されている。

したがって、仙台から出発して三陸海岸沿いをずっと北上して、気仙沼から釜石へは船で行き、あとは徒歩でさらに青森の八戸まで北上するというきわめて長い行程で、おそらく二カ月ぐらいかかったかと思われる。大正九年の八月と九月、ほぼ二カ月をかけてこのような三陸海岸の旅をしたのである。そして、気づかれるように、柳田國男が北上したこのルートというのは、二〇一一年の三月一一日の東日本大震災で津波により壊滅的な被害を受けた地域であった。

本節に「大震災の後で」というタイトルをつけたのは、もちろん三月一一日の大震災の後でという意味も含まれているが、柳田國男が一八九六年（明治二九）の三陸大津波の被災地を、それから二五年の後に訪れたということもむろん重ね合わされている。

その「豆手帖から」という『朝日新聞』の連載記事の中に「二十五箇年後」というエッセー、特に三・一一以降は多くの方々が言及されているエッセーがある。その冒頭に、「唐桑浜の宿と云ふ部落では、家の数が四十戸足らずの中、只の一戸だけ残って他は悉くあの海嘯で潰れた。その残ったと云ふ家でも床の上に四尺あがり、時の間にさっと引いて、浮く程の物は総て持って行って了った。（略）其晩はそれから家の薪を三百束ほども焚いたと云ふ。海上から此火の光を見掛けて、泳いで帰った者も大分あった」（『全集』③六九三―四）という文章が見える。そこから、津波で海にさらわれた母子が一晩経って帰ってきたという場面が続くのだが、「母は如何な事が有っても此子は放すまいと思って、左の手で精一杯に抱へて居た。乳房を含ませて居た為に、潮水は少しも飲まなかったが山に上がって夜通し焚火の傍にぢっとして居たので、翌朝見ると赤子の顔から頭へかけて、煤の埃で胡麻あえのやうになって居たさうである」（同前）といった印象的なエピソードが綴られている。

気仙沼に近い唐桑半島の巨釜とか半造と呼ばれる景勝地に行かれた方はご存じだろうが、ここに柳田國男の「二十五箇年後」の一部を刻した文学碑が立っている。その中に次のような一節がある。「話になるやうな話だけが、繰返されて濃厚に語り伝へられ、不立文字の記録は年々に其冊数を減じつゝあるかと思はれる」（同　六九四）。つまり、ある特定のエピソードだけがことごとしく語り伝えられ、不立文字の記録と言われているが、言葉にならない体験は年ごとに忘れ去られていく、ということであろう。さらに柳田は「明治二九年の記念塔は之に反して村毎に有るが、恨み綿々など、書いた碑文も漢語で、最早其前に立つ人も無い」（同　六九五）とも記している。記念碑は建ったけれども、今は振り返る人もなくなり、また難しい漢語で書いてあるので子供や若い人には読めないということであろう。つまり二五年、四半世紀も経つと、大津波の記憶も薄れて風化し、次第に人々はそのことを忘れ、いまや話題にする人もない。その証拠として、この同じエッセーの中で柳田は、初めは海岸沿いに住むことを嫌っていた人々も次第にまた海岸沿いに下りてきて、今ではかつて以上の賑わいを見せている、とも報告している。これなどは、これからの三・一一の体験継承を考える上で、重要な示唆を与えるエピソードではないかと思われる。

三．〈口承〉という伝達装置

体験の継承ということについて、柳田が重視したのは「口承」という伝達装置ないしはコミュニケーションツールであった。この東北大学も三・一一で大きな被災を被ったわけだが、そういう我々の体験・経験をどのように後の世代に語り継いでいくのか、あるいは個人的な体験をそもそも共有できるのかという、そういう問題が今現在問われているのではないだろうか。そのために、以前私自身が館長をしていた東北大学の附属図書館でも大震災のアーカイブをつくろうということで、紙媒体や電子媒体などさまざまな記録を収集している最中である。また東北大学全体でも歴史学の平川新名誉教授を中心にして「みちのく震録伝」というプロジェクトが立ち上げられている。そういう震災の記憶をどのように語り継ぎ継承するのかについて、大学としても今後の一つの大きなテーマにして取り組んでいることをお伝えしておきたい。

それはさておき、柳田國男がこの「口承」という伝達手段をどう考えていたのかを、次の引用文から見て行きたい。彼は『口承文芸史考』の中で、「所謂定本の権威は専横になって来た。個々の小さな口から耳への伝承が、是と対立して其由緒を語ることを得なくなったのも、乃至はその特殊なる流布の様式によって、国の文芸の大体を説明し得なくなったのも、共に前人の全く予想しなかったことである」（『全集』⑯ 三八七）と述べている。「小さな口から耳への伝承」、このプリミティブな伝達手段が活字本の流布によって次第に片隅へと押しやられてしまった。そして彼は「国の文芸の花模様は、色取り〴〵に人の心を惹くけれども、我々はもう其下染を忘れようとして居るのである」（同前）と続けている。つまり、今は紙媒体の活字よりも、最近では電子媒体による電子ブックの画面で本を読む時代になってきたけれども、活字文化が栄えるに伴って口承の文芸というか、口伝えによって経験を伝承する力が衰えてきた。ところが、国の文芸の華やかな花模様は、その下染めにそういう口承文芸の根強いバックグラウンドがあって初めて成り立つものである。それを忘れてしまっては、文運隆盛も根無し草になってしまうというのが、柳田が『口承文芸史考』で考察し主張したことであった。

話は一転して被災体験のことになるが、前述したように、大震災の後で被災者の心のケアに当たった名取市の桑山紀彦医師という精神科医の方がおられる。この方を初めとして三・一一の際に被災地に駆けつけてさまざまな医療活動に当たった医師の方々の記録が、現在では新潮社から『救命』というアンソロジーとなってまとめられている。その中の一章がこの桑山医師のインタビューである。名取市沿岸、宮城県南部を中心とする被災地の心のケアにまさに孤軍奮闘された桑山医師だが、ご自身もたしか診療所や自宅を津波で流された被災者であった。そういう中で必死に救助活動に当たられた桑山医師だが、当時を振り返って「心のケアが必要な人にとって、記憶を紡ぎ出し、それを物語化し、どういう形でどこに仕舞う、つまり奉納するかという一連の作業が必要です」と強調されており、また「心の傷をケアするのは、薬の処方を考えるのではなく、患者さんたちの物語を一緒に作っていく作業だということを改めて学びました」とも述懐しておられる（海堂尊（監修）『救命――東日本大震災、医師たちの奮闘』新潮社、二〇一一年、五五頁、六〇頁）。

震災の折に、大渕研究科長から臨床心理学者の河合隼雄やユングの話を伺ったことがあるが、各人の物語、今度の震災の体験、それを言葉にすることによって「奉納する」、どこかに納めて片をつけるというか、そういう手続きを踏むことによって心のケアあるいはグリーフケア（喪の作業）というものが終結する。単に薬を処方するだけでは足りない。そういう患者さんたちの物語を一緒に作っていくという作業が医師にも求められているのだということを桑山医師は述べておられ、私も考えさせられると共に、大きな感銘を受けた。そういう物語を一緒に作っていくという作業を行う際に、柳田國男が展開した口承文芸に関するさまざまな考察は、一つのヒントを与えてくれるのではないか、と私自身は考えている。

以上のことを「物語の再構築」という観点から要約しておきたい。イサク・ディーネセンというデンマークの女性作家がおり、彼女はメリル・ストリープ主演で映画にもなった『アフリカの日々』という小説の原作者として知られている。ディーネセンの作品集三巻も翻訳されているが、彼女には「あらゆる悲しみも、それを物語にするか、それについての物語を語ることで、耐えられるものになる」という非常に意義深い言葉がある。これはハンナ・アーレントの『人間の条件』の中でもエピグラフに使われている言葉なので、覚えておられる方もいるだろう。まさにこれは、先ほど桑山医師が心のケアについて語った言葉とも通じ合うことではないかと思われる。

今回の大震災、とりわけ沿岸部で津波の被害を受け、被災された方々は、これまで家族や家財とともにあったはずの過去、そしてあり得るはずの家族の将来の物語をいわば失った、突然その物語が断ち切られたわけである。現在は、そこからどうやってもう一度自分というものを立て直すのか、アイデンティティを回復するのかということが、心のケアという形で問題になっているのだと考えられる。たしか東北大学大学院文学研究科の宗教学研究室でも「心の相談室」を立ち上げてそういったお世話をされていると聞いているが、ある意味ではグリーフケア、喪の作業としての物語行為というものをもう一遍考えてみる必要がある。つまり、これまであったはずの自己や家族の物語を失った、断ち切られた人々にとっては、それをもう一度語り直し再構築する、つまり自己や家族に関する物語をもう一度紡ぎ直す必要に迫られているというのが現在の状況かと思われる。そうした物語の再構築に一つの手がかりを与えてくれるのが、柳田國男の口承文芸論ではないかと私自身は考えている。それは同時に、世代間コミュニケーションの重要なツールにもなっていくのではないかと思われるのである。

これは有名な『桃太郎の誕生』という著作の中においてだが、柳田國男は次のように言っている。「それから一方には少し押し売りの嫌ひもあったが、年長者が自分の知って居ることだけは、是非とも語り残して行きたいといふ気持、是が書籍の増加と反比例に、追々と遠慮深くなって来て居る。以前は此念慮は……」、つまり語り残しておきたいという「念慮は一般に今よりもずっと強かった。だから、聴いてくれる人があれ

ば、それを懐かしがり愛したのである」（『全集』⑥　二五一）

言い換えれば、昔ならば田舎の炉端、いろりを囲んで祖父母が孫たちに向かって、昔はこうだったあだったと語り残すという風習があったけれども、今のような核家族の世帯ではそういった風習も廃れて、語り残しておきたいという念慮そのものが薄くなり失われつつあるということであろう。大震災の被災の経験、切実な体験を語り残そうとすれば、そこではやはり、次の世代にどういう形で伝達するかは、非常に重要なファクターとなることであろう。そのときに「口承」という手段、あるいはフェイス・トゥ・フェイスのコミュニケーション、最近はメールやツイッターなどＳＮＳでのコミュニケーションが盛んだが、体験の継承、経験の持続という観点からすれば、やはりフェイス・トゥ・フェイスでのコミュニケーションが一番力強いものであることは言うまでもない。そういう体験の語り伝え、継承ということは、我々が大震災以後に考えなければならない一つの重要な事柄である。そのときに柳田國男が重視した「口承」という非常に原始的ではあるけれども力強いコミュニケーションツールをどう生かしていくのかが、現在問われているのではないだろうか。

四．「幸福論」の復権

最後になるが、「幸福論の復権」ということで話の締め括りをつけたい。始めに言ったように、柳田國男が民俗学という学問を通じて一生考え続けたことは「日本人の幸福」、しかも小さき者、名もなき人々の幸福とはいかなるものか、いかにあるべきか、ということであったと言って間違いはない。

柳田國男の数ある著作の中でも、『木綿以前の事』は非常に印象的な本で、私の好きな著作なのだが、杉浦明平という作家も、柳田の中でこの『木綿以前の事』だけは随一の作品だと評価し、「『木綿以前の事』、なかんずく「昔風と当世風」こそ、柳田民俗学のエッセンスであると思っている。柳田國男の本から学ぶことのできぬ日本人ということは考えることができない」（杉浦民平「『木綿以前の事』のおどろき」、後藤総一郎（編）『人と思想〇柳田国男』三一書房、一九七二年、一一〇頁）とまで述べている。その「昔風と当世風」というエッセーの中で柳田は、「私なども沢山の娘があるので、幾度と無く考へて見たことである。若し幸ひにして彼等に些しの天分と、少しの志とがあった場合に、同胞国民の為に如何なる種類の学問をしてくれることが、一番有効であり又親としての本意であらうか」（『全集』⑨ 四四九）と自問自答している箇所がある。それに対する彼の回答は「やはり一言でいへば人間の幸福、それをどうして得ようか、又何故に今までは得られなかったか。この二つの大切なる問題を読書でなりと観照でなりと、又実験でなりと学ばせて見たいと思ふ」（同前）というものである。

この『木綿以前の事』という著作は、女性が学問をすべきこと、女性に学問が必要であることを繰り返し訴えている当時（一九二八年（昭和三））としては珍しい本なのだが、その中で自分の娘たちに学ばせてみたいこととして、人間の幸福をどうやって得ようか、なぜ今までは得られなかったのか、というこの二つ事柄を学ばせたいと言っていることは、今日の男女共同参画の時代から考えてみても非常に印象的である。

同じことは次のようにも言い換えられている。「それで居て我々が先づどうにかせねばならぬのは、少数篤志の家の愉快よりも、他の大変な多数の者の幸福といふことである」（同 四四八）少数篤志の家の愉快というのは恵まれた人々あるいは上流階級ということであろうが、ほかの大変な多数の者、つまり名もない日常を過ごしている人々の幸福ということをまずどうにかせねばならない。柳田は自分の学問の中心に絶えずこの多数者の「幸福」ということを置いていたのである。

私の学生時代には、まだアランの『幸福論』をはじめさまざまな幸福論があって学生の必読書となっていたのだが、最近は何か「幸福」ということを口にするだけでも気恥ずかしいような風潮があり、正面切って「幸福とは何か」を論ずる機会はほとんどなくなってしまった。ただテレビでは最近、アランの『幸福論』が「100分de名著」という4回シリーズの番組で取り上げられていたのが目を引いた。それから『讀賣新聞』で私は以前読書委員を務めていたのだが、その書評委員会で「三・一一後に読む一冊」というテーマでそれぞれの委員が一冊ずつ本を取り上げたことがある。その中で松山巖さんという作家・評論家の方はアランの『幸福論』を三・一一以後に読むべき本として真っ先に挙げておられた。したがって、少しは幸福論も復権しつつあるのではないかと思われるが、柳田國男の文章を読んでいると、幸福という言葉がしょっちゅう出てくるのである。

それで「幸福」と関連して、最後の話題としてコミュニタリアリズムという政治哲学について考えておきたい。余り耳にしたことがないかもしれないが、「リベラリズム＝自由主義」という言葉はご存知かと思う。いま少なくとも欧米の政治哲学の中では「リベラリズム＝自由主義」と「コミュニタリアリズム＝共同体主義」という立場が対立し、盛んに論争が繰り広げられている。リベラリズム＝自由主義の方の代表はジョン・ロールズという『正義論（A Theory of Justice）』という本を書いた哲学者である。対するコミュニタリアリズムの方は、四年前だったか「京都賞」で哲学思想部門の賞を受けたチャールズ・テイラーというカナダの哲学者が代表格と言ってよい。彼はマルチカルチュラリズム、多文化主義という思想を打ち立てた哲学者で、そのテイラーのいわば一番弟子に当たるのがマイケル・サンデル、「白熱教室」で有名になったハーバード大学の教授ということになる。

なぜそのような欧米の政治哲学の論争を持ちだしてくるのかと言えば、要するに柳田國男の幸福を目指す思想というのは、コミュニタリアリズムの立場と大きな親近性を持っているのではないかと私自身は考えているからである。その視点が、これから柳田の思想を再評価するときの一つの基軸になり得るのではないかと思っているので、それについての問題提起を最後にさせていただく。柳田國男はやはり『青年と学問』という本の中で次のように述べている。「諸君は世界の一箇人にして同時に日本人である如く、亦同時に県民であり町村の人であり家の人であるが、どうして又さうであるのか。如何なる因縁原因を以て今日此附近の或村に、栃木県の青年として生存するやうになったのであるか。之を考へることが公生活の初歩であるが、書物はまだ此問には何物をも答へて居ないのである」(『全集』④ 五二)と。

柳田に言わせれば、無文字世界の学問である民俗学こそがこの問いに答え得る唯一の学問であると、多分思っているのではないかと思われるが、この「世界の一箇人」、これは非常に抽象的な観念にすぎない。つまり人類皆兄弟と言うが、我々は簡単にそういう世界の一箇人というような立場に立てるわけではない。やはり日本人であり宮城県民であり町村の人であるという因縁、環境というものを身に背負って、そういう負荷を帯びて生きているというのが現実であろうと思われる。ある意味で「世界の一箇人」という抽象的な概念を出発点にして人間の幸福や生き方を考えていこうというのが「リベラリズム」だと単純化して言えばいえるだろう。それに対して、しかじかの県民であり町民であり村民であるという、そういう共同体のさまざまな(プラスであれマイナスであれ)しがらみを背負って生きている具体的な人間を出発点にしようというのが「コミュニタリアリズム」の立場、そういうところから人間の幸福を考えようというのがコミュニタリアリズムの思想であると要約できるであろう。そうだとすれば、柳田國男の思想というのは、明らかにコミュニタリアリズムの方に近い考え方、政治思想、社会思想を持っていると言えるであろう。

先ほど言及したマイケル・サンデルは「これから〈正義〉の話をしよう」という白熱教室で有名になったが、リベラリズムとコミュニタリアリズムの対立で一番問題になっているのは「正義＝ジャスティス」と「善＝グッド」あるいは「善き生（共通善）」、そのどちらを優先させるかという問題である。「善」や「善き生」に対して普遍的な「正義」を優先させるべきだと考えるのがリベラリズム＝自由主義にほかならない。それに対して、「共通善」を優先させて、それに従属させて「正義」を考えるべきだというのがコミュニタリアリズムの考え方ということになる。

それは、「負荷なき自己」と「位置ある自己」との対立とも言い換えることができる。これは日本語として余りいい訳とも思えないのだが、unencumbered self、つまり何ら制約を受けていない純粋の自己、一個人、それから出発しようとするのがリベラリズムだとすれば、situated selfというか、特定の位置づけを持ったある状況の中に埋め込まれた自己や個人、そこから出発しようというのがコミュニタリアリズムということになるであろう。

それで、これはマイケル・サンデルの『公共哲学』（ちくま学芸文庫）からの引用だが、テレビの白熱教室でも同じようなことを彼は最後の方で言っていた。すなわち「私の人生の物語は常に私のアイデンティティの源であるコミュニティ——家族や町、部族や国家、政党や運動——の物語に埋め込まれている」（マイケル・サンデル『公共哲学』鬼澤忍訳、ちくま学芸文庫、二〇一一年、二三〇頁）と。さらに続けて「こうした物語は我々を世界の中に位置づけ、我々の人生に道徳的独自性を与えるのである」（同前）とも述べている。つまり家族や町、部族や国家、政党や運動というコミュニティの絆、結びつきこそ「自己」というものの内実を形づくっている、と。それに対してリベラリズムの方は、そういうローカルな負荷のない「裸の自己」ないしは普遍的な「純粋な自己」から出発しようとする。サンデルによれば、そうした自己は道徳的に空虚であり、「位置ある自己」(situated self)」こそが共同体のさまざまな絆を基盤に道徳的独自性を獲得していくのだ、とコミュニタリアリズムの立場は考える。

それをもう少し敷衍すると、同じくサンデルの『公共哲学』からの引用だが、「なぜなら、人格を持つということは、自分が一つの歴史の中で行動していると知ることだからである。その歴史は私がみずから招いたのでも支配しているのでもないが、私の選択や行為に影響を与える。(略)私は自己解釈する存在として、自分の属する歴史について考察できるし、その意味で歴史から距離を置くこともできるが、この距離は常に不安定で暫定的であり、考察の観点が最終的に歴史そのものの外に確保されることはあり得ない」(同 二五一頁)ということである。

人間を「自己解釈する存在(self-interpreting being)」と捉えるのは、コミュニタリアニズムの出発点だが、ここでは共同体というものが同時に歴史的なバックグラウンド、歴史的基盤を持っているということをサンデルは強調するのである。歴史は自分が招いたものでも支配しているものでもないが、私の選択や行為に影響を与える。それと、歴史から距離を置くこともできるけれども、最終的には考察の観点、つまりどういう行為や振る舞いが「善き振る舞い」であり「正義にかなった行為」かを考察するその観点というのは、歴史そのものの外部に確保されることはありえない。つまり歴史のただ中に、共同体の歴史そのものの中に、我々はそういう道徳的観点の基盤を持っているというわけである。それがコミュニタリアンの考え方と言っていいかと思われる。それを、我々は「歴史の負荷（burden of history）」を背負って生きている存在だ、と言い換えることもできるであろう。

それでは、柳田國男はその歴史というものをどう考えていたかということになるが、同じく『青年と学問』の一節を引用しておこう。「我々がどうしても知らなければならぬ人間の生活、それを本当に理解して行く手段として、人が通ってきた途を元へ〳〵と辿って尋ねる為に、此学問［歴史：引用者注］は我々に入用なのである。苦いにせよ甘いにせよ、こんな生活になって来たわけが何かある筈だ。それを知る手段は歴史より外には無い。つまり現在の日本の社会が、すべて歴史の産物である故に、歴史は我々にとって学ばねばならぬ学科である」（『全集』④　五三）と柳田は述べている。もちろん柳田は書物や文献資料からではなくて、自らの足で歩いて旅を通じてそういう歴史を探索したわけだけれども、彼もまたコミュニタリアンと同様に、我々の行為や生活を何らかの形で方向づけているものは歴史であるという強い確信を持っていたと言うことができるであろう。

おわりに

そろそろ締め括らねばならないが、「現代を生きる柳田國男」というタイトルで現在我々がもう一度考えてみるべき柳田國男が立てた問いとしては、今日は余り触れることができなかったけれども、敗戦直後の『先祖の話』などに見られるように、生者と死者の絆をどう結び直し、維持していくのかという、これは宗教学などにも関わる問題だろうと思われるが、そういう問いを我々に突きつけている。とりわけ今回の大震災で亡くなられた方々をどう追悼していくのかという問題にそれは結びつくだろうと思われるし、先に触れた「名もなき人々の幸福」とはいかなるものかということを考え直してみることにもつながっている。

それからもう一つは、我々の体験や経験を語り継ぐ、継承するための世代間コミュニケーションのあり方というものを、やはり柳田の著作は突きつけているのではないか。コミュニタリアリズムとしての柳田学ということを最後に述べたけれども、これは個人と共同体のあり方をどう考えていくのかということにほかならない。このことは現代の日本にとっても非常に大きな課題であると思われるし、それを考える際の一つの出発点として、彼は歴史の担い手である「常民」という概念を提起したのだと思われる。ハイデガーに「世界内存在」という概念があるけれども、それを援用すれば柳田が追求した人間像というのは「歴史内存在」としての人間であり、それを探求する学問こそ民俗学だと彼は考えていたのではないだろうか。

「現代を生きる柳田國男」について、果たして十分に生きているゆえんをお伝えできたかどうかいささか心もとないが、若い世代の人たちが柳田の著作を読み直すきっかけともなれば幸いである。

［コラム：私と柳田國男］

一つの疑問——柳田國男と早池峰——

野家啓一

大学時代にワンダーフォーゲル部に所属していたこともあり、これまでに千メートル以上の東北の山々には、ほとんど足跡を残してきた。なかでも早池峰はお気に入りの山であり、何度か足を運んだ。最初は学生時代、山仲間のUとともに釜石線で初秋の遠野まで行き、そこから薬師岳を越えて山頂へ向かう行程である。初日の夜は遠野小学校の校庭の片隅にテントを張らせてもらった。炊飯をしていると、見かねたのか小使いさんが出てきて、寒いから体育館で一夜を過ごしてもよいという。その言葉に甘えさせていただいたのも、今となっては懐かしい思い出である。

そんなわけで柳田國男の『遠野物語』は、私にとっては早池峰登山の参考書といった位置づけであった。もちろん民俗学的な興味もなかったわけではないが、当時の私は理学部物理学科の学生であり、その方面へは目が向かなかった。ただ、擬古文体で書かれた序文の格調高いリズムには強い印象を受けた。のちに知ったのだが、三島由紀夫はこの序文を次のように評している。

「日本民俗学の発祥の記念塔ともいうべき名高い名著であるが、私は永年これを文学として読んできた。殊に何回よみ返したかわからないのは、その序文である。名文であるのみではなく、氏の若き日の抒情と哀傷がにじんでいる。魂の故郷へ人々の心を埒し去る詩的な力にあふれている。」（神島二郎編『柳田國男研究』所収、筑摩書房、一九七三年）

まさに間然するところのない評言であるが、私には序文の中でただ一箇所だけ心に引っかかっている文章がある。それは「附馬牛の谷へ越ゆれば早池峰の山は淡く霞み山の形は菅笠のごとくまた片仮名のへの字に似たり」という一文である。むろん早池峰の山容を「菅笠」や「片仮名のへの字」に喩えているのだが、実際にはそのようには見えない。ガイドブックの表現を借りれば、早池峰はその名に反して「見てくれの悪い山」なのである。しかも、遠野の市内からは早池峰を目にすることはできない。附馬牛の分岐から少し山道を入らないと、早池峰は姿を現さないのである。

実際に行ってみればわかることだが、遠野市内から正面に見える山は薬師岳であり、早池峰はその陰に隠れて見ることはできない。そして薬師岳はまさに「菅笠」そのものであり、「片仮名のへの字」に見えるのである。だとすれば、早池峰にまつわる数々の伝説を収集した民俗学者柳田國男は、手前の薬師岳を早池峰と勘違いしたまま『遠野物語』を書いたのではないのか。それとも、三島がこれを「文学として読んできた」と言うように、先の一文は早池峰が「見てくれの悪い山」であってはならないという柳田の美学に基づいた文学的虚構ではないのか。私の心に長年わだかまっている一つの疑問である。

第二章　柳田國男と仙台の地

鈴　木　岩　弓

はじめに

終生「旅」を友としつつその知的活動を行ってきた柳田國男は、一九四一年に出版された『豆の葉と太陽』の「自序」におき、「旅行道」ともいうべき日本人の旅や旅行に関するあり方が、時代の流れと共に三段階の変遷を遂げてきたことを指摘する（『全集』⑫ 二〇二）。「上代の旅」と「最近の旅行」、そしてその中間に位置する「柳田自身が実践してきた旅」とである。「上代の旅」とは、食料や宿の調達を日々気にしつつ行う〈つらいわびしい心細い旅〉を意味する。それに対して「最近の旅行」は、交通環境の整備に伴い、より遠くへより早く、より快適な目的地への移動は可能となった反面、移動の過程を味わう余裕が欠如した〈心のゆとりの無い旅行〉である。その中間に位置する「柳田自身が実践してきた旅」は、そういった時代変遷の間にあって、旅を行う環境整備が次第に良くなる恩恵に浴しながら、「名所旧蹟の巡拝は割愛して、成るたけ偏土を歩いて見よう」（「游海島記」『太陽』八―八、一九〇二年（『定本』②、四七七頁）という視点に立った、観光旅行ではない〈ごくごく普通の人々の生活を見て廻る旅〉であった。

鎌田久子による「年譜 旅の足跡」には、柳田がその一生の間に行った「旅」の概要がまとめられている（鎌田久子「年譜　旅の足跡」大籐時彦・柳田為正編『柳田國男写真集』岩崎美術社、一九八一年、一八五～二〇〇頁。二刷には追補があり、胡桃澤友男氏により二件の旅行が加えられている）。ここには海外旅行と保養の為の家族旅行を除外した、一三九回の記録が収録されている。ちなみに本書から五年後の一九八六年六月に刊行された後藤総一郎編『柳田国男研究資料集成・別巻』に収録された柳田国男研究会編「柳田国男旅行地図」では、同じく海外旅行は含まないまま、計一三八回の旅行が整理されている。一生の間にこれだけの旅行を行った柳田國男は、一体どのように評価されるべき人であろうか。納得のいく指標を持ち合わせているわけではないが、一八七五年（明治八）に生まれ、一九六二年（昭和三七）に八七年余の人生を終えた日本人の旅行回数として考えるなら、決して少ない旅行回数とは言えない人生であったろう。

岩崎敏夫の指摘によるなら、こうした柳田國男の「旅」のうちで東北地方を訪問したものは全体の二割余、三〇回に及ぶという。この点は「東北地方の柳田國男の足跡」と題する論考で詳述されているが、その中には柳田と近しかった岩崎ならではの逸話が随所に込められている（岩崎敏夫「東北地方の柳田國男の足跡」『東北民俗』第三二輯、東北民俗の会、一九九八年、八六～九〇頁）。かかる指摘を地図上に落として鳥瞰してみるなら、柳田は東北地方を文字通り隈無く旅していたことが明らかとなろう。また大変興味深いことに、東北を柳田が最初に旅行をした年が一九〇二年（明治三五）、そして東北旅行としてはもちろん、終生最後の「旅」となってしまったのが一九六〇年（昭和三五）と、和暦で見ると奇しくも同じ「三五年」で、こうした彼の一生の節目ともなった「旅」の目的地が、そのどちらも仙台であった点が注目される。かかる観点から言うならば、柳田國男にとって仙台は、その一生のさまざまな機会に何度も足を伸ばした、心理的には近しい場所と推測される。

しかし、そうした事実を知りながら以下の書簡に接したとき、彼の仙台に対する〝近しさ〟に陰りが生じることとなる。

御地方の民俗学はまだあまりに道楽味多く我々の仲間といふやうに世間から見らるゝを迷惑に感じ候出来ることならば自分は孤立し度候　其上に実ハ宮城県は感激の乏しい土地にて前年教育会の講演の時にももう再び行かぬ気になり申候　（『定本』別④　四九二。傍線は引用者。以下同様。）

これは当時仙台に居を移していた佐々木喜善に対し、柳田國男が送った封書の一節である。一言で言えば、宮城県の民俗研究者そしてさらには宮城県民に対する厳しい批判と言っていいだろう。この文面からは、当時の宮城県における民俗学受容の程度が柳田の求めるレベルからはほど遠く、また彼の講演を聞く聴衆の態度が気に入らないことの二点が明らかになる。これは私信として書かれた手紙の一節で、批判対象となった人々の目に触れることは一切前提されずに書かれていよう。が、それにしても手厳しい批判である。柳田國男にとって宮城県あるいは仙台市は、そんなに印象の悪いところだったのであろうか？

本稿においては、柳田國男にとって仙台は本当に〝近しさ〟の対象であったかどうか、彼の仙台訪問を改めて検討する中から探ってみることにしたい。その際にはとりわけ、「日本民俗学」が形成されていくその歴史的展開における意味に留意しながら、彼と仙台の関係を考えてみよう。

なおこの書簡の投函年に関して、「昭和八年」と記した「八」の右にクエッションマークが付いている。そこで改めて、この手紙に書かれている①佐々木喜善の住所、②「日本伝説集は別製本近日出来」の記述、③「今夕信州よりかへり」の記述の三点より考察した結果、一九二九年（昭和四）六月二八日と考えることが妥当と結論づけられた。そのため一九二七年六月一八日に開催された「教育会の講演」は、厳密に言うなら「前年」ではなく「前々年」となる。

一．柳田國男の仙台訪問

八八年に及ぶ生涯の間に、柳田國男は少なくとも一八回は仙台を訪問している。この回数は「年譜」、『定本』別巻⑤（筑摩書房、一九七一年）、「年譜　旅の足跡」、『柳田國男写真集』（岩崎美術社、一九八一年）、「柳田国男年譜」、『柳田國男伝』別冊、（三一書房、一九八八年）、そして「柳田国男略年譜」、『柳田國男事

表1　柳田國男の仙台訪問

	和暦	西暦	月	日	目的地	仙台訪問の目的	論題
①	M35	1902	8		宇都宮-郡山-若松-山形-高湯-青根-仙台-一関-中尊寺-平	農事試験場などの視察	
②	T02	1913	3	23	仙台	仙台で開催の帝国農会地方講演会	「農政の新局面」
③	T09	1920	8	2	東北旅行（～9/12）	旅館菊平泊（8/2、3）	
④	T13	1924	4	15	仙台ー秋田	内ヶ崎作三郎の選挙応援（4/15） 東京朝日新聞社主催の時局問題講習会（4/16）	「政治の青年化」
⑤	T15	1926	8	2	東北旅行（7/30～）	東北帝国大学で講演	「義経記から清悦物語へ」
⑥	S02	1927	6	18	男鹿半島-大曲-仙台	宮城県教育大会で講演	「教育と民間伝承」
⑦	S03	1928	5	19	仙台旅行	東北帝国大学文芸会（20日） 東北帝国大学で講演（21、22日）	「笑いの文学の起源」「口碑論」
⑧	S04	1929	9	24	仙台	仙台中央放送局企画の「東北土俗講座」の講義放送	「東北と郷土研究」
⑨	S06	1931	6	15	仙台-石巻-十和田湖-青森-大鰐-瀬波温泉-喜多方-郡山-棚倉-水戸	妻と共に宮城・青森・福島など旅行	
⑩	S07	1932	11	5	山形-仙台-長野-松代	夜、東北帝国大学郷土研究の会に出席	
⑪	S10	1935	5	9	北陸・山形・仙台旅行（5/1～10）		
⑫	S10	1935	6	15	仙台-十和田-青森-水戸	各地で鳥の声を聞く	
⑬	S12	1937	5	3	仙台（～5/7）	東北大学で「日本民俗学」講義	
⑭	S12	1937	5	26	仙台（?6/4）、青根温泉（5/29のみ）	東北大学で「日本民俗学」講義 第二高等学校（6/4）	「平凡と非凡」
⑮	S12	1937	8	26	仙台-盛岡-湯瀬-十和田湖-酸ヶ湯温泉-五所川原-深浦-能代-酒田-米沢（?9/5）		
⑯	S12	1937	9	21	東北旅行（10/7）水戸、仙台	東北大学で「日本民俗学」講義(9/24～10/6)	
⑰	S16	1941	5	13	仙台-盛岡-青森-秋田-山形（～23）	仙台中央放送局企画の東北民謡試聴団旅行	
⑱	S35	1960	5	31	仙台周辺、小岩井農場、秋保温泉（～6/6）	堀一郎宅訪問 東北民俗の会で講話（6/5）	「稲作儀礼について」

典』（勉誠出版、一九九八年）を参考に出したもので、これをまとめたのが〈表1〉である。この表には、仙台に立ち寄ったことが明らかな旅行に限って載せてあり、特に講演会などを行ったものについてはその論題を示してある。以下、この〈表1〉を参考にしながら、頭書の問題を考えていくことにしよう。

（1）通過地としての仙台

まず一八回に及ぶ仙台訪問も、主目的地が他にありながら仙台に立ち寄った場合と、仙台に来ることをその主目的とする場合とに二分して考えることができよう。前者の場合、そこでの仙台はいわば「通過地としての仙台」とでも呼ぶべきもので、その旅行に際しては、仙台という空間自体には重き意味が置かれていないと判断される場合であって、具体的には〈表1〉左の番号の①③⑨⑪⑫⑮⑰の七回が相当する。

例えば③の場合、前年末に貴族院書記官長を辞任した柳田は、旅行出発時点では東京朝日新聞社へ入社直前であった。入社条件として三年間は国の内外の旅行をさせるという約束を取り付けていたため、厳密には八月の四日をもって「東京朝日新聞社客員」となったのであるが、その前々日から東北地方の東海岸を北上する旅行を始めていた。この時の紀行文は随時新聞社に送られ、「豆手帖から」という『東京朝日新聞』夕刊の連載記事となり、後に『雪国の春』に収録されている（『全集』③　六七六〜七一三）。

一九二〇年（大正九）の八月二日に東京を発った柳田は、この日と三日、仙台の旅館菊平に投宿した。三日に書かれた佐々木喜善宛の絵はがきには、一五日頃に訪問したい旨記されており、それまでは「又来ることと六かしき地方なればなるべく〳〵と見物し度」といったこれから始まる旅行へ向けた気持ちが記されていた（同年八月三日佐々木喜善宛絵はがき、『定本』別④、四六一頁）。東京から来た疲れを癒し、翌日松島の海を小舟で渡って石巻へ向かう英気を養うための一日が、この日であったのであろうが、天気が良くなく気分的にはあまり盛り上がらないようであった。一九二六年（大正一五）六月の『太陽』所収の「草木と海と」には、松島を小舟で渡った回顧談があるが、「沖から雨の横風があって、赤く濁って騒いで居た為に、今に自分はなつかしいと云ふ感じを抱くことが出来ぬ」（『全集』③ 六六二頁）とある。

この日は手紙を書いたりするのみで、仙台で積極的に活動した記録は見られない。「通過地としての仙台」は、そこが主目的ではない通過点であるがゆえに、仙台にある特定な機関や特定の個人と接触した記述は見られず、当時の具体的な行動の把握は難しい。「通過地としての仙台」に求められた機能は、交通インフラなど、仙台のもつ都市的機能であったのであろう。

（2）目的地としての仙台

これに対して、柳田の東北旅行の中には、仙台中央放送局や東北帝国大学、第二高等学校など、在仙の機関訪問を目的とした場合がいくつも見られる。「目的地としての仙台」を目指した訪問ということになるが、それがどのようなものか、個別に見ていくことにしよう。

②一九一三年三月二三日

帝国農会地方講演会に出席し、「農政の新局面」を講話。この時の記録は、他の二人の講演者の筆録と共に『帝国農会報』三―六（大正二年六月）に収録されている（『全集』㉔ 二八一～二九四頁）。

④一九二四年四月一五日

内ヶ崎作三郎の選挙応援のために吉野作造と共に宮城県各地を歩く。翌日は、午後四時より仙台市西公園公会堂で開催された東京朝日新聞社主催の時局問題講習会で「政治の青年化」を話した。

⑤一九二六年八月二日

東北帝国大学で「義経記から清悦物語へ」を講演。本講演が元になり、同年一〇月「義経成長の時代」（『中央公論』四一―一〇）と同一一月「清悦物語まで」（『中央公論』四一―一一）を発表した。これらは一時『雪国の春』に収録された後『東北文学の研究』に収録された。後者の記述の中に「最近私の見た東北大学の図書館に在る一本の如きは……」（『全集』③　七六二）とあり、講演時に東北大学所蔵の清悦物語の異本を見る機会があったことに触れられている。講演目的の大学訪問ではあっても、その機会を利用して資料収集を行う研究者としての柳田の姿が浮かんでこよう。

⑥一九二七年六月一八日

宮城県教育大会におき、「教育と民間伝承」を講演。講演内容は『宮城教育』第三三九号に収録後、さらに『宮城教育』の特集号（第三八八号）として『郷土の伝承』第一輯にも収録された（『郷土の伝承』は、第二輯、第三輯と合本され、一九八一年にセイトウ社より復刻された。）。

この教育大会が、前述の如く柳田國男の逆鱗に触れたのである。地元で開催された教育大会特集号となった『宮城教育』第三三七号では「宮城県教育大会記事」として柳田の講演「教育と民間伝承」について、以下のように速報している。

政治の地方分権が漸くやかましく唱へられてゐる時に於て教育も画一を打破して地方々々適切の方針施設を確立せねばならぬが、民間伝承と教育は重要な着眼点の一つであらう。氏一流の教育眼を以て説くところ趣味あり、警句あり、よどみなき能弁二時間余、満堂の聴衆を恍惚たらしめた。講演筆記は追て本誌を飾る事となるであらう。

（『宮城教育』第三三七号、宮城県教育会、一九二七年、三九頁）

この速報の内容や、二度にわたって柳田國男の講演を収録した態度からして、『宮城教育』編集者の側からは柳田に対する後ろめたさは全く感じられない。逆に彼の講演に刺激を受け、『郷土の伝承』の特集号を発行しようという動きすら起こっていた。昭和六年八月発行の『宮城教育』第三八六号には、県下の小学校教職員に対する採集の呼びかけとして「宮城教育民間伝承特輯号の計画」が掲載され、この成果は一九三一年一〇月に『郷土の伝承』第一輯として、以後同第二輯（一九三三年一一月）、同第三輯（発行年不詳）が出版されている。このうち特に第一輯に収録された柳田の「教育と民間伝承」の冒頭には、「本書の刊行を企て此が資料を蒐集せんとしたのは実に数年前の大会に於ける柳田先生の講演が其の素地を為したといふてもよい」とあり、このような企画が柳田の影響下に行われていることが記されている。とはいえその直前に、「素より先生の校閲を請ふたものでないので文責は当時の記者にある」と記されていることが示すように、この調査自体、柳田の指導はもちろん、当時の民俗研究の方法とは無縁に、教職者の〝熱意〟のみで運営されていた点に問題があった。残念ながらこの講演に対する柳田自身の論評は先の書簡以外には見出せないが、このようなズレ自体も、先の書簡での怒りの遠因ともなったのであろう。

しかし、それ以上に決定的な原因と思われる記事が、『宮城教育』三三七号収録の「閉会の辞」の抄録に記されている。宮城県師範学校講堂において開催されたこの日の大会は、午前午後とも「視察報告」「講演」「会員の意見発表」という構成で実施された。「元貴族院書記官長」という肩書きの柳田は、午後の「講演」での登壇であった。この大会終了時の「閉会の辞」において、島田理事長は、次のように述べていたのである。「講師の方はお二人共斯道の大家で多大の裨益を与えられた事と思ふのであるが、唯遺憾に思ふところは午前と午後との人数の相異があった事であります。来年に於てはか丶る遺憾のなきやう御自重を希望致します」（『新日本』一―五、一九三八年）がそれである。ちなみに午前の講演は八木アンテナで有名な東北帝国大学工学部長の八木秀次で、聴衆の大幅な減少は、柳田にとってプライドを傷つけられた、非常に不快なものであったようだ。その結果が「もう再び行かぬ気になり申候」となったことは充分推測できる。さらにいえば日本における教育のあり方を常に意識していた柳田であるからこそ、教員たちが彼にとった態度は、許すことができないものであったということもできよう。

写真１　東北帝国大学文芸部主催の講演会後の記念写真
（東北大学史料館所蔵）

⑦一九二八年五月一九日〜二四日

二〇日には東北帝国大学文芸部主催の講演会に斎藤茂吉と出席し、「笑いの文学の起源」を話した。東北大学史料館には、現在文芸部主催の講演会後の記念写真が納められており、この日の演者の斎藤茂吉と柳田國男を囲んで、文芸部長の阿部次郎などの教員や学生が写っている〈写真1〉。またこの写真には、木下杢太郎というペンネームで知られる作家・詩人でもあった、当時の医学部皮膚科教授太田正雄の顔も見える。なおこの講演の主催者について、『定本』をはじめ多くは「東北帝国大学文芸会」としていたが、ここでは東北大学史料館の永田英明の指摘に従い、「文芸部」とした。（永田英明、「学生文化としての『教養』――昭和初期の東北大生――」『まなびの杜』№四〇、東北大学、二〇〇

七年）
翌二一日と二二日にかけ、柳田は同じく東北大学で「口碑論」を講演している。講演後、東京に帰ってきた柳田の様子について、当時柳田の家で書生をしていた岡正雄は以下のように述べている。
先生が東北大学の講座から帰ってこられたときは、非常にいい気持ちのようだった。東北大学には、あのころ阿部次郎氏や小宮豊隆氏らがいて、あの人たちが早くから先生の学問に理解をもっていたらしく、気持ちよく講義できたのでしょう（岡正雄、「インタビュー　柳田国男との出会い」、『季刊柳田國男研究』第一号、白鯨社、一九七三年、一四二頁）。
当時の東北帝国大学の教員の中には、夏目漱石の弟子として著名な阿部次郎（美学講座初代教授）小宮豊隆（ドイツ文学講座初代教授）のような教養主義のリーダー的存在が文学部教授として、また同様な方向を目指す木下杢太郎（太田正雄）が医学部教授として勤めているといった、柳田にとっても居心地の良い雰囲気があったものと思われる。従ってこれらの資料からは、前年の宮城県教育大会での講演時のように立腹している柳田の姿は窺えない。こうしてみると前年の柳田國男の立腹の原因は、仙台自体にあったと言うよりも、直接的にはその日に出会った人々との間に起こった問題であった可能性が考えられよう。
⑧一九二九年九月二四～二五日
仙台中央放送局より東北土俗講座の講義として「東北と郷土研究」を放送した。この講座は、佐々木喜善が中心となって企画したもので、昭和四年六月二六日から昭和五年一月二八日までに二〇回放送された。講師となったのは柳田國男の他、折口信夫・金田一京助・中山太郎といった中央の学者と、中道等・三原良吉・天江富彌といった東北の郷土史家であった。この時の成果は後に纏められ、『東北の土俗』と題して三

元社から刊行された（社団法人日本放送協会東北支部編『東北の土俗』三元社、一九三〇年）〈写真2〉。佐々木自身は、「之の講座は日本のラヂオ界での、初めての、此の方面の専門の試みであるだらうと思ひます」「フォクロアの専門講座と謂ふのは珍らしい記録かと思ひますにつけ、それほど又文学界にも或ひは大きな衝動と刺激とを投げ與へたかと謂ふことも、想像してもよいと思ひます」（同前　二八七頁）と高く評価していた。

写真2　『東北の土俗』

しかしこの計画を持ちかけられた柳田は、件の書簡で「放送ハ少し気進まず候」と消極的な反応を示している（『定本』別④、四九二頁）。その理由には最初に引用したように「御地方の民俗学はまだあまりに道楽味多く……」ということと、「宮城県は感激の乏しい土地にて前年教育会の講演の時にももう再び行かぬ気になり」ということがあったが、さらにもう一点「大学の人に対し何か徒党でも組むやうに風説する者ありてハ本意に非ず」とあることが気にかかる。確かに、この講座の講師は中央の学者と地元の郷土史家で、東北帝大の教員は法学者の中川善之助教授ただ一人であった。さらにこの講座の企画自体も大学教員ではない佐々木喜善が行うことから、仙台の大学人に対する反発勢力の活動の一環であるといった風評が柳田の耳にも聞こえてきたのであろう。ことの真偽は確認できないが、そうした〝抗争〟に巻き込まれることを潔しとしない柳田には、「少し気進まず」となったのであろう。さらには、「併しことわった為に貴兄が非常に困らる丶なら致し方無之もかの題目でハ一つも気が向き不申候　放送局の人が参り候はゞよく話して断念せしめ可申と存居候も是非やれとならハ『東北と西南』といふ題にて方言のことにても可申候　但し八月を望ミ候」と折衷案まで提示したのである。この時佐々木から柳田に提案された題目が何であったか、またそれが誰によって作られたものであったかは定かではない。ただ、それが当時の柳田の関心を惹くようなものでなかったことは確かで、放送時に彼が担当した講座名は「東北と郷土研究」であった。

⑩一九三二年一一月五日

前日東京を出、当日は山形師範学校で講演した後仙台に向かい、同夜東北帝国大学郷土研究会に出席した。郷土研究会での内容は、残念ながら不明である。その後、引き続き信州旅行に出る

⑬一九三七年五月三日〜七日

東北帝国大学で行った、いわゆる「集中講義」の授業のための来仙である。集中講義の形式で行われた授業は毎日行われたわけでは無く、またこの期間の他に⑭⑯の二期間を併せて、延べ一七回にわたって行われた。この時の授業内容は、当時東北帝国大学の学生であった大島正隆によって筆記されたノートから知ることが出来る。このノートが現存する経緯については本書の「はじめに」で説明したとおりで、最終的には成城大学大学院文学研究科が刊行している『日本常民文化紀要』の第十五輯（平成二年三月）と第十六輯（平成三年一月）に二冊に分けて公刊されている〈写真3〉。この講義の特筆すべき点は、講義冒頭で柳田自身が語った「日本民俗学と題して講義するのはこれが始めてであり、多分これが後々記念すべき出来事の一つとなることと自負してゐる」「堂々と日本民俗学の名を以てなされるのがこれが始めてであらう」（大島正

隆、「柳田国男先生『日本民俗学講義』」（上）、『日本常民文化紀要』第十五輯、成城大學大學院文學研究科、一九九〇年、三四、三七頁）ことである。

この集中講義は、総論と各論に二分されて構成されていたが、大島はその総論について、以下のようにまとめている。

写真 3　『日本常民文化紀要』第 15 輯、第 16 輯

御講義の内容は最初の総論ともいふべき部分に於ては先づ日本民俗学の意義を民族学、史学、言語学、地理学との差異及び連関に就て説明され、成長しつゝある日本民俗学の具ふるべき三つの条件尺度として現実性自証性普遍性を挙げその方法として資料の細かな採集と分類、比較研究、横断面からの重出立証法こそ民俗学の学として立得んがための生命であることを説かれ、分類法として第一部から第三部にまで至るその各々について、主に東北関係の豊富な民俗資料を縦横に駆使されて話された。

（大島正隆「日本民俗学講義（東北帝大）」『民間伝承』第三巻第三号、一一頁、一九三七年）

そして各論についても

大部分東北民俗資料を以て説明されつゝ、同時に全国の類例との対比に於て一地方のみの民俗学なるもの、有り得べからざる所以を教へられ、又先生の御抱負の一端の実現ともいふべき種々の報告語彙等の集成を学の共同財産として指示さる、事により聴講者の胸中日本民俗学将来への豊かな希望を植付けられたのであった。（同前）

とあった。

東北帝国大学で柳田國男による集中講義が実現したきっかけは、鎌田によると以下のようである。

この東北大学における講義は、小宮豊隆氏に招かれてのことと、柳田先生から伺ったことがあるが、講義には喜田貞吉博士も聴講されて居た。（鎌田久子「まえがき」、『日本常民文化紀要』第十五輯、成城大學大學院文學研究科、一九九〇年、三二頁）

しかしこの集中講義実現の経緯には、東北大学関係者の間からは異説も聞こえてくる。それは丁度本書のもとになったシンポジウムの直前、社会心理学の大橋英寿名誉教授から得た情報である。大橋名誉教授は在職中から今回のシンポジウム企画を行った東北文化研究室の運営の中心を担ってこられたが、当日は所用により不参加という電話連絡をされてきた。その際に、概略以下のような話を伺うことが出来たのである。

昭和一二年に、東北大学に柳田國男が招聘された背景ですが、私の師の安倍淳吉先生から聞かされた事実をお伝えします。当時、法文学部心理学専攻の学部生だった安倍淳吉先生が、ドイツの「民族心理学」に「社会心理学」の淵源を求めて卒業論文を書こうとしていることを知った心理学講座初代教授の千葉胤成先生が、「それなら柳田さんに講義を頼もう」と言って仙台に来て貰うことになったのです。

このように言われた後、大橋名誉教授は「その当時の帝国大学というのは、一人の学生が卒論でやりたいと言うと、そんな偉い先生を呼べるほどの時代だったのだね」と一言ご感想を漏らしていた。

実際の理由は定かではないが、いずれにしても東北帝国大学の教官との人間関係を核として、集中講義は実現した。さらに柳田は東北帝国大学におき、集中講義とは別に講演を一生の間に四回行っていた。そうした講師依頼の背後にも、柳田を高く評価する教官が学内にいたことは間違いない。⑱にあげた人生最後の仙台訪問時には、講演はなかったものの「有志の教授たちとの懇親会」が開催されていた（堀三千『父との散歩』人文書院、一九八〇年、二〇九頁）。そこでは、集中講義の時の想い出が話題になったという。

昭和一二年にはじめてここで、「日本民俗学」を講義した時の思い出話が出て、その頃すでに研究室におられたある教授が、その時の講義ノートをまだ大切に持っておられると言われた。（同前　二〇九頁）

この「ある教授」がどなたか不明だが、可能性としては大島正隆のノートを持っていた伊東信雄教授か、心理学の安倍淳吉教授の可能性が高いものと考えられる。いずれにしても柳田は、東北帝国大学法文学部、また戦後の東北大学文学部の教員たちとは長年にわたり、親しい関係を保っていたものと推察される。

⑭一九三七年五月二六日～六月三日

東北帝国大学での集中講義の第二期として、一〇回にわたり「日本民俗学」を講義した。二九日には蔵王山腹の青根温泉に宿泊し、鳥の声を聴く。この時の報告が、日本野鳥の会の機関誌に掲載されている。

◇柳田國男氏より（五月二十九日附、蔵王山腹青根温泉より）二十七日、仙台にて初めてホトトギスをきき申候、此温泉にても今朝はしきりに鳴くよし。いろいろのガラが終日なきをり候（『野鳥』第四巻第七号、日本野鳥の会、一九三七、五一頁）。

また五月三〇日付けの小池直太郎宛て絵はがきには、「宮城県青根温泉青嶺閣丹野七兵衛本店内　柳田國男」とあって、「……今仙台に滞在してゐます。きのふ一寸こゝへ来ました。雨夕方はれホトヽギス、アラバトなどの啼き候。金華山はまだかすみてよく見えず」（『定本』別④、五六八）とある他、六月二日付け長岡博男宛の絵ハガキには「仙台はしかし休息味豊かな土地にて毎日余暇には鳥をき丶てあるき、心を慰めをり候」とある（同前　五七五）。

柳田が『野鳥雑記』を出版したのは、三年後の昭和一五年一一月のことであるが、この当時彼は既に日本野鳥の会の賛助会員に名を連ねており、野鳥の観察にことさら強い関心をもっていたことが明らかになる。

⑯一九三七年九月二四日～一〇月六日

東北帝国大学にて七回にわたり「日本民俗学」を講義。四日には仙台紅屋ホールにて国史学会例会に出席したが、その内容に関しては、大島正隆が『民間伝承』で報告している。それによるとこの時の参加者は喜田貞吉・田中・館・栗林・伊東信雄らの教員をはじめ、研究室学生の大部分が出席した。席上柳田は国史界への希望として、「索引事業殊に一般生活史に関する日記類に散見する問題への索引製作を提唱された」ものという（大島正隆「東北帝大国史学会例会」『民間伝承』三―二、民間伝承の会、一九三七年、一〇頁）。

⑱一九六〇年五月三一日～六月六日

この旅行は、柳田國男にとって生涯最後の旅行となった。来仙の目的は、当時東北大学の宗教学教授を務めていた娘婿の堀一郎夫婦宅の訪問であったが、さらに正確に言うなら、娘婿宅の立地が野鳥の声を聞くに大変適していたことがその決定打となった旅行であった。柳田の三女の堀三千は、以下のように書いている。

住宅地に接して、東北大学の青葉山自然植物園が広大な地域を占めていたが、そこに生息する雉のつがいが、住宅地の庭に訪ねてくることも折々であった。五月から六月にかけては、家の中にいても、かっこうの声が聞こえた。「カッコウ、カッコウ」と明るい声があたりの清い空気をついて響いてくる。時折は高い杉の梢にその姿を見ることもあった。こんな話を聞いているうちに、父の食指がうごき出した。ほかのことではなかなか腰の上がらない人であったが、野鳥のさえずりときいては、じっとしてはいられなかったのであろう。とうとう五月の終わりのある日、東京からはるばる出かけてくることになった

（堀三千『父との散歩』人文書院、一九八〇年、二〇七頁）。

この頃も、柳田にとって鳥の声を聴くことは、魅力的なことであったようだ。来仙中には小岩井農場への二泊の小旅行の他、秋保温泉へも一泊で出かけ、各地で鳥の声に聞き入っていた。

鳥の声を聞く以外にも予定は詰まっており、NHKのインタビューや東北大学の文学部教員との懇親会など、さまざまな予定があった。そうした中、五日の午後には堀家二階において「東北民俗の会」の例会が開催され、柳田は「稲作儀礼について」という講話を行った。この時集まった人々の寄せ書きが残っているが、中央に「初めて出席した記念　柳田國男」と書かれ、総勢二二名の参加者の記名がある〈写真4〉。この中には堀一郎をはじめ月光善光・岡田重精・岡田照子・米沢紀・渡辺郁子などの東北大学宗教学研究室、東北文化研究室関係者の他、東北大学教育学部の竹内利美（教育社会学）と同じく経済学部の中村吉治（経済学）、さらに後に東北学院大学の民俗学

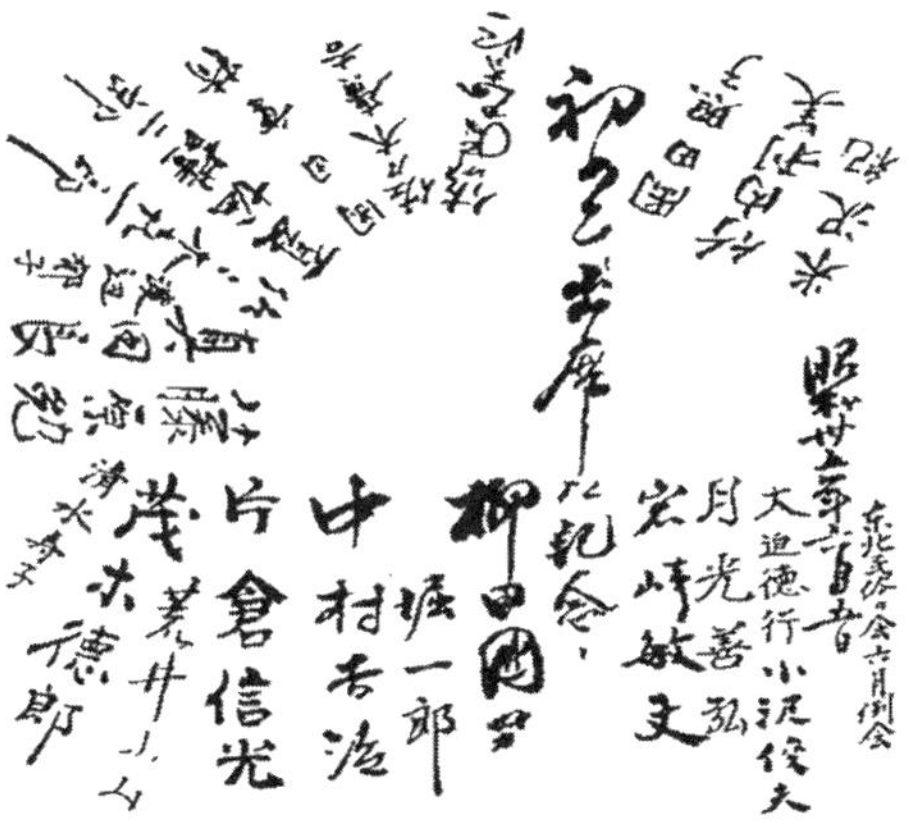

写真4　「東北民俗の会」六月例会時の色紙
（昭和35年6月5日）

を率いていく岩崎敏夫、そして茂木徳郎・藤原勉・夏堀謹二郎などの地元の民俗学研究者が名を連ねていた。当時の「東北民俗の会」は、二月に発会したばかりのまだ新しい民俗研究団体であったため、来仙した柳田との交歓の機会は、その後の会の活動を活性化させる大きな契機となったのである（三崎一夫「『東北民俗の会』40年の歩み」『東北民俗』第三五輯、二〇〇一年）。

二、「日本民俗学」と仙台

さて前章で見てきたように、今では当たり前に使われている「日本民俗学」の用語が、大学の授業として正式に使われたのは、一九三五年五月三日、東北帝国大学片平キャンパスで開講された「日本民俗学講義」の集中講義においてであった。この講義の受講生は、思いの外少なかったようで、十年後に振り返った「現代科学といふこと」におき柳田は「国史科は三年を通じて、大島正隆といふ人たった一人しか無かった。この外に心理学の教室から数名、助手副手や篤学の聴講者を合せて、十数人の聴手があっただけだった」（「現代科学といふこと」民俗学研究序編『民俗学新講』、明世堂書店、一九四七年（『全集』㉛　三八五〜六））と述べている。ここに引用した「心理学の教室から数名」とあるうちの一人が、心理学の安倍淳吉名誉教授である。「この東北大学の講義では、自分は特に史学との対立、彼の足らざる又は及ばざる所を説いて見ようとした」（同　三八六）とあるように、この時柳田が行った集中講義での議論は、史学との対比の中から「日本民俗学」を浮き彫りにしようとするものであった。

民俗学を古い昔の世の穿鑿から足を洗はせること、即ち之を現代科学の一つにしなければならぬといふことは、実はこの十年前の講義に於て私が言ひ出したのである。史学も亦現代科学であるといふことは、すでに幾人かの学者によって提唱せられて居るが、それを一世の通説とする為にも、私は先づ民俗学がさうなって居て、之を扶けなければならぬと思ったのである。私はこの講義の印象を濃くしたい為に、少しく芝居じみては居たが、民俗学の特質三つありと言った。一に曰く普遍性、二に曰く実証性、三に曰く現代性是なりとも言って見た。始めの二つはおまけのやうなものかも知れぬ。わかり切ったことだとも言へる（『全集』㉛　三八六〜七頁）。

引用の第一文の「民俗学を古い昔の穿鑿から足を洗はせること、即ち之を現代科学の一つにしなければならぬといふことは、実はこの十年前の講義に於て私が言ひ出したのである」と言う点、柳田國男の強い意志が窺われる。そしてこの用語を正面から用いた主張がなされるようになった最初が、十年前に行った東北大学での集中講義でのことで、その際初めて掲げられることとなった用語こそが「日本民俗学」であったわけである。とはいえ柳田は、集中講義の一〇ヶ月ほど前の一九三六年八月に以下のように述べていた。

私は、慶応大学で五六年教授をした事がありますが、その時にも、日本民俗学といふ言葉は使はないで「民間伝承論」といふ言葉を使ひました。これは直訳なのでありますが、あまりいゝ言葉ではありません。民間伝承といふ事は、つまり書いたもの……書物ではなくて、口づから、文字をよく知らない人でも伝承して居るといふ事なのです（『全集』㉙　三九一頁）。

この記述を『柳田國男伝　別冊』に収録されている「年譜」で確認してみると、一九二四年（大正一三）の四月二二日に「慶應義塾大学文学部講師となり、毎週一回、史学科において民間伝承を講義。昭和四年三月まで続く」とある。この点からは、「日本民俗学」という用語使用に踏み込み切れていない柳田の姿が浮き彫りになって来る。前章（2）の⑧に挙げた『東北の土俗』（一九三〇刊）において「東北と郷土研究」

を纏めた当時の柳田は、以下のように述べていた。

爰にフォクロアは民俗学の唯一の研究方法とならうとして居るのみならず、同時に又日本民俗学といふ様な、今迄聴きつけない名目さへ可能になったのは、確かに二〇世紀の一大飛躍でありました。

（「東北と郷土研究」『東北の土俗』、三元社、一九三〇年（『全集』㉘ 三一三頁））

本書には、一年前の一九二九年の仙台中央放送局での放送内容が纏められているが、少なくともこの当時の柳田からは「日本民俗学」の用語に対する前向きな姿勢が感じ取られよう。

ならば、この十年にも満たない間に、「日本民俗学」の語に対する柳田の彷徨はいかなる道を辿ったのであろうか。この点を考える手掛かりとして、柳田國男が関わった「日本民俗学」の語がつく企画について纏めてみたのが〈表2〉である。「日本民俗学」の用語は、一九三四年に大阪府女子専門学校での講演で使われてから、翌年以降の「日本民俗学講習会」や「日本民俗学連続講習会」「日本民俗学講座」といった企画に使われるようになっていた。ある意味で柳田國男の還暦の際に企画された「日本民俗学講習会」がその名前をさらに展開させてきたのであろう。しかし個々で留意しなければならないことは、柳田自身は「日本民俗学」の言葉の使用に対しては非常に禁欲的に対応してきていたことである。

一九三〇年代初めの頃の柳田は、例えば「私は所謂俗信の調査の重要性を認め、是が完全に考察されるのを以て、日本民俗学の成立の目標とさへして居る者であるが」（「笑いの教育」『北安曇郡郷土史稿第四輯序』一九三二年（『全集』⑮ 二一〇頁））「仮に日本民俗学の名を以て、此頃漸く成立たうとして居る一系統の知識なのである」（「国史と民俗学」『岩波講座日本歴史』一七、一九三五年（『全集』⑭ 一〇八頁））というように、「日本民俗学」の語を使用していた。そうした流れが鈍るのは、例えば以下のような記述である。

表２　「日本民俗学」の語がつく企画

和暦	西暦	月	日	「日本民俗学」関連事項
T15	1926	5		「日本民俗学」「Ethnologyとは何か」『青年と学問』
S09	1934	10	27	大阪府女子専門学校で「日本民俗学の提唱」講演
S10	1935	7	31	日本青年館で日本民俗学講習会（～8. 6）
		8		民間伝承の会創立
		9		『民間伝承』発刊
S11	1936	8	3	國學院大學で第2回日本民俗学講習会（～7）
		9	19	大阪懐徳堂で、近畿民俗の会主催の日本民俗学二十五回連続講習会第一講
S12	1937	1	19	丸ビルで日本民俗学講座開講　「童神論」約30回
		3		愛知県第一師範学校で日本民俗学講習会
		5	3	東北帝国大学で「日本民俗学」講義（～7日）
		5	26	東北帝国大学で「日本民俗学」講義（～6月3日：10回）
		6-7		京都帝国大学で「日本民俗学」講義
		7	20	日本民俗学講座婦人座談会
		9	24	東北帝国大学で「日本民俗学」講義（～10月6日：7回）
		10	12	日本民俗学講座で「路傍のフォクロア」を講義（丸の内ビル）
		10	25	京都帝国大学で「日本民俗学」講義（～11月5日：5回）
		12	7	日本民俗学講座で「人形と信仰生活」を三回講義
S13	1938	1	18	第4回日本民俗学講座婦人座談会
		1	25	日本民俗学講座で「酒の問題」講演（後一回）
		3	1	日本民俗学講座で「餅の問題」講演（後二回）
		4	19	日本民俗学講座の座談会出席
		4	26	日本民俗学講座で「伝説の社会性」講義（後四回）
		9	27	日本民俗学講座で「民間年中行事」講義（後四回）
		11	8	日本民俗学講座臨時講義で「入道の話」講義
S14	1939	2	26	民間伝承の会主催の日本民俗学講演会で「文化と文化系」講演
		4	14	日本民俗学講座で「祭礼と固有信仰」講義（後一一回）
S15	1940	1	19	日本民俗学講座で「民俗学と国語」を講義
		3	8	日本民俗学講座終了
		3	15	日本民俗学講座閉講記念懇談会
S24	1949			民間伝承の会を日本民俗学会へ改称

民族学を「民俗学」と改め、フォクロア即ち今いふ民俗学を特に「日本民俗学」と呼ばうといふ当時の提案は、著者自身も今日は採用していない。さうするには時期が早いやうである。(「紹介と批評　郷土生活の研究法　柳田國男著」『民間伝承』第一号、一九三五年(『全集』㉙　三二二頁))

そのように躊躇する背後には、「フォクロア」「郷土研究」「民俗学」などと言った類似概念を指す用語の異同に関して、とりわけ欧米諸国の民俗学、文化人類学研究の整理を続ける柳田の姿があった

・どこの国でも民俗学はナショナルで、主に自分の同胞の文化を討究し、稀に代って或一つの未開種族の過去の生活を尋ねてやる。是に反して、自分の国だけのエスノロジイといふものは、まだ今日迄は唱へた人がない。だから日本民俗学とさへ言って居れば、どちらのゾクの字を書きますかなど、、問ひ返される心配はない。しかしそんな日は来るかも知れない。若しくは奇を好んでそんな名を用ゐる者が出来るかも知れない。日本などでは、曾てエスノロジイを土俗学と訳してゐた時代に、現に日本土俗学を説いた人さへある。いつ迄も日本民俗学とさへ名のって居れば、他の一方と紛れはせぬといふ安心は保てないのである。(「採集期と採集技能」『日本民俗学研究』岩波書店、一九三五年(『全集』㉒　四一二))

・私はかりにフォルクスクンデの方を一国民俗誌学、または日本民俗誌学、今一つのフェルケルクンデを萬国民族誌学、もしくは誤解の虞がないならば比較民俗誌学と名づけて置いて、他日もっと好い語があったら取替へることにしようと思ふ。さうしてこの知識が十分に整理せられ、一つの体系を以てこれに臨むことが出来、たとへばフォルクスレエレといふ語が用ゐられてもよい時節が来たら、始めて我国でも堂々と日本民俗学と名乗っても、未だ必ずしも遅しとせぬであらうと信ずる。……我々は記録文書の歴史をもたぬ天が下の諸蛮民の過去世が、すべてこの郷土研究の方法を以て採尋せられ、自他平等に

一つの世界民俗学の対象となるべき日の、究竟は到来することを信じ且つ望むものであるが、現在の事実は遺憾ながらそれからはまだ遠いのである。

（『郷土生活の研究法』刀江書院、一九三五年（『全集』⑧　一二三頁））

こうした議論の背後には、自文化研究と異文化研究に対するイギリスやドイツの研究スタンスの違いがあり、エスノロジィとフォクロア、フェルケルクンデとフォルクスクンデといった用語に対する訳語の問題で、「日本民俗学」は頭出しをしながらも、その語に走る決断に躊躇していたのである。そこで彼自身が使っていた用語は「郷土研究」であったわけだが、そうした批判の目は、既に彼自身がいろいろなところで使ってきた「郷土研究」と言う用語自体に対しても向けられていく。

何故に郷土研究といふ言葉を段々に使はない様になって、民俗学といふ言葉を多く使ふ様になって居るか、その訳は何か。その一つは郷土研究といふ言葉が余りに普通なものになって終った。何処に行きましても之を聞く様になりまして、最初郷土研究といふ言葉を唱へました私共の予期しない郷土研究が出て来たのであります。……実は私共の研究は、郷土的研究とも云ふべきもので、郷土を研究する学問と云ってもよく、郷土は手段なのでありまして目的ぢゃ無いのであります。……広く云へば社会人の風習、さういふ方面から日本の郷土を研究してみようといふのであります。つまり研究物体は日本人の生活そのものであります。（「郷土研究と民俗学」「郷土研究と民俗学（一）」『肥前史談』九―五、一九三六年（『全集』㉙　三八三～四頁））

つまり柳田が使い始めた「郷土研究」の用語が、世の中に取り入れられていくと共にさまざまな解釈で使われるようになり、彼の考えてきた「郷土研究」とは異なる意味合いで使われることが多くなって来たのである。

ところが、柳田國男が概念整理に基づくキーワードの設定作業を進めていく間にも、彼の思惑とは別に、キーワードが先行して学界の中で使われていく動きが出て来た。それは「郷土研究」の語が広まっていった時と同様で、「日本民俗学」の語もそろそろ使用する人が出てきたのである。こうした現実を目にした柳田の判断は早かった。

既に日本民俗学の必要に着眼し、知識の集積を始められた人が幾人かある。……勿論私などよりも文字通りの先生である。自分等は単にやゝ便宜の地位に在って、その後も引続いて余分の時を是に費し得たといふのみで、言はゞ是までは諸君に代って、各自の分担区域を比較的細かく、看て居たといふに過ぎぬのである。我々の研究は最初から共同のものであった。諸君は常に是を自分のもの、如く考慮し、批判し増補し成長せしめらるべきである。斯ういふ風になって来なければ、国に必要なる学問は興隆しない。……最近僅かな期間の趨勢から推して考へても、日本民俗学のやがて大いに成長するであらうことはほゞ疑ひが無い。

（「『日本民俗学研究』開白」『日本民俗学研究』岩波書店、一九三五年（『全集』㉒ 四一〇〜一頁））

それまで躊躇していた「日本民俗学」の語の使用について、「われわれの研究は最初から共同のもの」であるとして、後進たちに「自分のもの、如く考慮し、批判し増補し成長せしめらるべき」と鼓舞しているのである。そうした発言とともに、一旦は「日本民俗学」の語の使用を中断していた柳田も、この語の使用に踏み切ることになる。

「日本民俗学」といふ言葉も、こんな事は今更云ふ必要もありませんが、実は私は使って居りませんでした。今から四五年前迄は寧ろ避ける事にして、必要止むを得ない時には使って居りました、誰が云ひ初めたともなく、これが今日では極く普通に使はれる様になって参りまして、私は若し、此の郷土研究といふ言を避けようと致します時に、何かその代りに入れ度いといふ時に此の言葉を使ひます。さういふ風で仕方が無しに今日私も使って居る。

（「郷土研究と民俗学（二）」『肥前史談』九―六、一九三六年（『全集』㉙　三九〇頁））

そこで目指す「日本民俗学」とは、それまでにも使われてきた「民俗学」「土俗学」といった類似概念の用語と比較しつつまとめると、自文化研究としてなされる所に特徴があると述べる。

民俗学は、内部からの調査の進んだ僅かの先進国が自ら知るための学問である。土俗学は常に外部からの調査で、世界の多くの民族が、先進開化の国の人々に知って貰ふだけの学問であると云へる状態である。……日本民俗学は我々日本人が自国を内省し昔風なる日本人らしさといふものを探究する学問である。（「伝統について」『日本文化』四―一〇、一九三七年（『全集』㉚　五一一頁））

以上のような遍歴を遂げながら、柳田は「日本民俗学」の構築に尽くしてきた。〈表2〉からも明らかなように、こうした動きが繁くなる一九三五年は、柳田國男に対する還暦祝いが姿を変えて実現することとなった「日本民俗学講習会」が開催された年である。この時には、日本の民俗学のその後を牽引するようになった研究者が一五〇名ほど全国から東京に集まって日本民俗学の講習を受け、相互の繋がりが作られた機会でもあった。この講習会の挨拶の席上、柳田國男は「最近わずかな期間の趨勢から推して考えても、日本民俗学のやがて大いに成長するであろうことはほぼ疑いがない」と述べていた。

とはいえ柳田の気持ちの中には、「日本民俗学」の語を使用していくことに対してまだスッキリと納得しない部分が残っていた。東北帝国大学で「日本民俗学講義」の二期目の集中講義の最中である一九三七年六月二日、第二高等学校における「平凡と非凡」の講演の中で以下のように言う（『新日本』一巻五号、一九三八年）。

……すぐにも実現に移すことの出来る一つの学問の既に生まれて居ることを、諸君に向って報導したいのである。人が日本民俗学と呼んで居るものが即ち是である。……要は日本人の年久しき経験の、今まで心付かずに居るものが許多であったことを、認め得た者が之を役立たせることが出来るのである。

（『全集』㉚　一二〇）

ここでは、柳田國男がその当時現在進行形で行っていた東北帝大での集中講義の中心テーマ、「日本民俗学」が世に問える新たな学問領域となってきたことが述べられている。「日本民俗学」と題した集中講義は進んでいながら、「人が日本民俗学と呼んで居るもの」と述べて、彼自身が「日本民俗学」の語を使うことにワンクッション置いた気持ちが示されている点には留意すべきであろう。また東北帝国大学での「日本民俗学講義」の三期目の集中講義で仙台を訪れる直前の一九三七年九月二一日の夜、平の磐城民俗の会に出席した際に行った「郷土研究に就いて」という講演においても、柳田は以下のように述べている。

近頃我々の学問も外部から日本民俗学と言ふ名前を附けて呉れたが、年齢の方から言っても之を本当の学問にする事を一心になって希望してゐるのは私程熱心な者はない。これを一つの学として世の中に認めてもらひ度いのである。

（「郷土研究に就いて」『福島県教育』五四―二、福島県教育会、一九三八年（『全集』㉚　九三頁））

前述のように一九三五年に刊行された『日本民俗学研究』以来、一方で「日本民俗学」を推進して「日本民俗学講習会」で挨拶をしてきた柳田であるが、その意識の中には「日本民俗学」の語は、自分で最終的に判断して使っている用語では無くて、他律的に使用することになったという負い目を引きずっていたのである。

ならば一体何故、東北帝国大学での集中講義の題目を「日本民俗学講義」としたのであろうか。この点のいきさつについては、以下のように述べていることから推察できる。

今度東北大学で『日本民俗学』と附けられたが、名前ばかりそんな名前をつくっても全国の資料が整ってゐないのが恥しい。一地方にゐても日本全体のどの地位を研究してゐるかを知ってをられる様にしたい。一つの学問とする為には少なくとも資料の索引をつくらねばならない（同前（『全集』㉚　九五頁））

つまりこの時の集中講義の題名は、柳田國男自身がつけたものと言うよりは、小宮豊隆であるか千葉胤成であるかは不明であるが、東北大学側からの内容依頼があって実現されたものであることが推測される。柳田に集中講義を依頼するに当たって、東北大学では、時代の趨勢にも鑑みて「日本民俗学」の語をつけた内容を希望したのであろう。その意味で日本の大学において「日本民俗学」の語を使った最初の授業となった、東北帝国大学での集中講義は、柳田國男にとっては時期尚早であったかも知れないが、「日本民俗学」を深化させるきっかけともなった、日本の民俗学史上重要な機会であったと言うことができよう。柳田自身、「今度の東北大学の講義で私は日本民俗学と言ふ言葉を始めて使ひ、主として自分の学問が東北に応用する事が如何言ふ事に役立つかをやってゐる（同前（『全集』㉚　九三頁））」と述べているのである。

おわりに

これまで見てきたことから仙台は、柳田國男にとって生涯にわたりたびたび訪れた〝近しい〟都市であったことが窺われよう。一八回に及ぶ仙台訪問を大別するなら、七回は「通過地としての仙台」で、残る一一回が「目的地としての仙台」であった。後者の一一回の中には六回の東北帝国大学への訪問が含まれており、講演などを通じて在野の学である民俗学的思考を帝国大学の学生に聞かす機会がもたれていた。とりわけ後半の三回に分けて行われた集中講義は、時期的に柳田が「日本民俗学」の構想を他律的に広めて行かねばならない契機に相当しており、その最先端の試行錯誤が授業として示されていたわけである。その意味から仙台の地は、柳田國男が悩みながらも自分の学問を「日本民俗学」と名乗ることにシフトしていく、一つの転換点であったと考えても良いであろう。また、仙台中央放送局による「東北土俗講座」の放送や、その後進のNHKによる最後の旅の際のインタビューも、「日本民俗学」を音声メディアを通じて広めていく、新しい試みの推進に繋がるものであった。そうした観点から言うならば、仙台は柳田國男にとって、「日本民俗学」をめぐる新たな試みを試す場でもあったのである。

最後に佐々木喜善宛の封書に書かれていた二点の批判、①民俗学の程度が低いこと、②感激が乏しく行く気にならないことと言った点について考えてみよう。②は、直接的にはもう一人の講演者と比較して、聴衆の極端な減少が見られたことが原因であったと思われる。何故聴衆が少なかったかの原因は不明であるが、それはおそらく講演者である柳田個人に起因することではなく、時間帯などの問題であったのではないだろうか。それよりも問題は、①であろう。当時の宮城県の民俗研究の程度が低かったという批判は、少なくとも重く受けとめなければならないであろう。確かに、『民間伝承』第一号に掲載されている一九三五年の

「日本民俗学講習会」参加者の中に宮城県からの参加は見当たらず、以後の『民間伝承』に掲載される民間伝承の会への入会者数も、他県に比べても決して多いものとは言えない。少なくとも民俗研究の場に対する積極性が強くないという動向が宮城県内に確認されたということは、柳田の指摘が②の感情からのみいわれていたわけでないことを示している。仙台において、柳田自身が大学関係者との親しい関係を長いこと維持していたのに対し、民俗研究をする在野の人々とのつながりが薄かった理由は、彼の他県の人々とのつながりと比較してわかりかねるが、仙台放送局の企画の際に「大学の人に対し何か徒党でも組むやうに風説する者あり」とあった点は気になることである。その当時の仙台における、大学人と在野の研究者との間の関係に何か軋轢があったのかもしれない。

そうした関係は、柳田國男の生涯最後の旅行の直前の一九六〇年二月に結成された「東北民俗の会」の活動で、次の段階を迎えることになった。この会には東北大学関係者のみならず、地元の民俗研究者も数多く参加し、東北大学教授の堀一郎を初代教授に活動を始めつつあった。こうした時、柳田國男が行った娘婿でもある堀一郎宅で開催された「東北民俗の会」席上での講話は、仙台における大学人と在野の民俗研究者を繋ぐ活動に、新たな活力を注入する機会となった。以後「東北民俗の会」は東北大学や東北学院大学にその事務局を置きながら、大学人と在野研究者の研究交流の場となっている。さらにそうした永年に渡る研究団体としての活動が評価され、二〇一七年九月九日には、第五二回「柳田賞」を受賞することとなった。ある意味では、仙台における「民俗学の程度」の向上が、〝柳田國男〟からのお墨付きとして認められたと言うことでもあろう。

[コラム：私と柳田國男]

輪を描く足跡

鈴木岩弓

私の柳田國男体験は、〝挫折〟をもって始まる。小学校に上がって間もなく、文字が少し読めるようになった頃のこと。厳めしい漢字の背表紙が並ぶ父親の書棚の本の中に、たまたま「こども」というひらがなを発見したのである。これこそ「こども」用の本と思い込み勇んで手に取ったものの、いざ頁を繰ってみると、難しい漢字ばかりで読むことも出来ず、とてもがっかりして書棚に戻した想い出がある。私が人生で最初に触れた、いや手を触れた柳田の著作は、今にして思えば『こども風土記』であった。

次に彼の著作と出会ったのは、高校の現代国語で「清光館哀史」（『雪国の春』に収録）を読んだ時であった。これは六年前に泊まった清光館という旅館を柳田が再訪したところ、旅館は潰れて空き地になっていた、というもの悲しさ漂うエッセーである。授業では、彼が最初に清光館に宿泊したときのことを描いたエッセー、「浜の月夜」も併せて読んだ。特に印象的だったのは、どちらの話にも登場する盆踊りの翌朝の光景へ寄せた柳田の〝眼差し〟である。前夜に盆踊りがあったそぶりも見せずに、早朝からいつも通りの日常生活を送る村人たちの姿に柳田は軽い驚きの眼を向けつつ、前夜、人々が思いの丈踊った足跡が、地面に丸く輪を描いて残っていたことを注視していた。「出立の際に昨夜の踊場を通って見ると、存外な石高路でおまけに少し坂だが、掃いたよりも綺麗に、稍楕円形の輪の跡が残って居る」（「浜の月夜」）「夜どほし踊り抜いた小判なりの足跡の輪がはっきり残って居た」（「清光館哀史」）というのがそれである。〝兵どもが夢の跡〟が映像化されたこの光景は、寂しい中にも情緒があり、祭の非日常性を強く印象づけるものであった。

それから何年か経った大学時代の夏、私も柳田のこの記述を追体験することとなった。下北半島にある恐山の大祭で、宿坊に泊まった時のこと。夕食を終え、闇夜の中を裸電球一つの温泉まで行って汗を流し、坊に戻ってきた時である。昼間の暑さがまだ残る坊の前に三々五々集まって来た老婆たちの間から、誰指示することもないまま盆踊りが始まったのである。各地から集まって、たまたまこの夜に宿を同じくした老婆たちが、あたかも一緒に習ったかのように手振り身振りを同じくして踊る輪は、人々を呑み込み次第に大きくなっていった。柳田が歌垣の歌ではないかと予想しつつも聞き取れなかったと同様、私もそこで歌われる歌詞を聞き取ることはできなかった。ただ日常生活から離れた恐山で、〝弾ける〟ことが許された一夜、何かに突き動かされたかのように無表情で踊る老婆たちの姿が印象的であった。

翌朝、宿坊の前に〝輪を描く足跡〟を見つけた瞬間、私は昔読んだ「清光館哀史」を思い出した。庶民の〝生〟が可視化された「足跡」に向けられた柳田の眼、こうした視角の意義を実感したこの時の旅は、私の研究対象を庶民レベルの信仰世界へと向かわす転機となった。

第三章　柳田國男に師事した東北帝大生
――大島正隆の民俗学と歴史学――

柳原敏昭

一．大島正隆とは

戦前・戦中期の東北大学に、民俗学に深く傾倒し、柳田國男を師と仰いだ人物がいた。名前を大島正隆《おおしままさたか》という。小稿では、大島の学生時代を中心に、二人の関わりについて論じてみたい。

まず、大島正隆の経歴と業績、および彼に対する評価を紹介する（別掲の略年譜も参照）。

生まれは一九〇九年（明治四二）で、一九二八年（昭和三）に、仙台の旧制第二高等学校（以下、二高）に入学し、山岳部で活躍する。当時は昭和恐慌があり、また東北地方では冷害も発生した。社会矛盾を鋭く感受した大島は、共産主義運動に参画した。しかし、それは非合法活動であり、一九三三年（昭和八）一月に治安維持法違反容疑で検挙され、未決囚として拘禁された。二高も退学となった。

翌年二月、公判が開始され、結果、執行猶予となって釈放される。いわゆる「転向」をしたということになる。釈放後は、東京の実家に戻った。民俗学に傾倒し始めたのはそのころである。

一九三六年（昭和一一）四月には、東北帝国大学（以下、旧制・新制を問わず東北大）法文学部への入学を許され、国史研究室（現在の大学院文学研究科日本史研究室）に属する。大学在学中の大島は、民俗学との関わりを一層深め、後に詳しく述べる通り、柳田國男の主宰する様々な調査・研究活動に参加していく。

卒業は一九三九年（昭和一四）三月で、ただちに副手となり、「秋田家文書」（現在の東北大附属図書館所蔵「秋田家史料」）という東北地方北部の中世から近世の歴史を考えるには欠かせない一大史料群の整理を職務とする。「秋田家文書」は同年の二月に、国史研究室内に置かれた奥羽史料調査部が寄託を受けたばかりであった(1)。大島はこの文書群を活用しながら東北中世史のすぐれた論文を次々と発表していった。当然、将来を嘱望されたのであるが、一九四三年（昭和一八）秋から療養生活に入り、四四年（昭和一九）一月にこの世を去ってしまう（享年三四）。元来、頑健な体の持主だったが、検挙後にひどい拷問を受け、一年間拘禁されていた間に健康を蝕まれたといわれている。あまりにも早い死といわねばならない。

大島が亡くなった一九四四年（昭和一九）は、戦争の真最中であり、彼の業績は一時期、学界から忘れ去られた。再評価されるのは、死後二〇年近くたってからである。山口啓二、藤木久志といった研究者から大島の業績が高く評価されるのである（たとえば藤木久志「豊臣政権論の二、三の問題」、『国史談話会雑誌』六、一九六三年）。山口は戦後近世史研究のリーダー、藤木は戦国～豊臣政権期研究の牽引車である。とくに藤木は、東北大国史研究室の出身であり、大島の視点や方法を受け継いだ研究を推し進め、大きな成果をあげている。

大島評価の次の節目は、一九八〇年代の終盤にやってきた。一九八七年（昭和六二）に遺稿集『東北中世史の旅立ち』（そしえて。以下『旅立ち』）がまとめられたのである。歴史学の論文八編、民俗学の論文五編が収められ、詳細な解説も付されている。同書に対しては、歴史学界のスーパースターともいえる研究者が書評を執筆している。石井進（『史学雑誌』九六―一二、一九八七年）と網野善彦（『列島の文化史』六、一九八九年）である。学界での注目度の高さがわかろうというものである。

そして、三つ目の節目が現在となる。たとえば二〇一一年の九月から一〇月にかけて、東北大史料館（以下、史料館）が企画展「清風一過――大島正隆の歴史学と民俗学――」（於東北大附属図書館）を開催している。

現在の大島への注目には、史料館に収められている「大島正隆文書」（以下、「大島文書」）の存在が大きくかかわっている(2)。「大島文書」の中心は、東北大文学部考古学研究室の初代教授・伊東信雄のもとにあった大島の遺品である。伊東は二高、東北大での大島の先輩にあたり、その死後、ご遺族が史料館に一式を寄贈されたのである。調査記録、メモ、ノート、論文草稿が段ボール箱一つ分ある。その後、大島のご遺族からも信仰関係の資料等々が寄贈された（大島は敬虔なクリスチャンでもあった）。

これらが寄贈されたのは一九八〇年代の終わりであった。そのころすでに整理は行われていたのであるが、目録が作られなかったためか、「大島文書」はしばらくの間、眠った状態になっていた。それを二〇一〇年、筆者も含めた六人の研究者(3)が目録を作成し、「東北大学史料館所蔵『大島正隆文書』目録」（『国史談話会雑誌』五一、二〇一〇年）として公表した。これが一つのきっかけとなり、ご遺族から主として大島が家族に宛てた書簡を数度にわたってご寄贈いただいた（約一四〇通）。さらに東北近世社会経済史の泰斗である森嘉兵衛（戦前は岩手県師範学校、戦後は岩手大学の教授）に大島が宛てた書簡約三〇通も森のご遺族から寄贈していただいた。こうして、新たに大島の書簡約一七〇通が日の目を見ることになったのである。新しい史料の出現は、当然のように大島への関心を高め、研究を活性化させた(4)。

さて、小稿では、大島と民俗学との関わりが焦点となる。これまでに明らかになっていることを簡単に振りかえっておきたい。

大島はもともと「二高の山男」といわれた程であるから山の民俗、とくにマタギの生活に関心があり、先述のように「転向」して東京の実家に戻っていたころから民俗学の文章を執筆するようになる。柳田國男との関係もそのころにさかのぼる。

大学に入学した一九三六年（昭和一一）の八月、大島は國學院大学で開かれた日本民俗学講習会に参加する。主催したのは民間伝承の会で、これは前年の八月に設立された、柳田國男を会長とする民俗学の全国組織であった（日本民俗学会の前身）。大島は、その会にも入り、機関誌の『民間伝承』に頻繁に投稿するようになる。常連といってよいほどである。

一九三七年（昭和一二）には、柳田による東北大法文学部における集中講義「日本民俗学」が行われる。日程は五月三日〜七日、同二六日〜六月三日、および九月二四日〜一〇月六日である(5)。受講生のうち、大島だけがノートをとることができたと言われ、その現物が成城大学の民俗学研究所にのこされている。大島正隆「柳田国男先生『日本民俗学講義』」上・下（『日本常民文化紀要』一五・一六、一九九〇・九一年）として翻刻・紹介されているのが、それである(6)。

大島は、柳田が組織した全国山村調査・全国海村調査にも参加している。大学一年次（一九三六年）の山形県小国地方（山村調査）、三年次（一九三八年）の島根県の隠岐島・岩手県九戸地方の調査（海村調査）である。山村調査に対しては協力者という立場であったが、海村調査に関しては正式メンバーとなっている。

ところで、これまで大島の民俗学に対してどのようなことが言われてきたのであろうか。代表的なものを振り返ってみたい。

まず、前出『旅立ち』の編者の一人、入間田宣夫が同書の解説で、大島の民俗学は最初、原始共産制への憧れから入ったのだけれども、次第に民俗現象を歴史的に考察する視点を獲得していったと述べている。そして順次、民俗学から歴史学へと関心を移していったと指摘している。これは『旅立ち』所収論文を検討しての評価である。

次に、やはり『旅立ち』の編者である大石直正が『国史談話会雑誌』二八（一九八七年）に「大島正隆の民俗学」という論文を執筆している。これは『民間伝承』の記事などを丹念に調査して書かれたもので、右に述べた大島と民俗学との関わりも多くはこの論文に拠っている。ここで大石は、大島の民俗学には、東北大国史研究室の教員であった喜田貞吉《きたさだきち》の影響があるのではないかということ、大島が民俗学から歴史学へ関心を移したと言われていることは、歴史学内部での関心の変化、深まりと理解すべきではないかということを主張している。

入間田・大石の指摘は、的を射たもので継承すべきである。これに何ごとかを付け加えるのは容易ではないが、先に述べた「大島文書」の世界に分け入っていくことで少しでも議論を前に進めたい。「大島文書」におさめられた書簡や調査資料から、彼の民俗学や歴史学、とくに前者を柳田國男とのかかわりにおいて見直す。それが小稿の課題となる。

二．三陸沿岸調査と卒業論文

まずは大島の大学卒業論文とその周辺を探ってみたい。

新出の約一七〇通の大島書簡には、彼が卒論を準備している段階で、父親と森嘉兵衛に送ったものがいくつか含まれている。まずは、父親あての書簡を見よう。日付は一九三八年（昭和一三）六月二四日。大島にとっては大学最終学年の夏である。父親の正満は生物学者であり、大島はしばしば卒論についての相談をもちかけていたようである。この手紙もその一例となる。以下、主要部分を引用する（傍線引用者）(7)。

先般来論文の事ばかり色々申上げて居ます。有益な御指示と決定とをお与へ下さって本当に有難う御座居ます。おやぢに論文の事など話しても仕様がないなどいふ人が大部分である世の中に、学者の家に生れた幸ひが頻りに思はれました。其後、学校はもう殆んど休暇に入りましたので文献調べに専念、仙台で眼に触れ得る限りのもの（現在問題の展開範囲内で）は数日中に片が附く予定です。

ところで実地調査の件ですが、七月中旬まで仙台に待機して居る事は今の状態では空しく食費を費消するのみでありそれよりも交通費十円ばかり足して頂けたなら、それを滞在費用（一日約八十銭）に廻すことが出来、より有意義な成果を得られますから、出来ますなら、そうして下さいませんでせうか。

実際に自分で問題を深く探って来た後には、その拡がった眼界を以て文庫作業も新たな方面へ進捗しますが現在のところではもう数日中に停滞点に達する状態です。[a]この夏は帰京して是非柳田先生の御指示を仰ぐ必要もありますがこれも一応実地に当って見てからの方がよいと思ひます。

別表に[b]予定図を描いて見ました。これは極く大体の予定に過ぎず今後大いに変更を見るかも知れませんが一応これによって御説明します。

盛岡―教室からかねがね紹介して頂いてある[c]森嘉兵衛氏といふ方に会ふ予定。この方から啓発さる、所もあらうかと思はれ、今度の旅行の一つの意義をなします。

門馬・川井・津軽石諸村―これらは、[d]森氏に就き実情を問ひ、立寄るべき価値あらば一泊する予定

最も主力を注ぐ場所は以下の所です。

豊間根村―こゝは前九年役から、この地に処る土豪豊間根氏が以前の郎党下人の子孫たる名子を従へ、地頭となって居ます。

砂子浜（綾里村）―こゝでは大家（地頭のこと）千田基久兵衛方に予定の許す限り、仕事の方附くまで滞在予定。

主人は物のよくわかった堅気の立派な人物の由、かねて我が家の文書の学界の貢献を熱望して居た由、今回のことを聞き、[e]守随氏からまた改めて懇切なる紹介の労をとって頂きました。
[f]此処は昨年守随一氏が気仙海村調査のお土産に見附けて来て下さった場所、まだ学界に知られぬツヾラ一杯の古文書があり、悉く僕の領分に役立つものとの事、なほ、その部落生活の現状もこれに劣らぬ調査価値があります。
有住《アルス》村　鹿《シヽ》折村　大上坊《ダイジョーボー》　これらは現地に当って見なければ判りませんが、私の喚出した所によると、[g]守随さん紹介の場所に劣らぬものもあるやうです。

図に書き尽し得ませんでしたが一ノ関近くの「岩ノ下」、こゝの鈴木家は義経の臣下鈴木氏の後と称する百姓殿様、こゝも未開拓の所です。

宮古から南下して約半月甚だ不充分ながら、身体中を耳と眼にすることによって、三陸南半の要所を攻略して来たく思ひます。[h]これだけの立案にも教室の方々、東京の守随氏などから一方ならぬ御援助を頂きました。

半月にも渉ること少しどうかとも思ひましたが、現在健康状態好調でもあり、又、何度も出入して交通費に奉公する愚を避けたく思ひます。今の予定では論文のための旅行はこれともう一回八月末あたりに同様の程度で三陸北半九戸郡方面をやらせて頂いて何としてもこれだけで良い結果を出さうと思って居ます。地頭と名子の本場はむしろこの北部の方です。

以上勝手に立案して見ました。[i]後のものについては、帰京后柳田先生の御意見を伺ってから、又今回の経験を活かしてより具体的な有効なプランを樹てたいと思ひます。取敢へず七月のこのプランをお目にかけます。私の希望としては、今月末御送金下さる時出来ますことなら足代十円前後を補って頂き七月初め直ちに出発、十日過ぎ頃までには第一回旅行前半の予定を済せて「砂子浜」で滞在、そこで後半旅費を送って頂けるのでしたら非常に好都合なのですが、かうして頂き度う御座居ます。（後略）

引用が長くなったが、大島の立てていたプランがよくわかるのではなかろうか。大島は東北地方の名子《なご》という一種の隷属民に関心をもち、夏休みを利用して三陸海岸南半一帯を調査しようとしていたのである。書簡の付図（写真1。文中では傍線部bの「予定図」）も大変興味深い。この書簡は最終的に旅行費用の無心になっているが、これだけ理路整然と言い寄られては、父正満も旅費を出さずにはいられなかったことであろう。

それはさておき、手紙の中で大島は「この夏は帰京して是非柳田先生の御指示を仰ぐ必要もありますが、これも一応実地に当って見てからの方がよいと思ひます」（傍線部a）、あるいは「後のものについては、帰京后柳田先生の御意見を伺ってから、又今回の経験を活かしてより具体的な有効なプランを樹てたいと思ひます」（傍線部i）と述べている。大島と柳田との関係が示されている。

度々あらわれる守随一《しゅずいはじめ》（一九〇四—四四）という人物についても触れておきたい。当時、左翼運動にたずさわった人々（多くは「転向」者）が柳田のもとに集まり、民俗学に接近していくということが見られた。この点は、鶴見太郎『柳田国男とその弟子たち　民俗学を学ぶマルクス主義者』（人文書院、一九九八年）などで詳しく論じられている。代表的な人物として石田英一郎・大間知篤三・中野重治・福本和夫らがおり、大島もその一例ということになる。守随一もまたその一人であった。

守随は、一九三七年七月二三日から一〇日間、柳田の全国海村調査の一環として宮城県本吉郡大島、岩手

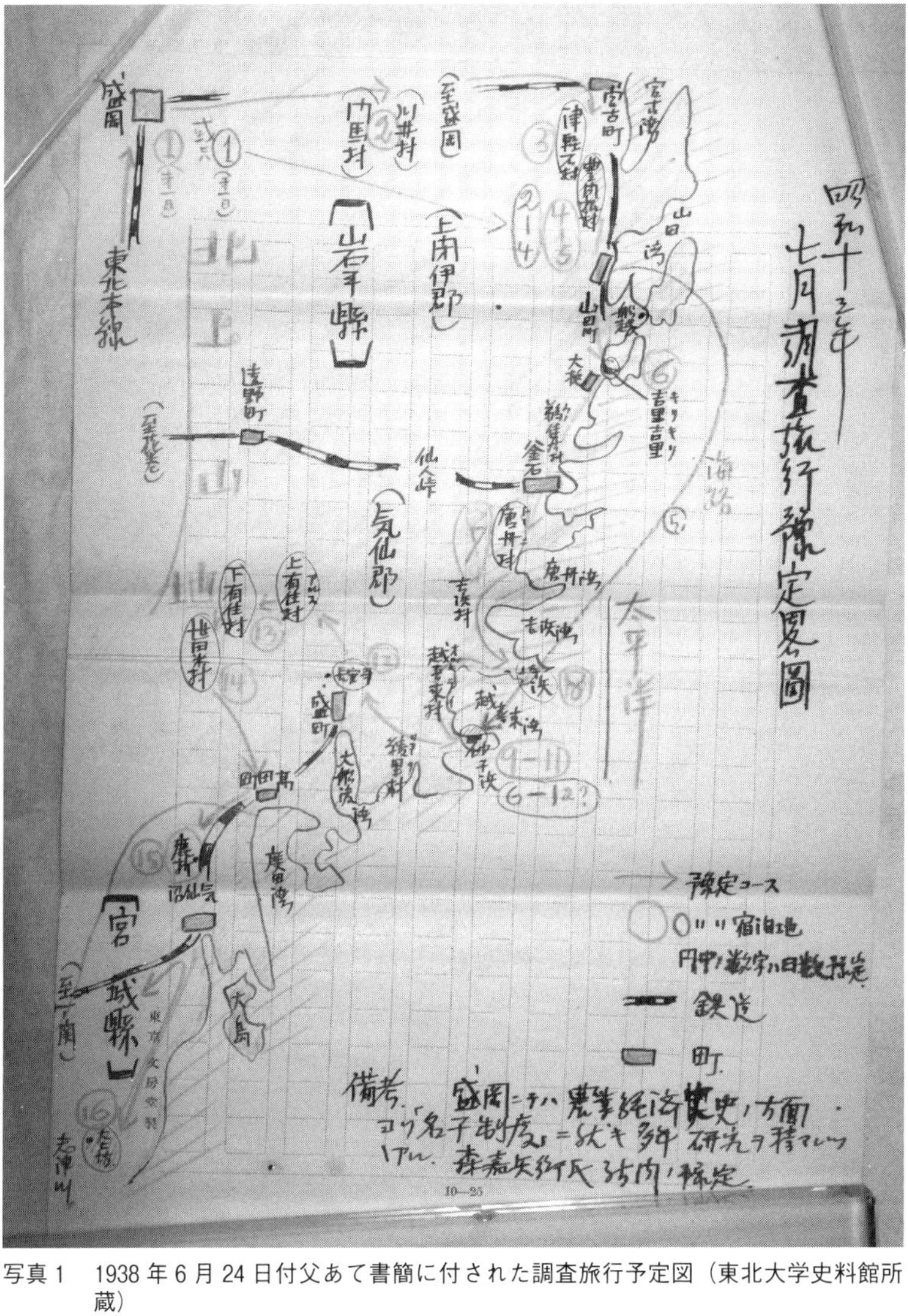

写真１　1938 年 6 月 24 日付父あて書簡に付された調査旅行予定図（東北大学史料館所蔵）

県気仙郡綾里村・越喜来村・吉浜《よしはま》村の調査をしている。その時の報告が「陸前漁村見聞記」(『水産界』六六〇)として一九三七年一一月に発表されている。大島は守随からこれらの場所についての情報を得たり、調査先を紹介されたりしていたようである。それが傍線部e・f・g・hからわかる。柳田に連なる人脈が大島の卒論構想や調査プランに影響を与えていたことになる。

なお、守随は東京帝国大学経済学部の出身で、矢内原忠雄に師事している。大島にとって矢内原は信仰上の師であり、最も敬愛する人物の一人であった。大島の卒論に、「主の名の故に」と題された「みすぼらしい旅人を受けいれ　前途を励まし力付けて下さった　その日の喜びを記念して」という矢内原への献辞が記されているほどである(8)。守随と大島には、柳田を介した関係のほか、矢内原を介した関係もあったということになる。守随は後に満鉄調査部に勤務するが、いわゆる満鉄事件で検挙・投獄され、釈放されたものの一九四四年(昭和一九)一月一五日に亡くなった(最上孝敬「物故者紹介　守随一君」、覆刻版『日本民俗学大系』三、一九七六年、平凡社)。大島が亡くなったのが同年一月一二日であるから、ほぼ同時に二つの若い有為な命が失われたということになる(9)。

話を元に戻す。大島の卒論と関係の深い書簡として、もうひとつ一九三八年七月三日付の森嘉兵衛あてのものを見たい。大島が森に出した最初の手紙である(10)。森の名前は、父親あて書簡にも出ていた(傍線部c・d)。大島は自らの卒論の構想を述べて、これから教えを請いたいと緊張気味に記している。この後、森と大島との交流は、大島が最後の療養に入るまで続いていくことになる。

森あての書簡で大島はどのようなことを言っているのか。まず父親あての書簡と同様に岩手県から宮城県北部にかけての海岸部を調査したいと述べている。そして、課題として次の三つをあげている。

Ａ１：荘園崩壊から近世村落成立の時期に於ける地方小土豪の地位の変遷を跡付ける（要約）。
Ａ２：小土豪とその家人（名子）の一団を有機的な労働単位として親（方）・子（方）の関係に於いて分析する（同）。
Ｂ　：名子制度の現代的意義について明らかにする（同）。
柳田國男には「農村家族制度と慣習」（『全集』⑫、筑摩書房。初出一九二七・二八年）という論文があって、その中に「年季奉公と名子制度」という章が設けられている。「親方子方」（同右。初出一九三七年）という文章もあり、「ナゴオヤ」（名子親）という項目が立っている。大島はこれらから影響を受けて課題を設定した可能性が大きい。
大島は森あて書簡で、右で見たＢの課題について次のように記している。

これは例の封建論争の激しい論題の一つでもあった様ですが、私は各地の現状の忠実な調査記述その比較考察の生む冷静な結論を欲して居ます。

封建論争というのは、マルクス主義陣営における講座派と労農派との間で交わされた日本資本主義論争の一部である。こうしたことも念頭に置きながらではあるが、後半に記されていること、それは帰納法とか比較研究法あるいは重出立証法と呼ばれる柳田の研究方法そのものである。さらに別の箇所では、「歴史の論文を能ふ限り民俗学的な視角から構成して見たく思って居ります」とも記している。ここにも柳田の強い影響を見ることができる。
右に紹介した父親あて、森嘉兵衛あて書簡で述べていたフィールドワークは、実際には九月下旬に行われる。そして、卒業論文は一二月二〇日に提出された。現物が東北大附属図書館に架蔵されている。タイトルは「仙台藩領農村の成立展開過程」(11)。四〇〇字詰原稿用紙に換算すれば、約二〇〇枚の雄編である。卒論の構想と実際にでき上がったものとを比較してみると、もっぱら取り組んだのは先記A1であったことがわかる。A2やB、つまり一番取り組みたかったはずの名子のことは卒論では結局、あつかわれていない。かなりの軌道修正をしたということになる。そして、ある章では次のようなことを書いている。

蔽ふべくもない此章の厚みの不足は、私の無力もさることながら、史料欠除の一点がどうすることもできぬ制約であったといふ事情によるものであった。これに就いては民俗学的視角よりする他日の再検討を期して居る。

やはり所期の目的は達せられなかったということになる。けれども柳田の影響下、大島が歴史学と民俗学双方に立脚した学問を目指していたということは読み取れるのではなかろうか。

三．「海上の神火」の作成過程

次に「海上の神火」という大島の民俗学の論文を取り上げてみたい。これは一九三九年(昭和一四)七月に『文化』六―七に掲載された。『文化』は、現在も東北大学文学研究科から発行されている学術雑誌である。当時は編集が法文学部文学会、発行が岩波書店であった。大島はこの年の三月に大学を卒業し、四月には副手となっていた。

この論文は四章立てになっている。第一章は、仙台湾周辺あるいは三陸沿岸の燈火を用いた民俗儀礼の紹介にあてられている。事例の一つを論文から引用する。宮城県桃生郡宮戸村室浜、現在の東松島市で採集されたものである。

「日の入りのオドーミョー」は四十年ぐらゐ前まで行はれた。これはカシキの役で細いケヅリカケを数本束ねて竹棒の先につけ、点火して三度頭上で廻し、力を込めて出来るだけ遠くへ投げる。その時の唱へ言は

ナムゴキドー《（御祈祷）》！
塩竈さん、葉山さん……
明日の夜明け、ナブラ《（魚群）》のいゝヨ《（魚）》に
どうぞ会はしてくなされ

などいふ類のもの、此の塩竈さん葉山さん以下におよそ漁師達の知れる限りの神名が並び、それを覚え込む迄カシキは一苦労しなければならなかった。「隠岐の国、顎なし地蔵さん」までその中に入ってゐるのであったから（宮城県桃生郡宮戸村室浜）。

「カシキ」（炊夫）とは、漁船の乗組員のなかで一番若い人をさすことばである。漁に出て沖で夜を迎えるとき、カシキが竹棒の先につけた「ケヅリカケ」（削り掛け）に点火した「オドーミョー」（御燈明）を頭上で三回振り回し、唱《とな》え言《ごと》をしながら海に投げこむというのである。

カシキの「唱へ言」には、「隠岐の国」が出てくる。宮城県からは遙か遠くにある島根県の隠岐島である。「顎なし地蔵」も隠岐の都万目《つばめ》（現隠岐の島町）にある。大島はそこに注目して、第二章を隠岐に関する考察に当てる。そして、海上での献燈の民俗は隠岐にある焼火《たくひ》神社（権現）への信仰がもとになっているということを明らかにし、現地調査に基づいて、その神社をめぐる信仰や民俗を紹介するのである。この調査は全国海村調査の一環として行われたものであり、一九三八年七月二九日～八月一八日に実施された。論文に

は、その時に採集した資料が活用されている。

次に第三章。一転して文献の検討となっている。古代以来の史料に表れた焼火神社の信仰あるいはその神火（焼火）の信仰について紹介している。

第四章は結論部分である。焼火信仰は本来西部日本のものであった、それが津軽海峡を越えて三陸海岸にまで及んだのは、中世末以来の海運の発展によるものだと主張している。

この論文は大島の民俗学研究の到達点として高く評価されている。たしかに綿密な民俗調査・文献調査に基づきながらスケールの大きな議論を展開している。文章も非常に巧みで、躍動感に富んでいる。

ところで、史料館の「大島文書」には、この論文の素材になった採訪ノート、調査記録が残されている。したがって、論文の作成プロセスをかなりの程度まで復元することが可能となる。次にやや細かい話になるが、それらを用いて「海上の神火」の作成過程に迫ってみたいと思う。

まず、第一章であつかわれる民俗事例は五つある。それぞれには注がつけられ、何時どこで資料採集したかが記されている。論文での記載順にまとめると以下のようになる。

ア．宮城県亘理郡荒浜村（現亘理町）→一九三九年五月採訪
イ．同県桃生郡宮戸村室浜（現東松島市）→一九三七年五月採訪
ウ．岩手県気仙郡綾里村砂子《すなご》浜（現大船渡市）→一九三九年五月採訪
エ．同県同郡越喜来村（現大船渡市）→一九三九年五月採訪
オ．同県九戸郡宇部村小袖（現久慈市）→一九三八年九月採訪

これらを調査時期に注目して時系列に並べてみると、イ→オ→ア・ウ・エの順になる。先に述べた隠岐島

調査も含めると、一九三七年五月に室浜調査（イ）、ついで三八年七・八月の隠岐の調査があって、一旦、仙台に帰ってきて九月に九戸の調査（オ）を行い、翌年五月に残りの荒浜村・砂子浜・越喜来村（ア・ウ・エ）を調査したというようにストーリーが描ける。つまりイの室浜調査で海上での献燈という民俗儀礼があることに気づき、そこで唱えられていた文句に「隠岐の国、顎なし地蔵」が表れることから、隠岐島に関心が向き、そこを調べに行く。そして、九戸を調査したところ、やはり献燈の民俗があって唱え事に隠岐の焼火権現が出てくる。三九年に調査した所でもみな同じような結果が出た。このようなプロセスで大島の認識が拡がり、論文の骨格ができていったというように読み取れるのである。

ところが、「大島文書」を検討してみると、実はイの調査は一九三七年ではなく、三九年に行われたものであることが判明する。

イには調査ノートがのこされている。大島の調査ノートは、タテ一〇センチ×ヨコ一五センチほどの私製のメモ帳である。細字で隙間なく記されている。問題のノートの表紙は、「桃生郡／宮戸村室浜／話者　門間善四郎／一家／1937. 5. 30 — 31」（／は改行を示す。以下同じ）となっている（写真2）。

「1937. 5. 30 — 31」は調査日と考えてまちがいなかろう。論文の注の日付とも一致する。一九三七年五月三〇・三一日。これは柳田が東北帝大で集中講義を行っていた期間の内である。大島は講義を抜け出したのであろうか。実は五月三〇日に柳田が青根温泉に行ったことがわかっている。したがって、講義の中休みに柳田は温泉に赴き、大島は、柳田の指示があったかどうかは不明であるが、海村で調査をしていたということになる。

この調査ノートは表紙を含めて一四枚から成る。その最後の一枚（写真3）には注意が必要である。ま

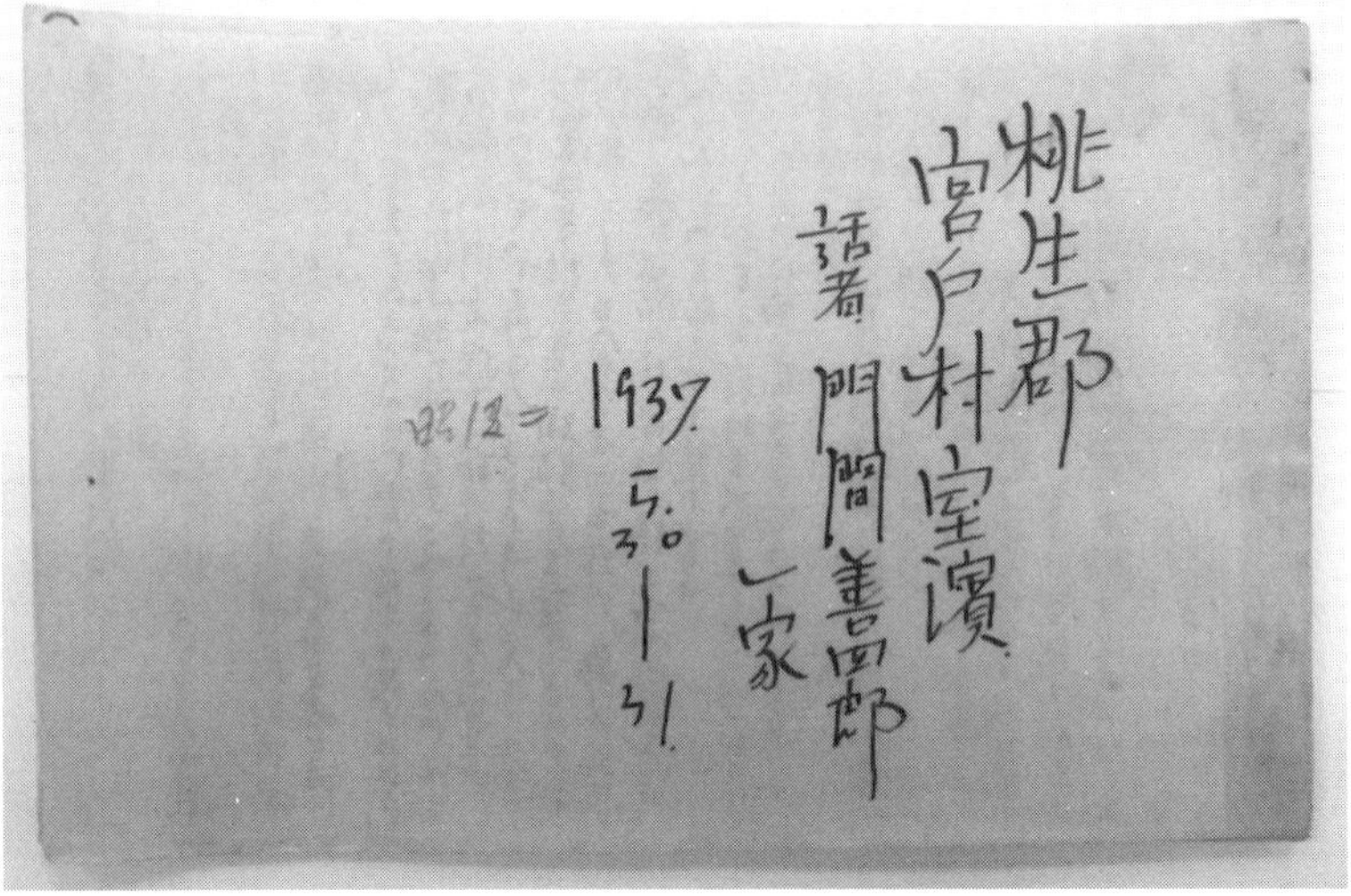

写真 2　1937 年 5 月末作成の桃生郡宮戸村室浜調査のフィールドノート（東北大学史料館所蔵）

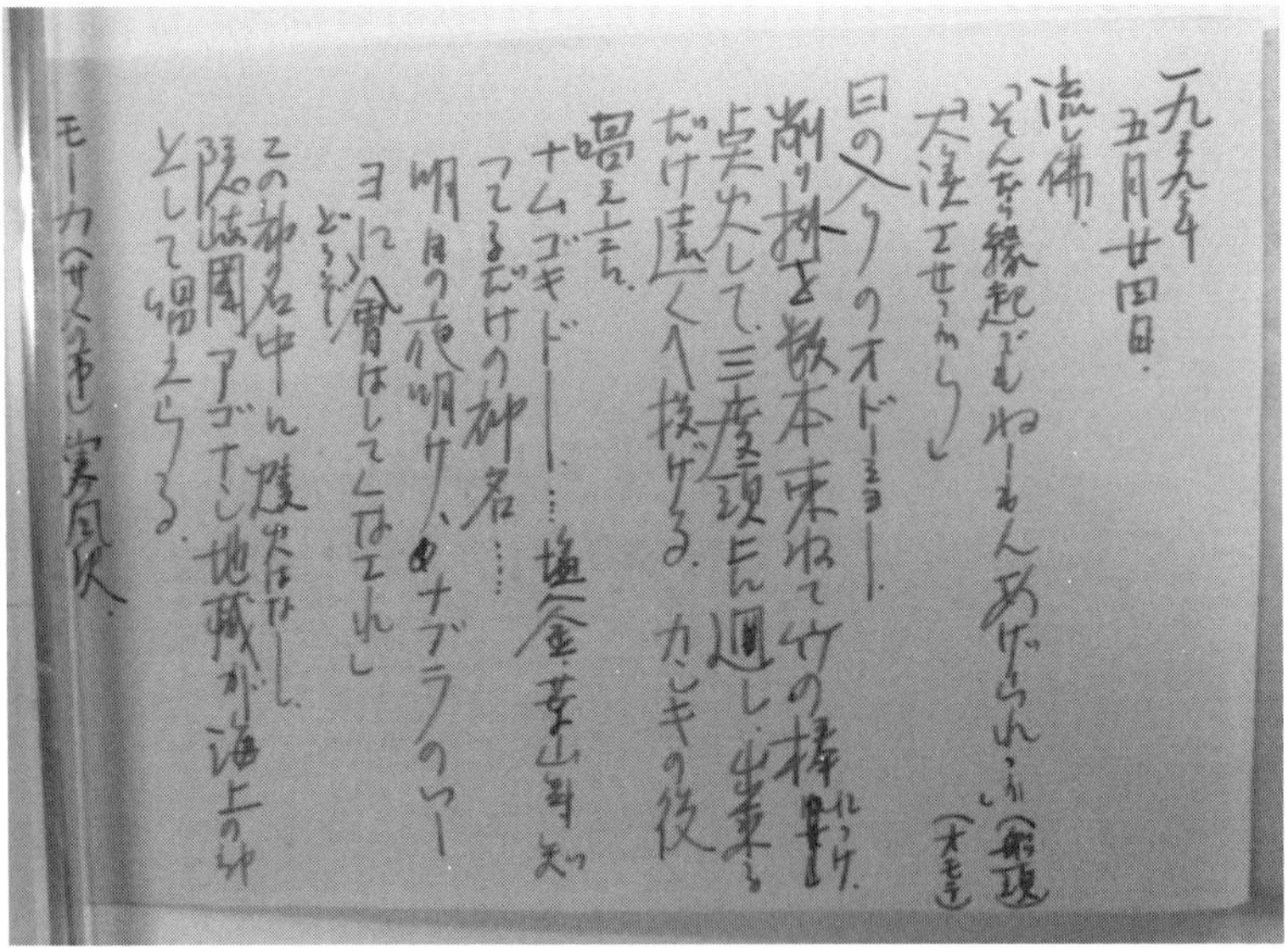

写真 3　1939 年 5 月 24 日の日付をもつ桃生郡宮戸村室浜調査のフィールドノートへの追加（東北大学史料館所蔵）

ず、一三枚目までとは用紙が異なっている。そしてそこに記されている日付が一九三九年五月二四日となっている。つまり、このノートの大部分は三七年五月末の調査時に書かれたのだが、一枚だけ二年後のもので、最後に貼りつけられたのである。そしてここが肝腎である。最後の一枚＝一四枚目には、次のように記されているからである。

（前略）日の入りのオドーミヨー／削り掛けを数本束ねて竹の棒につけ、点火して、三度頭上に廻し、出来るだけ遠くへ投げる、カシキの役／唱え言／（欠カ）「ナムゴキドー、……塩釜・葉山等知ってるだけの神名……／明日の夜明け、ナブラのいーヨにどうぞ会はしてくなされ」／この神名中に焼火はなし、／隠岐國アゴナシ地蔵が海上の神として唱えらる。

先に引用した論文「海上の神火」の一節と表現がよく似ていることに気づくであろう。一方、同じ調査ノートのそれより前、すなわち三七年五月末調査分記録には、献燈の民俗に関することは一切出てこない。論文が三九年五月のメモを基に書かれていることは確実であろう。ということは、論文には宮戸村室浜での献燈に関する民俗事例採集は三七年五月だと書かれているが、それは三九年五月のことだったということになる。もちろん三七年の調査の時に気がついてはいて、二年後に再び調査をしたという可能性もある。しかし、たとえそうであったとしても、三七年五月時点で大島の強い関心をひくものでなかったことは、まちがいないのではなかろうか。

とすると、大島の問題関心の持ち方、あるいは論文作成過程というのは、先ほど描いたストーリーとは随分とちがったものにならざるを得ない。つまり、一九三七年五月の室浜調査の段階では、大島は海上での献燈の民俗には、さしたる関心を持たなかった。まして、隠岐と三陸地方の信仰との関係には注意を向けていなかった。そういう状態で、隠岐調査に出かけ、焼火神社に行き、焼火権現への信仰や海上での献燈について知見を得る。そして九月に全国海村調査の一環として岩手県の九戸に赴く（卒論のための調査でもある）。するとそこに献燈の民俗があって、唱えられる文句に隠岐の焼火権現が出てくることに気づく。おそらくこの調査で三陸地方と隠岐とが、大島の中ではっきりと結びついたのではなかろうか。もっと多くの事例を集める必要性も感じたにちがいない。しかし、卒論の執筆が入るので、しばらくは放っておかざるを得なかった。めでたく卒業し、副手にも就き、ようやく三九年五月に他のフィールドで事例を集めた。このようにして論文ができたというのが事実なのではないかと推測されるのである。

ちなみに先に触れた守随一の「陸前漁村見聞記」にも、カシキの供える「お燈明」に言及があり、「お燈明、隠岐の国タクシの権現様」と三回唱えるとも記されている（気仙郡吉浜村の事例か）。この文章は一九三七年一一月の発表である。大島が一九三八年の三陸沿岸調査に先立って読んでいることはまちがいなかろう（「海上の神火」では注に引かれている）。しかし、守随はひとつの事例として紹介したのみで、それ以上の分析はしていない。大島も記憶の中にはとどめたかもしれないが、やはり隠岐調査以前にこの民俗事例に強い関心をもったということはなかったと思われる。

そこで、あらためて一九三八年七月二九日〜八月一八日の隠岐調査を見てみたい。繰り返しになるがこれは、柳田が主催した全国海村調査の一環である。大島は調査後、八月二八日に柳田の主宰する木曜会という研究会で報告も行っている（『民間伝承』四―一、一九三八年）。そして、この調査に関して「大島文書」にはまとまった記録が残されている。隠岐から家族に宛てた書簡も数通ある。八月九日付の書簡には次のようにある。

一体柳田先生の御委嘱を果たし得るかどうかを今度の旅行については随分心配しましたが（下略）

当然といえば当然であるが、この調査が柳田の委嘱であったことは明白である。裏を返せば、大島が内発的に、献燈の民俗を解明する目的で隠岐に赴いたわけではないということである。次は八月一日付で家族に宛てた書簡である。

そレから一里ばかり離れ、約四百米の焼火山（タクヒサン）といふ山あり。柳田先生から紹介された此辺、第一の有力者であり学者である松浦静麿氏はその山頂・焼火神社の宮司、お訪ねして眺望絶佳の山頂に一日を過し（下略）

大島が、焼火神社を訪れたのは柳田の紹介によるものであり、事前に同社に対して特別な問題関心を持っていたという気配は感じられない。

そして何よりも隠岐調査というのは突然決まったものであった。というのは、先に一九三八年六月二四日付の父親あて書簡、七月三日付の森嘉兵衛あて書簡を紹介したが、そこに隠岐調査のことはまったく表れない。それどころか、後者では、七月下旬から八月中旬にかけて三陸沿岸調査をしたいと述べているのである。隠岐調査は七月初旬以降に突如決まったと考えざるを得ないのである（その結果、三陸沿岸調査は九月下旬に延期された）。

大島は隠岐で焼火山というものに接する。そして、九月の三陸沿岸調査の途中で九戸に赴く。この時の九戸調査の結果は採集手帖「岩手県九戸郡宇部村」としてまとめられ、柳田に提出されている。採集手帖は山村調査や海村調査した際に、あらかじめ決められた質問項目について聞き取り等の結果を書き込む形式になっている。大島筆の採集手帖の現物は成城大学民俗学研究所所蔵。写が「大島文書」にある。

次が九戸調査の採集手帖における海上の神火に関する部分である（文中の「ベンザイ」は弁財船で北前船のこと、「オヤフネ」は「廻船」）。

献燈の作法

ベンザイやオヤフネ、沖を歩いている時分に毎晩行ふ。

二尺位の木をすつかり「削りかけ」にこさへてそれに点火して手に持ち三度円を描いて廻してから「オキノクニノタクシノゴンゲン、ハヤウミナトヲトラセタマヘ」と唱へつ、拝んで海中に投げる。沖でこの木を拾ふと運が好いマモリになる。

タクシンゴンゲンは船方《カタ》の神様で昔から念じられてる。その神様の下を通る時はどんなアラシのよい時でも帆をセミモト引かせオサングをまいて通るものだときかされて居る。

（cf　島根県都万村採集手帖）

ここに「オキノクニノタクシノゴンゲン」（隠岐の国の焼火の権現）が表れる（タクシは焼火がなまったもの）。そして、参照せよという「島根県都万《つま》村採集手帖」とは、隠岐調査のそれである。もちろん大島自身が書いたものである。大島は隠岐で焼火神社というのを認識して、九戸調査で三陸にも焼火信仰が及んでいるということにはっきりと気づいた。そういうことがこの記述からうかがわれると思う。

もちろん焼火信仰の三陸方面への広がりを見いだし、それを海上交通と結びつけたのは大島の卓見である。しかし「海上の神火」という論文の成り立ちには、柳田主宰の調査に参加したことが決定的な意味を持っていたのだといえるのではなかろうか。そして、この論文は大島の歴史研究につながっていく。一九四一年に大島は、論文「秋田家文書による文禄・慶長初期北国海運の研究」（『社会経済史学』一一―三・四）

を発表する。これは「海上の神火」で強く意識した海上交通と、彼が整理をしていた「秋田家文書」とを結びつけた論文であり、彼の代表作の一つと評価されている。

ところで、「海上の神火」の結びの部分で、大島は二つの問題を提起している。一つは、西部日本の航海技術はどこから得られたものかという問題、もう一つは、焼火神社の神火と同様の民俗や信仰が世界各地に見いだされるのではないかという問題である。そして、論文を次のように締めくくっている。

此処に新たな視界が要求されて来るのであるが、それは今のところ一国民俗学の限界の彼方の展望に属して居る。

知られている通り、「一国民俗学」は柳田民俗学の特徴を表すキーワードの一つである。とすると、右の一文は意味深長である。とくに「限界」という表現が気にかかる。もしかすると大島が柳田民俗学から脱皮しようとしている、そういう目論見を表しているのではないかというようにも思えてくる。実際、この「海上の神火」を発表してから大島の民俗学へのかかわり方が変化していく。もちろん関心を失うということはないのであるが、これ以後、本格的な民俗学の論文は書いていない(12)。盛んに行っていた『民間伝承』への投稿もやめてしまう（一九三八年一二月が最後）。もしかすると「海上の神火」という論文は、柳田の強い影響のもとで行った調査の成果でありながら、実は大島が柳田から離れるきっかけになった作品なのではないか、そのようにも思えてくる。筆者は民俗学の専門ではないので、この辺については専門家のご意見をいただければと思う。なお、先述の入間田宣夫の『旅立ち』解説、石井進の同書書評でも、右の「一国民俗学の限界」に注意が向けられていることを付け加えておく。

四．「大島正隆文書」の価値

あらためて記すまでもないことであるが、三陸沿岸地域は東日本大震災で甚大な被害を受けた。大島が調査に赴いたところにも津波が襲っている。

私事にわたるが、二〇一一年（平成二三）三月一一日、東北地方太平洋沖地震が発生した時、筆者は調査先の沖縄県久米島で、ちょうど帰りの飛行機に乗り込むところであった。もちろん仙台へは戻れなくなり、とりあえず福岡に移動し、文字通り転がり込んだホテルでテレビをつけると、久慈・越喜来・綾里・鹿折など大島の調査地に津波が押し寄せている光景が次々と映し出された。いつか大島の足取りをたどってみたいと思っていたこともあって、愕然とせざるをえなかった。

一連の大島による調査が、一九三三年（昭和八）のいわゆる昭和の三陸大津波の発生から数えて四〜六年後という時期に行われたということにも思いが至る。当然のように、大島の調査にも津波が影を落としている。

たとえば、一九三八年（昭和一三）九月二九日付の森嘉兵衛あて書簡では、岩手県九戸郡野田村の旧家について、「文書も海嘯で何もありません」と述べている。

九戸郡宇部村小袖の採集手帖では、「土地で記憶されてゐる大きな出来事はどんな事でせうか　洪水、火災、争ひごと、その他自然的社会的な変動について知りたい」という調査項目に、「ケカチ」（飢饉）、「オシオセ」（押寄）とともに「津浪」について次のように記されている。

話者十七歳の端午の節句の晩（明治の大津波―引用者）

昭和八年の三月三日、

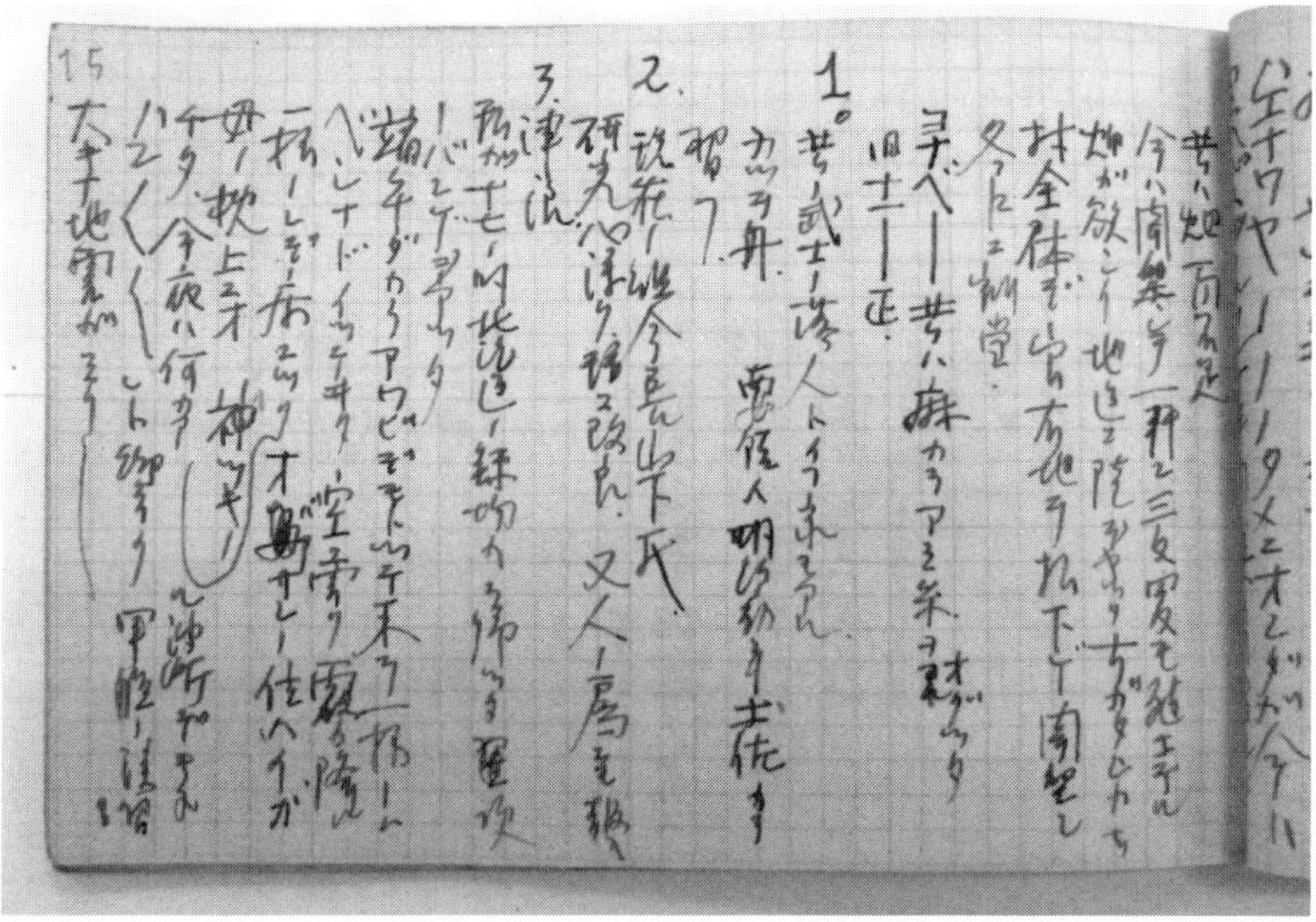

写真４　大島のフィールドノート「九戸郡宇部村小袖聞書」。「３．津浪」と見える。（東北大学史料館所蔵）

小袖の上村には被害なかりしも下村は壊滅

屡述のように採集手帖は柳田に提出されたものである。一方、「大島文書」には、大島が実際に調査時に記録したノート「九戸郡宇部村小袖聞書」が残っている。それもあわせて紹介しよう（写真４）。話者は、採集手帖と同じ大久保松太郎である。

３．津浪

私ガ十七ノ時北海道ノ鰊場カラ帰ツタ次ノバンゲデアツタ／端午ダカラアワビデモトツテ来テ一杯ノム／ベシナドイツテ卆タ空曇リ霧降ル／一杯ノンデ床ニツク神ツキノオバアサンノ位ハイガ母ノ枕上ニ／オチタ、今夜ハ何カアル油断デキヌ／ハン〳〵〳〵ト響ク軍艦の演習／大キナ地震ガミリ〳〵／浪モナイノニゴー〳〵／ハダカデ見タラ海ガ沖ハイ、ノニ岸カラ／三千米位マツシロ／「何カ来タモンヤラ大ヘンナモノガキタ／家サトドクマデ水ガ来タ」／「ノン〳〵〳〵」「ガクミリ〳〵〳〵」／コノ二番

浪が一番オオキカツタ

一八九六年（明治二九）六月一五日、話者が北海道の鰊場から帰った次の晩、旧暦の端午の節句だからというのでアワビを肴に一杯やって床に就いた。すると神つき婆さん（イタコのことか）の位牌が母親の枕の上に落ちた。「今夜は何かありそうだ、油断はできないぞ」と思っていたところ、軍艦の演習のような音が鳴り響き、大地震が発生した。波が高いわけでもないのにゴーゴー音がした。裸のまま沖を見ると、三千メートルくらい真っ白になっている（引き波か）。家に達するまで津波が来た。二番浪が一番大きかった。

このような内容になる。同じ話者に対する同じ調査の記録であるが、採集手帖との差は歴然としている。もちろん採集手帖よりこちらの方が数段詳しく、生々しいのである。こういうノートをもとに採集手帖を作っていくわけである。そうなると当然、事柄は整理され、叙述もすっきりとしてくる。けれども、その間にふるい落とされた情報がたくさんあったにちがいないのである。民俗学では常識に属することかもしれないが、情報量では採集手帖よりも元の調査ノートの方がはるかに勝るということになる。

このほかにも大島の調査ノートにしかのこされていない貴重な情報があるはずである。筆者は、ここに「大島文書」の価値の一つがあると思っている。史料館の「大島文書」は公開されているので、関心のある方にはぜひご覧いただきたい。

【註】

1　一九二五年（大正一四）に齋藤報恩会の援助を得て、喜田貞吉らによって設置された研究組織。一九五五年に奥羽史料調査部から東北文化研究室に改組・改称されて今日に至っている。本書の元になったシンポジウム「柳田國男と東北大学」を主催したのは同研究室である。大島正隆は、その初期の活動に関与していた人物ということになる。なお、拙稿「奥羽史料調査部――地域史研究の先駆――」（『ものがたり東北大学の至宝』編集委員会編『ものがたり東北大学の至宝』東北大学出版会、二〇〇九年）参照。

2　「大島正隆文書」については、拙稿「『東北中世史の旅立ち』を告げる資料群」（『東北大学史料館だより』一四、二〇一一年）参照。

3　佐竹輝昭、佐藤健治、曽根原理、七海雅人、山田仁史、柳原の六人。

4　佐藤健治「大島正隆、家族への手紙」（『東北大学史料館紀要』六、二〇一〇）など。

5　柳田國男の東北大における集中講義の日程については、鈴木岩弓「柳田國男と仙台の地」（本書第二章）参照。

6　柳田國男に提出した大島のレポート「葬送に関する二三の報告」も「大島文書」に収められている。それに対して柳田が評言を記している。

7　書簡中の地名について以下、補足する。門間・川井・津軽石は岩手県下閉伊郡にあった村（現宮古市）、豊間根《とよまね》村は下閉伊郡（現山田町）、綾里《りょうり》村は同気仙郡（現大船渡市）、有住《ありす》村は同気仙郡（現住田町）、鹿折《ししおり》村は宮城県本吉郡（現気仙沼市）、大上坊《だいじょうぼう》は同本吉郡志津川町のうち（現南三陸町）、岩ノ下は岩手県東磐井郡松川村のうち（現一関市）、九戸郡は岩手県の海岸線北部。なお、大島の文章の引用にあたっては、読みやすくするために改行したり、文字の抹消を省略したりした。また、原則として漢字は新字体に改めた。ただし、ルビは原文のままである。

8　矢内原忠雄は、一九三七年一二月に、言論弾圧事件で東京帝国大学経済学部教授を辞職させられていた。矢内原については、鴨下重彦他編『矢内原忠雄』（東京大学出版会、二〇一一年）など。

9　守随一については、後藤斉「エスペラントづいた柳田國男」（本書第七章）も参照されたい。

10　この書簡には、大島の指導教員であった古田良一東北大法文学部教授、および田舎館秀三理学部教授（地理学）の名刺が同封されている。名刺には大島の指導をよろしく頼みたい旨が記されている。

11　拙稿「東北帝大入学前後の大島正隆」（『東北中世史研究会会報』一八、二〇〇八年）参照。

12　一九四一年一二月に発表した「マタギ言葉その他」（『二高山岳会会報』四）があるが、この論文の中心となる表が一九三八年一一月九日付森嘉兵衛あて書簡にすでに見える。したがって、基礎データはそれまでに収集を終えていたと考えられる。

【追記】

（一）小稿は、二〇一一年一一月一九・二〇日に開催された、東北大学大学院文学研究科東北文化研究室公開講演会シンポジウム「柳田國男と東北大学」における報告を原稿化したものである。その後、大島正隆に関連する次のような資料集を編集し、論文・小文を公表した。新たに判明した事実もあるが、小稿には反映させていない。また、小稿と①〜⑤とで、大島の経歴、大島の評価、「大島正隆文書」の成り立ちなど重複が生じた箇所がある。そういった部分について小稿ではできるだけ簡略化するようつとめた。

①東北文化叢書6『東北中世史の開拓者　大島正隆資料集』（東北大学大学院文学研究科、二〇一二年。佐竹輝昭・佐藤健治・曽根原理・七海雅人・山田仁史氏と共同）

②「東北中世史の開拓者大島正隆の鈴木家調査」（池享・遠藤ゆり子編『産金村落と奥州の地域社会』岩田書院、二〇一二年）

③「史学史研究の現在――東北中世史の開拓者　大島正隆を中心として――」（第50回中世史サマーセミナー実行委員会編『日本中世史研究の歩み　中世史サマーセミナー50周年記念シンポジウム報告集』岩田書院、二〇一三年）

④「大島正隆と森嘉兵衛――戦前・戦中期東北地方の研究者間交流――」（伊藤清郎編『最上氏と出羽の歴史』高志書院、二〇一四年）

⑤「東北中世史研究の基点――大島正隆小伝――」（『學士會会報』九一八、二〇一六年）

①には、「大島文書」中の大島書簡のほぼすべて（この時点で約一八〇通）、大島没後四〇周年座談会の記録、「大島文書」目録（新訂版）を収載している。東北大学機関リポジトリＴＯＵＲで公開されているので、インターネット上で閲覧することができる。

（二）シンポジウムに出席されていた茂木明子氏を通じて、成城大学民俗学研究所から東北大学史料館に対して、大島が柳田國男に宛てた書簡一通、平山敏治郎（元成城大学民俗学研究所所長）に宛てた書簡六通の写をご寄贈いただいた。もちろん従来知られていないものである。成城大学民俗学研究所ならびに茂木明子氏のご厚意にあらためて感謝申し上げたい。これらの書簡も前記『東北中世史の開拓者　大島正隆資料集』に掲載している。

（三）大島正隆の卒論「仙台領農村の成立展開過程」は、科学研究費補助金・基盤研究（Ｂ）研究成果報告書『気仙地域の歴史・考古・民俗学的総合研究』（二〇一七年）に翻刻された（翻刻：七海雅人氏）。

（四）写真の掲載については、東北大学史料館の許可を得た。記して謝意を表したい。

大島正隆略年譜
――民俗学との関係を中心として――

年	大島正隆の動き	民俗学界の動きなど
1909 明治 42	3　台北にて出生。	
1928 昭和 3	4　旧制第二高等学校入学。	
1933 昭和 8	1　治安維持法違反容疑で検挙される。	
1934 昭和 9	・この年、裁判で執行猶予つき判決を受け、釈放される。	1　柳田國男邸で第 1 回木曜会が開催される。 9　全国山村調査始まる（～36）。
1935 昭和 10	5～8　**「飯豊・朝日の猟人達」**、**「飯豊山と太与治のこと」**発表（筆名大島隼）	9　雑誌『民間伝承』創刊。
1936 昭和 11	4　東北帝国大学法文学部入学。 8　民間伝承の会に入会。第 2 回日本民俗学講習会（於國學院大學）に参加。 9　山形県小国調査（山村調査の一環） 11　**「東北地方の耳塞餅」**発表	5　全国海村調査が始まる（～39. 4）。
1937 年 昭和 12	1　『民間伝承』に最初の投稿記事が載る。 5　柳田國男の東北帝大法文学部での集中講義受講（以後、6 月、10 月と断続的行われる）。 5 末　宮城県桃生郡室浜調査 10　柳田國男の東北帝大法文学部での集中講義受講 12　**「長者ヶ原雑記」**発表 ・この年、岩手県下閉伊郡有芸村の焼	・7　日中全面戦争

	畑調査を行っている（時期不明）。	
1938 昭和 13	1　柳田國男に集中講義単位レポート「葬送に関する二、三の報告」を提出。 7 末～8 半ば　島根県隠岐調査（海村調査の一環） 8. 28　木曜会にて隠岐調査の結果を報告。 9 下旬　岩手県沿岸部調査（海村調査の一環である九戸郡を含む） 10　岩手県東磐井郡松川村鈴木家調査 12　『民間伝承』への最後の投稿が掲載される。 　卒業論文提出。	
1939 昭和 14	3　東北帝国大学法文学部卒業 4　国史研究室副手となる。秋田家文書の整理を始める。 5　宮城県桃生郡室戸浜調査。 7　**「海上の神火」**発表	
1940 昭和 15	6 「檜山御前について」発表（発表された歴史学の文章の最初）。 10　『秋田家蔵品展観目録並解説』。	
1941 昭和 16	6～7 「秋田家文書による文禄・慶長初期北国海運の研究」発表。 12 **「マタギ言葉その他」**発表（筆名三吉）。最後の民俗学論文。	12　アジア太平洋戦争
1942 昭和 17	5 「北奥大名領成立過程の一断面」発表。 9 「秋田家文書」発表。	
1943 昭和 18	4 「奥州留守氏考」発表。 11～12 「慶長五年の奥羽諸侯」発表。	
1944 昭和 19	1　逝去。	

＊太字は民俗学の文章。

［コラム：私と柳田國男］

野鳥つながり

柳原敏昭

大学二年生の秋、読み終えたばかりの『遠野物語』を携えて、遠野に旅した。駅前で自転車を借り、あいにくの雨のなかカッパをまとって常堅寺、山口の水車、五百羅漢などをめぐった。一番印象に残っているのは千葉家住宅で、「マヨヒガ」とはこういうものかと得心した。行きも帰りも列車は鈍行。宿泊費を節約するため、盛岡駅の待合室に泊まったのも懐かしい思い出である。

これが、私の柳田國男初体験である。しかし、それから特に熱心な読者になったわけでもなく、柳田とは人並み以下の関わりしかもたなかった。そのような私が柳田を主題とした書物に執筆することになったのは、もっぱら本編で触れた大島正隆の導きによる。

ここで、大島が柳田に出した葉書を紹介しよう。成城大学民俗学研究所の所蔵で、シンポジウム「柳田國男と東北大学」に出席されていた茂木明子さんからご紹介いただいたものである。現在のところ確認できる唯一の柳田あて大島書簡ということになる。日付は一九三九年（昭和一四）八月二五日である。

八月十六日に高湯に一泊、それより昨日まで九日間二高ヒュッテにたゞ独りくらし、千四百米の山ぶところに原生林の香をかいで参りました。最大の収穫は中西さんの御著書により多くの多くの小鳥達を知つたことです。かゝる可憐な世界に従来眼を閉ぢて居たこと、今更乍ら口惜しくなります。峨々温泉は噴火口から流れ出る湯川峡谷中の一軒家の温泉。今度こちらにおいでゞしたら是非、お立寄をおすゝめします。これより青根を経て帰仙の豫定。

大島はこの年の四月に東北大国史研究室副手に就いたばかり。夏休みを利用して蔵王連峰へ、大好きな山行に出かけたのであろう。高湯は現在の山形県蔵王温泉、峨々温泉・青根は宮城蔵王であるから、県境をまたいで、山塊を縦走したことになる。

文中の「中西さん」は、野鳥研究家で、日本野鳥の会創立者の中西悟堂（一八九五―一九八四）である。柳田の野鳥好きは有名であり、中西との親交もあった（鈴木道男「柳田國男の眼に映る鳥」本書第四章）。大島は、柳田の感化を受けたにちがいない。

実は、右の葉書に接したころ、私も野鳥の魅力に開眼していた。きっかけは東日本大震災である。地震の発生から一月余り、妻の実家に身を寄せている間に、シジュウカラが自宅の庭で営巣していたのである。その後も、玄関の軒下にメジロが巣をかけ（初夏）、同じ場所をジョウビタキがねぐらにする（冬）という椿事が起こり、野鳥との距離が急速に縮まっていった。「かゝる可憐な世界に従来眼を閉ぢて居たこと、今更乍ら口惜しくなります」は、そのころの私の実感でもある。

野鳥観察で訪れた軽井沢では中西悟堂の胸像に対面し、八ヶ岳山麓では、日本野鳥の会会長で、俳優の柳生博さんと話をする機会も得た。目下は、柳田の『野鳥雑記』を読み進めているところである。

第四章　民俗学者の眼に映る鳥

——柳田國男の鳥談義と日本野鳥の会の創立——

鈴木道男

序

昭和の初期、東北大学を舞台にして日本民俗学の確立が宣言された。同じ時期に、これと同じく在野に重心を置いた柳宗悦の民芸運動が軌道に乗ってくる。拙論が扱う日本野鳥の会設立の機運が次第に高まり、とうとうこれが実現するのもほとんど同時期（一九三四年）のことである。このうち、柳宗悦と柳田國男は確かに交わるところがほとんどなかった。座談会の折、沖縄の方言問題を巡って意見が対立したことがそもそもの不和の始まりであったのかも知れないが、これには触れない。この両者は扱う対象が極めて近接しているにも関わらず、互いの書いたものの中にも余り登場しないという不幸な関係は修復されなかった。ちなみに旧版の『定本柳田國男集』に柳宗悦が登場するのはただの一箇所、『火の昔』の「燈心と燈明皿」に「柳宗悦さんなどが言ひ始められたゲテモノは、斯ういふ行燈皿などの中に多いのであります」（『全集』⑭ 三六二頁）とあるのみである。下手物をカタカナで書くとどこか品がなくで、これだけでも柳に対して柳田の思うところが透けて見えるかのようではある。しかし、これら三つの在野の運動そのものは、実は一つの大きな流れの中に位置づけるべきものであると私は考えている。

少し視野を広げてみると、例えばイギリスのラスキンに触発されたウイリアム・モリスのアーツ・アンド・クラフツ運動、あるいはスリランカのタミル人アーナンダ・クワラスワーミによるインド美術・工芸の再発見に触発された人々、さらには表面的には民俗学などとは随分違った様式を持った芸術運動に属するものではあるが、モリスの後を受けるウィーンのゼツェッシオンやドイツのユーゲントシュティール、フランスのアールヌーボーなども、実は民芸運動などと同じ根を持っているのではないかという指摘はこれまでも時折散発的になされてきている。これらを総合的に、かつ精密に跡付けるためには、扱わなければならない分野が余りにも広いためか、本格的な研究がまだみられない。従って何がこれらの運動を繋いでいたのかも、軽々にいうことはできないのである。これらを現代の機械文明に対するアンチテーゼとして括って済ませてしまうのでは、あまりにも寂しい。大局的な視野は必要だが、細部にこだわることもまた必要である。上記の昭和十年ごろまでに日本で確立された三つの運動の中で、本論が論じる「日本野鳥の会」（この会は当初「日本野鳥之会」とも記されることがあったが、悟堂本人は常に正式には「日本野鳥の会」と記した。本論では、以後これを「野鳥の会」と呼ぶ。）の運動を推進した中西悟堂と柳田國男は非常に近しい関係にあった。そのことをまず述べ、野鳥の会の運動を支え、というよりは、発足当時はそれを柳田が操っていたとすらいえることを述べ、あわせて柳田自身の「鳥学」にも触れてみたい。その入り口は野鳥という言葉そのものである。

一．「野鳥」という言葉について

「野鳥」の二文字は、野鳥の会創設者の中西悟堂が世に広め、日本の自然保護思想史の中で重要な位置を占めるまでになっている。そして、この言葉が、筆者が敬愛してやまない悟堂の造語であるという説が、今の野鳥の会の内外でも、時折思い出したように繰り返されている。ちなみに、すっかり百科事典にとってかわった感のあるウィキペディアを引いてみても、「野鳥」の項に「野鳥（やちょう）とは、家禽やペットなどの人に飼われるものを除いた鳥の総称。「野生の鳥」の意味で、野山に棲む鳥はもちろん、水鳥や海鳥も含まれる。Wild Bird に対応する語として、中西悟堂が「野鳥」の言葉を造語した」とある（二〇一七年十一月二七日現在）。悟堂晩年の『野鳥』通算四五八号（一九八四年）創立五十周年記念号所収の、署名のない会の公式見解と見做しうる「日本野鳥の会五十年史」にも、（悟堂の名を外して）「そもそも「野鳥」ということば自体、会発足にあたって考え出された新造語でした」と回顧されている。

しかし「野鳥」が必ずしも悟堂の造語ではないという指摘は、会の創立当時から度々燻ってきた。事実、この言葉は漢語に由来しており、諸橋轍次の『大漢和辞典』だけでも

（史記、賈誼傳）策言其度曰、野鳥入所焉、主人将去
（傅玄、雑詩）蟬鳴高樹間、野鳥號東廂
（張説、滬湖山寺詩）空山寂歴道心生、虚谷迢遙野鳥声

といった例が引かれている。また、稀にしか用いられない言葉でもなかった。

ポルトガル人宣教師らによって慶長八年に出された『日葡辞書』にもこの言葉はある。

Yachô. Nono tori. Paßaro do campo.

ここには、「ヤチョウ」は「ノノトリ」ともいわれ、フィールドにいる鳥なのだと簡潔に規定されているのである。『日葡辞書』が収録しているのは口語が中心であるから、安土桃山時代の日本でも、この言葉は珍しいものではなかったと知ることができる。

悟堂は、とくに「野鳥」は「飼鳥」に対置する概念としての「野鳥」、即ち自然と自然保護いう概念と密接に結びついた野鳥なのだと度々強く主張し、その点にこそ意味があるのだ、と繰り返している。この「野鳥」という言葉は、野鳥の会創設に先立って、雑誌の名称として選定された。悟堂は「これなら、自然のま

まの鳥を目標とした誌名であり、飼鳥と一線を画し得る誌名」（平凡社版『愛鳥自伝』(1)下所収「『野鳥』発刊のいきさつ」）だと自負してもいた。ところが、この点においても異論は提出されるべきであろう。即ち、曲亭馬琴もこの言葉を使っており、たとえば『八犬伝』第八輯巻之三第七十九回に

　　こゝに至て野鳥《の、とり》の、籠をはなれし心地して

とあるように、数か所に「野鳥」が登場する。ここでは「やちょう」とは読まずに「の、とり」とルビが振ってあるが、しかし明確に籠の鳥、即ち飼鳥と野鳥とが対比されているのである。捕獲されて籠に閉じ込められた野の鳥が解き放たれた、というこの短い表現で、すでにはっきりと野鳥と籠の鳥との区別が描出されている。

　長い前置きになったが、実は、この「野鳥」悟堂創作説に、当初からもっとも強く異論を唱える資格があったのは柳田國男なのであった。しかし柳田はそのようなことはしていない。それどころか、柳田は悟堂の最も強力な支援者の一人で、「日本野鳥之会」の設立発起人の一人でもあった。鳥と柳田自身の関係をもっとも端的に表している『野鳥雑記』(2)の兄弟文集というべき『野草雑記』(3)冒頭の「記念の言葉」（一九四〇年）には、柳田と鳥との関係を凝縮して述べているようなくだりがある。本論ではこれを読み解きながら、この内容を少しずつ覆していくことにもなる。そうして柳田の鳥との関係、柳田と野鳥の会との関係、そして柳田の眼に映った鳥の姿を明らかにしていきたい。

鳥は旧友川口孫治郎君の感化もあり、小学校に居た頃からもうよほど好きであつた。十三歳の秋から下総の田舎にやつて来て、虚弱な為に二年ほどの間、目白や鶸を捕つたり飼つたりして暮した。百舌と闘つたこともよく覚えて居る。雪の中では南天の実を餌にして、鵯をつかまへたことも何度かある。雲雀の巣の発見などは、それよりもずつと早く、恐らく自分が単独に為し遂げた最初の事業であって、今でも其日の胸の轟きが記憶せられる。小鳥の嫌ひな少年もあるまいが、私は其中でも出色であつた。川口君の「飛騨の鳥」、「続飛騨の鳥」を出版して、それを外国（筆者注：スイス）に持つて行つて毎日読み、人にも読ませたのは寂しい為ばかりではなかつた。少なくとも私の鳥好きは持続して居る。この砧の新村の初期には、野は満目の麦生であり、空は未明から雲雀の音楽を以て覆はれて居た。それが春毎に少しづゝ遠ざかり、又少なくなつて行くのに心づいて、段々に外へ出て鳥の声を求めるやうな癖を、養はずには居られなかつたのである。そこへさして現れて来たのが、野鳥の会と中西悟堂君といふ無双の鳥好きとであった。私は五十年も東京に居ながら、まだ中国の土音が抜けきらぬほど耳が悪く、又口真似が拙であるが、中西氏はその正反対で、従つて又鳥の名を教へる名人でもあつた。あの早起きと健脚とには附いて歩けぬので、ほんの通信教授見たいな指導しか受けなかつたが、それでも少しづゝ新らしいことを学んだ。第一にはうちの近所の木にも、存外色々の鳥が遊びに来るといふこと、次には子供の頃に覚えたと思つて居ることにも、可なり間違つて居た点が多いといふことである。（『全集』⑫　八〜九頁）

一九二一年（大正一〇）、国際連盟委任統治委員としてジュネーブに滞在していた柳田の孤独を著作で慰めていたとされている柳田の親友川口孫治郎については後に触れる。この一節を記憶していた筆者は、柳田の『野鳥雑記』の刊行が、野鳥の会の成立後のことであったため、迂闊にもこれが野鳥の会との関係のうちに成立したように錯覚していた。しかし柳田が自作に初めて「野鳥」という言葉を使ったのは一九二八年八月一日発行の雑誌『アルト』四巻四号に掲載された「野鳥雑記（一）」であろうと思われ、悟堂が「野鳥」の語を考案したとしている一九三四年よりも六年弱早い。また、柳田が担当した『明治大正史　世相篇』朝日新聞、一九三一年（『全集』⑤）の第四章「風光推移」所収の「七　家に属する動物」には、明らかに飼鳥に対置した「野鳥」と、「野獣野鳥」の語が使われている。そして日本野鳥の会発足後の一九四〇年一一月に、様々な雑誌に柳田が寄稿した小論をあつめた同名の単行本『野草雑記・野鳥雑記』が甲鳥書林から出版されている（上に引いた柳田の『野草雑記』の文章はその序文にあたる）のだが、そこに収録された「翡翠の歎き」と「鳶の別れ」（原題「市隠断片」）は、実はともに一九二六年の雑誌掲載にまで遡るのである。管見では、翻訳ではない自分の文章の表題に「野鳥」を用いたのは、柳田が嚆矢ではないかと思われる。

柳田が「野鳥雑記」と一対をなす「野草雑記」という連載を雑誌『ごぎやう』に始めたのは一九三〇年（昭和五）二月のことであり、「野鳥雑記」よりも遅い。しかし上述の『柳田國男集』に収録された『野草雑記』冒頭の「記念の言葉」では、柳田は一九二七年（昭和二）秋に成城の砧村に転居して、初めて春を迎えた翌年のことを回顧し、

もしも幸ひにこの家に十年、何事もなく住み続けることが出来たら、草の話を小さな一巻に集めて、子供や古い友人に読んでもらはうと、思ひ立つたのも早いことであつたが、まだ其時には野鳥雑記には

考へ及ばなかつたのである。（『全集』⑫　八頁）

と述べている。柳田の胸中には、野草、野の草花という言葉が先にあり、そこから——自分では決して稀な語だとは考えてはいない——野鳥という言葉が連想され、選択されたかのように思われるのである。ここで中西悟堂が野鳥の会発足当時を回想した「『野鳥』発刊のいきさつ」（『愛鳥自伝』下巻四七九頁）からさらに引く。

……この「野鳥」の名は竹友（引用者注：竹友藻風）君も内田博士（同：鳥類学者内田清之助）も賛成してくれたし、柳田先生をわざわざ訪ねて披露すると、「よい名をつけられたねぇ。**どこから引いたの？**（引用者強調）」と言われるので、「独創です。飼鳥をなくしたいばかりに一月、二月と、拳に汗を握り、脳髄をいじめぬいた惨憺たる苦心の結晶です」と白状すると「よかったよ。これでいよいよ発足だね」と、この名を高く買われた。かねて内田博士から、「これは単なる雑誌としないで、会員を募る会としましょうよ」という案も出ていたので『野鳥』にもとづいて「日本野鳥の会」という会名もきめた。

この会話は一九三四年（悟堂四十歳の頃のもので、柳田は還暦に達していた。「野鳥」という言葉を悟堂の口から聞いて、思わず出た「どこから引いたの？」の問いには当然、雑誌掲載の自著『野鳥雑記』の名が返ってくることへの期待が込められていたのであろう。しかしそれが「独創」だという、野鳥という言葉の語史を忘れたかのような悟堂の回答に対する驚きを呑み込んで、柳田は悟堂に祝意を表しているようにみえる。これは、上の「記念の言葉」から理解できるように、少なくとも、若い悟堂の鳥に対する熱意と、悟堂が進もうとしている方向にきわめて深い共感を持っていたからだとの推察は可能であろう。ちなみに英文学者竹友藻風は東京高等師範学校に属し、東京女子大学でも教鞭をとっていた時分、悟堂に鳥の会を作れ作れと焚き付けて、実際に大きな力にもなった人物であったが、いざ会ができる段になると、不可抗力ながら関西大学に転勤してしまう。

しかし悟堂が臆面もなく「独創です。飼鳥をなくしたいばかりに一月、二月と、拳に汗を握り、脳髄をいじめぬいた惨慷たる苦心の結晶です」とまで言ってのけるとき、この悟堂本人の脳裏には『野鳥雑記』のかけらもないようにみえること、そして柳田がこの言葉を意に介さないかのように「よかったよ。これでいよいよ発足だね」と喜んでみせること。これらにはさらに考察の余地があった。悟堂が「野鳥」を「独創」してはいないことは、実は悟堂自身の言葉からも明らかにされることなのである。以下は「竹友藻風氏と『鶺鴒』」(4)の一節であり、一九三四年二月九日のこととされている。

毎日のように雑誌の題を考えていたのであるが、二ヶ月を経過してもまだきまらず、この夜も同じ考えを繰り返していたのであった。考えに疲れて私は回転椅子をくるりと廻した。うしろには書棚があって、ちょうど目と水平の棚が鳥の書物であったが、そこにふと翻訳書の背文字に「野鳥の……」云々という題のあるのを見ると、私の目はぴたりとそこに貼りついた。「これだ！」と私の気持ちに閃めくものがあった。「野鳥！これはいい。Wild または Field の意味をも示す簡明な単語だ。これにかぎる」と私は思った。……この翻訳の本なら、始終見ている本なのであった。今まで、なぜこの言葉に気がつかなかったのだろうと私は思った。いったい、この「野鳥」という言葉はまだ日本人の通念にはなっていない。Wild Birds 云々という外国の本の題を直訳したから、この言葉がその本にあるだけのことで「野の鳥の何々」はあっても、「野鳥」という熟語は、もし使用例はどこかにあったとしても、まだ私の目には触れていないほど一般的ならざるものだ。竹友さんも、ここまでは気がつかなかったが、これを雑誌の題にしよう、そして野鳥という言葉をはやらせよう、と私は決めた。

この翻訳書が何であったか、筆者にはまだ確定ができていない。ただ言えることは、悟堂は「野鳥」という言葉を作ったのではなく、偶々目に入った書籍の表題から選んだのだということである。そしてこの時点では、この言葉にさほど新しい意味付けをしたわけではない。この言葉が自然保護の代名詞のようになっていくのは、野鳥の会の活動の進展につれてのことなのである。筆者は、悟堂が柳田の前でなぜ「独創」と言い切ったのか、その点がやはりいまだによくわからない。人間が一回り上であることを感じさせる柳田の上記の態度の背景もさらに解明を要する。次節はこれに集中する。

命名が会の命運を決するとまで思い詰めた重要な問題であっても、運動の運営に気が逸る悟堂には、落ち着いて言葉の歴史を振り返る余裕がなかったのだろうか。確かに本の形で『野草雑記・野鳥雑記』がまとめられたのは野鳥の会成立の後の一九四〇年のことだが、はたして悟堂は柳田の「野鳥雑記」に本当に触れていなかったのか、それとも忘却していたのか。『定本柳田國男集』の月報二二(5)に一九七〇年に掲載した「恩人、柳田國男先生」という文章で、悟堂は「今回の集を書架に充たす喜びと共に、今度こそ逐次読ませて頂こうと大いに楽しんでいる」と述べた。なんとこの一文では悟堂がすでに読んだ『野鳥雑記』にも触れているのである。しかし悟堂は「野鳥」ということばに関するパラドックスをとうとう自らは解消しなかった。

二．日本野鳥の会と柳田國男――真の創立者？

上述の『定本柳田國男集』の月報二二(6)に寄せた、悟堂の「恩人、柳田國男先生」という一文では、まず野鳥の会設立の経緯に触れ、

始めは友人であった、詩人で英文学者の竹友藻風氏にしきりにすすめられて鳥界の先進である内田清之助博士に先ず相談をしたところ、幸いにも内田博士も私の考とほゞ同じく、一方竹友氏は先ず柳田國男先生に賛助を求めたことが実ったという経緯であった。（中略）が、実は柳田先生は、すでに大正の初めに野外鳥学の先達であった故川口孫治郎氏の研究業績に早くも着目されてその「杜鵑研究」を中央公論社に推挙され、つゞいて大正十年、同じ川口氏の「飛騨の鳥」「続飛騨の鳥」を郷土研究社の炉辺叢書におさめさせられ、後には又更に同氏の「日本鳥類生態学資料」にも序を寄せて、その学風と孤高を大いに激励されたということがあって、私が日本野鳥の会を興すに当って念としたことを、既に早く柳田先生は御自身行なって居られたのであった。

かようなことで、日本野鳥の会の発足に当っても柳田先生はやはり大きい援助を与えられた。杉村楚人冠（引用者注：ジャーナリスト）、泉鏡花、吉江喬松（引用者注：詩人・仏文学者吉江孤雁）等の

人々を誘って入会させて下すったのも柳田先生であったし、経営上の方針についても力添え下さり、また金銭上の助力を賜わったことも少なくなかった。そして、いつ不意にお邪魔しても恵比寿顔で迎えられることは爾後三十年に近いこんにちも変りがなく、お目に掛れば鳥談に終始することも変りがない。

と述べる。柳田の野鳥の会への関与の契機を示す重要な内容を持つ回顧文である。柳田は当初、悟堂ではなく竹友から会への協力を打診されていたのである。そして「日本野鳥の会を興すに当って念としたことを、既に早く」柳田自身が行っていた旨が明らかにされている。悟堂は、なすべきことを常に柳田から見習うことができていたともいえよう。柳田自身も、例えば吉江孤雁の追悼文「野鳥と海洋文学」（『明治文学』九、一九四〇年九月：『全集』㉚　三一〇頁）に

前年私が野鳥の会の為に、そちこちと同志を勧説して居た頃に、吉江さんほど快く又喜んで加入してくれた人は他には無かった。

と述べているように、創設期の日本野鳥の会のために、実際に自ら積極的に動いていたことを記している。柳田は、「鳥の会」と称した野鳥の会の講演会にもたびたび演者として参加している。柳田が鳥に関するいくつかの本に序文を寄せていたのは、野鳥の会発足の直後から『野鳥』誌が用紙の統制等のため「終刊」に追い込まれる一九四三年までに集中しており、戦後の復刊後は一度のみである。ちなみに戦前の野鳥誌終刊までの一〇年間に、柳田は長短一三回の寄稿をしており、そのほかに座談会記事に四度登場している。これ

だけではない。柳田は初期の野鳥の会の重要な行事には足繁く参加し、協力するのである。

一九三四年六月三〜四日、富士山の裾野の須走で、野鳥の会が主催して最初の「探鳥会」が行われる。これにはさまざまな当時の文化人・華族・鳥類学者が参加した。当時の記念写真(7)を見ると、柳田は令嬢柳田三千と柳田千恵の二人とともに収まっている。野鳥の会の発足とともに、この須走の探鳥会はそれを記念するに足る一大行事であったと会内ではいまだに言われており、作家などの当時の文化をリードした人々が広く参加した初めての催しだったという点が注目を集めているのである。実はこの際、柳田は直前まで京都に出張していたのだが、一日早くこの現場に到着していた。そして知己の名士に失礼がないように、続々と須走に到着する四〇名の多彩な面々を一々迎える役を買って出ていたのである。写真には北原白秋もいれば戸川秋骨も写っている。ちなみに柳田は、その後も須走を度々訪れるようになり、探鳥のガイドを務めていた地元の「高田の昂さん」や「兵さん」らとも気さくに付き合うようになる(「須走から」(原題、小河原鶸のこと)『野鳥』一ノ四、一九三四年(『全集』⑫ 一七二頁))。

野鳥の会設立時の発起人に替わる「賛助員」(8)を五十音順に見てみよう。画家石崎光瑤、作家戸川秋骨、鳥類学者・京都帝大教授川村多實二、画家勝田蕉琴、侯爵・鳥類学者鷹司信輔、東京師範学校教授竹友藻風、鳥類学者内田清之助、従四位鳥類学者黒田長禮、柳田國男、画家山口蓬春、画家山下新太郎、臣籍に降下した侯爵山階芳麿、東大文科大学教授新村出、文学者平田禿木、ジャーナリスト筋村楚人冠の十五名である。悟堂に近い芸術家文学者、文科系の教授が多いのは、悟堂の交友関係から容易に理解できるが、山階をはじめとする華族の鳥類学者は、悟堂といえども参画を要請するのは容易なことではない。貴族院書記官長に至るまで、重要な官職を歴任した柳田の力なしでは賛助員への依頼は到底不可能であったことだろう。

そのような、会の中心に据えられた人物たちだけではなく、柳田は例えば泉鏡花のような、悟堂の交友圏の外にいた様々なタイプの文学者に声掛けし、野鳥の会に入るように勧誘する労も惜しんでいない。ネットワーク形成の根回しは、若い悟堂のみが担ったのではなく、むしろ柳田が中心となっていたのだと言えよう。このように観察すると、柳田の野鳥の会への賛同は、もはや賛同や後見の域を超えているというべきなのである。中西悟堂は、還暦を迎えた柳田國男から見れば、二十歳も若い、若造であった。その若造が「野鳥は私の独創だ」と言った程度で揺るぐほどの入れ込みようではではないのである。柳田の視線は先に向けられていた。むしろ当面は、悟堂の実力を測りながら背後から自分が中心になって「野鳥の会」と命名された団体を推進するのだという程の意識が、柳田の胸中に存在していたのだと、私は確信する。悟堂が述べているように、設立当初から悟堂が運営していた期間のすべてにわたって、野鳥の会は資金難に喘いでいた。設立後しばらく、柳田がこれを支援したのも、悟堂の発言の通りである。

柳田の一九四四～四五年の簡潔なスタイルの備忘録のような日記『炭焼日記』をみると、世の中が鳥どころではなくなった戦中戦後にも、柳田が庭に来る鳥や、気晴らしの小探鳥で無聊を慰めていたことがよくわかる。一九四五年九月二九日の

小鳥多く来て啼く。敵の飛行機も。（『全集』⑳　六八八頁）

で始まる記事も、他の柳田の日記同様、きわめて短い。即物的な備忘のための記事のみである。しかしそこに込められたものには、この日記だけを繙く者には計り知ることができない感慨が籠っており、なぜか詩を

読むような感覚を覚えてしまう。国破れて山河あり。柳田の庭には生涯の友である小鳥は相変わらず訪れているが、やはり敵機も気ままに飛ぶ国になったことは否定しえない。

戦後の復刊後、柳田が『野鳥』誌に寄稿したのは僅かに一度のみである。これは柳田が悟堂と疎遠になったというわけではなく、また戦後新しい世代が加入し「大衆化」して、文化の香りを失い始めた『野鳥』誌から足が遠のいたというわけでもない。ひとえに、古希を過ぎてもなお、柳田が過酷な実務に追われていたためであろう。また、資金難は続いていたものの、悟堂に運営を任せても不安がないという意識を持つことができたためであろうとも考えられる。

三．川口孫治郎と柳田國男

川口孫治郎（一八七三〜一九三七）は和歌山に生まれ、東京高等師範学校を出て教員となったのち、京都大学に再入学し、法学士となった。しかし法曹の道には進まず、各地の校長を務めるなど、教育者として活躍する傍ら、鳥と民俗の研究に没頭した。津軽海峡で海鳥を調査中、崖から落下して海水をかぶり、それがもとで久留米で病死している。悟堂よりもはるかに先を行き、既に一九二一年（大正一〇）に「福岡鳥の会」を設立している。今でこそ知る人は少ないが、弊衣に地下足袋でリュックを背負い、野鳥と民俗の研究のために全国をめぐった、戦前の在野の鳥学界の有名人の一人であった。川口が生き永らえたならば、地方在住の人とはいえ、ともに野鳥の会を支えることを、悟堂とともに柳田は切望したことだろう。川口が残した調査記録等の一式は、現在京都大学図書館本館に準貴重書として保管されている。一九六八年（昭和四十三）になって出版された川口の『自然暦』は民俗学上の労作である。わが国各地を渉猟した七八〇の伝承をもとに、自然現象から導かれ、地方的な暦として用いられるものを扱っており、気象学や動物・植物の生態研究の方面からも注目されている。

先に引いた『野草雑記』の「鳥は旧友川口孫治郎君の感化もあり、小学校に居た頃からもうよほど好きであつた」という柳田の言葉は、一見すると川口と柳田が小学校の同窓であったかのような印象を与えるが、そのようなことはまったくない。柳田が川口と親交を結んだのは、柳田が川口の研究を「杜鵑に関する研究」と題して『郷土研究』一巻三号に紹介した一九一三年（大正二）から、同じく「川口君の『杜鵑研究』」と題して同誌の四巻四号で触れた一九一六年の間のことであろうと思われる。以後、川口の研究は、鳥に関する民族研究の参考文献として、頻繁に柳田の文章に引用されることになる。悟堂も川口の文章をよく用いた。柳田は、二歳年上の川口が、フィールドワークのみちすがら立ち寄ってくれることをいつも心待ちにしていた。川口や中西のような生き方の人物、何よりも先に、天性のフィールドワーカーと呼ぶべきタイプの人物を、柳田は特別の好意をもって迎えていたようである。川口とは親しいがあまり、時に柳田は川口民俗学に歯に衣着せない批判をぶつけてもいたが、これには触れない。ちなみに『野草雑記』の「記念の言葉」に「川口君の『飛騨の鳥』、『続飛騨の鳥』を出版して」とある部分の事情は悟堂のこの文章から理解でき、「外国に持つて行つて毎日読み」とある様子は、柳田の言葉でも『瑞西日記』(9)（一九二二年）に見ることができる。但し『続飛騨の鳥』は旅先の柳田に日本から送られている。『飛騨の鳥』は、初めて鳥の声の「聞き做し」という言葉を用いたことでも知られている。聞きなしとは、ホオジロの囀りを「一筆啓上仕り候」、鶯の囀りをホーホケキョと聞くがごときもので、今でもバードウォッチャーが頻繁に使う言葉である。

悟堂も川口も、鳥を追って「南船北馬」の旅を続けるフィールドワーカーであり、まさに、文献研究への偏りを批判する柳田が愛するスタイルの活動を続ける人たちであった。悟堂は上に引いた「恩人、柳田國男先生」からの文章にすぐ続けて

川口氏の「日本鳥類生態学資料」への先生の序（引用者注：『定本』㉓所収）の中に、川口氏の南船北馬の実地踏査を気づかわれて「如何に境涯の恵まれた人でも、あらゆる種類の鳥獣の生活を観察し尽くすということは一生のうちには望まれない。それよりも大切なのは同じ心の日本人を多くすること」という一節があるが、私の事業を、おそらくはそのようなお考えから同情し激励されたものであろう。

とも述べている。この言葉は文字通り受け取ってよいものと思われる。野鳥の会を己の会と見定めて発奮する悟堂や、川口さえもが柳田の掌の上で踊っていたなどとは言わない。しかし柳田が手を差し伸べたこの二人は、柳田が思う、あるべき鳥と人との関わりの実現者として柳田の前に現れ、そうであるからこそ、柳田は川口を友として迎え、悟堂を可愛がったのである。

四．柳田國男の眼に映る鳥

最後に、再び『野草雑記』の「記念の言葉」に戻る。柳田自身の鳥学を一瞥するためである。幼少の砌、野鳥やその卵を採集していた人が、長じて鳥の保護に関心を向けるというのは、西洋のバードウォッチャーの回顧録に頻繁に見られることだが、柳田もその例外ではない。「記念の言葉」にある「春毎に少しづゝ遠ざかり、又少なくなつて行くのに心づいて、段々に外へ出て鳥の声を求めるやうな癖を、養はずには居られ

なかつた」という一文を敷衍し、鳥を訊ねようとする心が、知らずしらずに鳥そのものの研究に向かったことを示しているのが、『野鳥』誌に掲載した「小鳥の社会」という小文である。柳田は自宅周辺の小鳥が年々減っていることを嘆きつつ、それがモズやオナガなどによる食害ではないかと気づいたことを述べ、

……少なくとも私などの住む界隈は、もう中鳥（引用者注：小鳥よりも大きい中ぐらいの大きさの鳥）の社会になってしまつて、形勢はよほど野鳥の会の、始めて出来た頃とはちがつて来て居る。鳥なら何でもといふやうな総括した愛し方をやめて、せめては鳥を食物として居る鳥ぐらゐはや、別個の取扱ひをしなければ、再びあの自然の楽園は復興しないのではあるまいか。（『野鳥』九巻八号、一九四三、六四～五頁）

と指摘する。このくだりは、現代の「都市鳥研究」が扱っているような、都市におけるカラスの問題を思い浮かべれば容易に理解できる。近年都会に増えすぎたカラス類は、小鳥のみならず、ハトにまで襲いかかっており、そのために都市部で小鳥が少なくなっているのである。モズやオナガなどは、今ではいてほしい方の鳥に入るのは言うまでもない。柳田の指摘は、人間が改変した世界に生きる野生生物の人為的コントロールの必要を説いた、かなり鋭い洞察を含んでいる。これは悟堂の「指導」のみならず、『野鳥』誌に拠った人々の知識を吸収した賜物であろうと思われる。また、「耳が悪く、又口真似が拙である」と謙遜する柳田だが、『野鳥』六巻六号～第八号（一九三九年）収録の「野鳥清談」(10)（野鳥の会創立満五周年記念座談会）等を見ると、山科芳麿や清棲幸保、内田清之助といった錚々たる鳥学者に伍して、民俗学と自分の経験を踏

まえながら堂々と鳥の声について持論を展開している。そもそも『野鳥雑記』をはじめ、柳田が鳥を論じる際に最も真骨頂を発揮するのは、鳥の「声」にまつわる民話の世界についてではなかっただろうか。『野鳥雑記』においても、様々な鳥の聞きなしが取り上げられ、人に最も身近なスズメが極めて多くの声を上げている。そして柳田は、転居した成城の砧村でスズメを聞いて、思索に誘われ、スズメの社会と言語に思いを馳せたことを述べる。

…時は幾かえりも同じ処を、眺めている者のみに神秘を説くのであった。静かに聴いていると我々の雀の声は、毎日のように成長し変化していく。ある日はけたたましい啼声を立てて、彼等の大事件を報じ合おうとしている。これが人間でいえば物語であって、集めまたは編纂して歴史となるべきものであろうが、あれを構成していくめいめいの悩みと歓びとの交渉配合が、こんなに人生の片寄った一小部分であったことを、今までは頓と心付かずにいた。(11)

『野鳥雑記』の末尾を飾る、一九四〇年に著された「雀談」などでは、柳田は「雀界の社会学」を論じながら雀の行動学に到達したようにさえ見える。鳥の言葉は分節言語であるか否かなどという現代の平板な認識を超越しており、(影響関係がないはず?の)ソシュールに一矢報いているかのようにすら思われる独創的な考察に溢れている。特にその中の「雀の国語」は白眉だと思われる。柳田は雀の言葉におけるアクセントの存在にも気づき、「すぐ近くへ来て啼く頬白やアオジまたは鶺鴒というような、一括して田舎ではスズメと呼ぶものを比べて見ても、語数の多いことにかけては里雀に及ぶものはない」との認識を示したうえで、独特の議論を展開している。そこから少々長い引用を試みる。

我々の片仮字で描き出さうとするから失敗するのだが、もと〳〵雀の子音は至って数少なく、ことによったら一つの音素が、出しやうによってちがって聴えるのかとも思ふ。それを色々と組合せて、少なくとも三十種に近い場合と心持とを表示し、更に自分の楽しみの鼻歌までこしらへて居るのは、全く雀の国独特の文化であって、他の多くの鳥たちの企てられぬことであった。きたない鳥だし尻尾などはたしかに不細工だが、言葉だけはたしかに進んで居る。それが又必要によって促されたものだとすると、彼等の社会なり生活境遇なりは、著しく複雑になって居るのである。是を具体的に知らうとすれば、人に近く住むだけに方法は幾らでもあると思ふ。音の変りの少ない言葉を、音字で現はさうとするから無理がある。私は胡麻点即ち〇のやうな形のものを、大小幾通りかこしらへ、又必要ならば白黒鼠色にし、それを斜めにしたり竪にしたり、又中間のあけ方と数とを加減すれば、立派に雀和辞典は活版にもし得るものと考へて居る。(『全集』⑫　一九六頁)

これは荒唐無稽な暴論に見えるかも知れないが、実は、よほど時間をかけてスズメと付き合った人でなければ、しかも優れた観察眼とよい耳を持った人でなければ書けない文章なのである。柳田はスズメの声の子音と母音を聞き分けているし、その組み合わせで音素を作り、それを組み合わせて語または文を作っているという結論に到達していることになる。そして独自の記号によってそれを表記し、「雀和辞書」の製作への道筋すら描いている。鳥の声の精密な記録と分析には、実際にはソナグラムの登場を俟つしかなかったが、一九四〇年の日本の鳥類学界でこのような見解に到達した人はいないし、ここまで鳥の「言葉」を分節言語と関係づけようととした人は、世界を見渡しても（ドリトル先生は別だが）管見では覚えがない。一昔前であれば、鳥の分節言語などと口走ると、鳥の音声の研究者には鼻で笑われたことであろう。しかし鳥のヴォーカルコミュニケーションに関する研究は近年盛んに行われるようになっている。千葉大学の岡ノ谷一夫氏がソノグラムを解析して、ジュウシマツの歌に複雑な文法構造がみられることを解明してからまだ二〇年ほどしか経っていない（藤木寛治他著『新しく脳を科学する――動物・鳥・魚・昆虫そして人間の脳研究が面白い』東京教育情報センター、一九九七がわかりやすい）し、二〇〇二年にアメリカのペパーバーグが刊行した『アレックススタディ――オウムは人間の言葉を理解するか――』（共立出版、二〇〇三）で、ヨウムというオウムの一種が人間の二重分節言語を使いこなすという、鳥との共同生活から得た関与的観察の結果をまとめて明らかにしたのもその少し後のことであった。さりげなく「音素」という言葉を使っている柳田は、おそらく分節言語に対する知識をも獲得していたのであろう。学識がなせることなのか否かは見当が付かないが、柳田の鳥に関する文章には、このように後世の研究の進展を予見しているかのような鋭い認識が時折みられ、驚かされる。これは柳田が、生涯にわたって常に鳥の世界に深く分け入ろうとしていたことを見せてくれているのである。『定本』別巻⑤に付された柳田の年譜には、晩年の柳田について

昭和三十年四月二日（八十一歳）　野鳥の会を自宅にて開く

とある。自宅の庭で開催された野鳥の会――おそらくは身近な鳥を見て、聞いて楽しむものであっただろう

が——とはいかなるものだったのか、悟堂はこの場に参加していたのか、私の手元にあるわずかな資料からは確認できなかった。ともあれ、晩年に至るまで、柳田國男は鳥と深くかかわりながら生きていたのである。鳥の飼育経験について、柳田は何も述べていない。前述の『明治大正史　世相篇』ではしかし、飼鳥趣味について否定的に記していた。(12)柳田の私的空間には、常に野の鳥の姿があり、そして野の鳥の声が聞えていた。そうあるべきことを柳田自身望んでいたのである。これと同じ背景の中から聞こえてくる声こそ、野の人々の声であり、これにも柳田は生涯をかけて耳をそばだてていたのだろう。

拙論では、民芸運動と柳田の郷土会・民間伝承の会・日本民俗学会民間伝承の会、そして日本民俗学会に発展してゆく一連の民俗学研究運動、そして日本野鳥の会という、昭和の初めに骨格が形成され、現在に続く稀有な三つの大きな文化的運動体のうち、中西悟堂の組織とされた日本野鳥の会の設立にも、設立当初は中西以上に柳田國男が深く広く関与したことを示し、柳田自身の文章から鳥に関する素養、興味関心、観察眼といった野鳥の会に至る背景を探った。

【註】

1　平凡社が、雑誌『アニマ』に昭和四八年から五二年まで四四回にわたって掲載してきた悟堂自伝を再録した二巻本『愛鳥自伝』上下（平成五年）を悟堂が書き終えたのは、昭和五二年のことであり、その末尾にある「『野鳥』発刊のいきさつ」もこの年に成立した。

2　『全集』⑫所収。本書では、『野草雑記』と『野鳥雑記』は別作品扱いになっている。

3　後述のように、本書は一九四〇年（昭和一五）『野草雑記・野鳥雑記』として甲鳥書林から出版された。
4　『定本野鳥記』第五巻一八三頁〜。引用は一八六頁。悟堂はこれを柳田が没する直前に書くことになったが、それはたんなる巡り合せである。
5　『定本柳田國男集　月報』二二、一九七〇、四頁
6　同前
7　『定本野鳥記』第一巻口絵参照。
8　『野鳥』第一巻第一号、一九三四年、六四〜六五頁。
9　『定本』③二五一〜三百四頁。大正十一年十一月二十二日には「「続飛騨の鳥」を送り来る。」、また同十一月二十四日には「川口君の「続飛騨の鳥」を読み了る。」とある。
10　第六号四八〜五六頁、第七号四六〜五二頁、第八号四二〜四八頁
11　『野鳥雑記』所収の同名の「野鳥雑記　二」参照。『定本柳田國男集』第二二巻一八八頁　不明
12　『定本』別巻⑤、六五八頁

［コラム：私と柳田國男］

巨人に寄ったり離れたり

鈴木道男

私は『遠野物語』がなんともいえず好きで、これを入口に柳田の世界に入った。しかしこの作品が佐々木喜善を踏み台にしたことを知ると、やや柳田が遠くなった。文学部附属日本文化研究施設の助手の頃、今度は『蝸牛考』が、ますます私を柳田から遠ざけた。フーゴー・シューハルトが提唱し、ヨハネス・シュミットが概念を拡張してドイツの言語学界で話題となっていた「波の理論」（Wellentheorie）が、『蝸牛考』の底流となっているように見えてきたのだ。しかるに柳田は、方言周圏論が自分の独創であるかのように述べ、ドイツの言語学者たちを黙殺していることに気づいたのである。この点を衝いて論文に纏めようか、とすら思ったのだが、当時の日本文化研究施設の杉山晃一先生に、そんなくだらないことはやめなよ、と諭されて鬱々とすることになった。苦労して入手した大部の旧版『定本柳田國男集』は、それ以来暫く、書架の下の方で、まるでコンクリートブロックのように徒に重く場所を塞ぐ存在と化した。

その後、「波の理論」と『蝸牛考』との関係について、とっくに指摘した人がいることを知り、杉山先生はその議論が醸した蟠りについてもご存じで、やんわりと私の勉強不足を諭されたのだということが分かった。異なる専門領域について自由に意見を交わすことができた、当時の日本文化研究施設の厳しく、かつ和やかな雰囲気が懐かしい。しかしその当時から、私は自分の専門をよそに、鳥の研究に現を抜かし、果てはソ連時代のカムチャツカのツンドラで乗っていたヘリコプターが墜落するなどした挙句、思い上がって自分を探検家だと規定し始めた。もちろんただの思い上がりである。この頃の私にとっては、鳥研究の先達中西悟堂が前途を照らす松明なのであり、悟堂の全集『定本野鳥記』を貪り読んだ。このとき、悟堂の野鳥の会立ち上げの際に、慈父のように陰に日向にそれを支えた柳田の姿が、これまでとは別人であるかのように胸中に立ち昇ってきた。

柳田は、はたして善人なのか悪人なのか、などとぼんやりと考えるうちに、柳宗悦が頭を過った。実は民俗に関わる極めて重なるところの多い対象の研究に身を投じていたのに、ほとんどすれ違ったままだった両者だが、共通するのは、同時代の文化人に共鳴を起こし、裾野を広げていった運動の中心にあり、指揮し続けたということである。私が敬愛しながらも所属はしない三つの運動——柳の民芸、柳田の民俗学、そして悟堂の野鳥の会。発展すべき運動の中心にはカリスマが必要なのだった。真善美を体現し、無謬のカリスマである。そして三者三様に、カリスマ性を発揮していたではないか。柳などは、先輩のウィリアム・モリスを徹底的に叩き、運動のためには浄土系仏教の展開史さえ捻じ曲げてみせた。ただし、一つの運動に二人のカリスマが並立することは不可能である。そもそも柳田が弊衣で鳥を追って野山を駆け巡る姿など想像もできない。

柳田は悟堂を得て、腹案の展開が約束さるべき一つの運動をまるごと任せたのだ。かかる柳田の懐の深さを前に、喜善も喜んで自分の研究成果を託した。そのように辻褄を合わせると、柳田の全集にもまた自ずと手が伸びるようになった。これが一人のディレッタントと柳田とのささやかな葛藤と和解の歴史である。

第五章　柳田國男と軍記物語

佐倉由泰

一．旅をする言説と柳田國男

いつ行き止まりになってもおかしくない狭く険しい山道を歩き続けていた時に、突然ぽっかりと視界が開け、耕地や集落や遺跡がゆるやかに広がるのを目にした時の感覚――、私は、文化について考える中で、このささやかでありつつも、滋味深い驚きの感覚をたいせつにしたいと思っている。周囲を山々に包まれた広がりには、固有の文化とそれを支える固有のネットワークが独自の開放性を具えて息づく。それぞれの閉ざされ方に応じた独特の開かれた方によって、豊かな年月を重ねてきた文化がそこにある。閉じること、閉ざすことが、独自の開放性と含蓄をもたらしている。私が、日本の軍記物語を学ぶ者として、『太平記』の時代の文化を考えるために訪れた、福島県の霊山《りょうぜん》(1)や、長野県下伊那郡大鹿村大河原上蔵《おおしかむらおおかわらわぞ》(2)、京都市右京区京北《けいほく》(3)といった地は、いずれも、閉ざされつつも独特の豊かな広がりを具えていた。このような風土に育まれた文化に目を向ける時、東海道、山陽道といった大幹線、大動脈を意識するだけでは見えてこない流通、交流が確かにあり、その流通、交流が日本の文化を奥深いところで支えていることがわかる。

現在、私たちは、生活のために峠を歩いて越えることはほとんどない。山を越える時も、隧道《トンネル》や高架橋《こうかきょう》を車や列車で走り抜ける。無数の山々の上空を一気に飛び越えることさえある。そうなることが、進歩であり、発展であると考えられてきた。とどめようのない世の趨勢でもある。狭い山道を進み続けるうちに突然視界が開ける驚きの瞬間を忘れかけているのも、やむを得ないことかも知れない。しかし、文化の考究においては、狭まりや隔たりが新たな広がりへとつながる、あの独特な場の感覚を忘れてはならない。均質でわかりやすい開かれ方が、あたかも美徳であるかのように、まるで責務であるかのように、もっともらしく推奨され、大手《おおで》を振っている今だからこそ、人文学の本質を重んじて、固有に閉ざされ、忘れられつつあるものにのびやかな可能性と深い含蓄を見出す必要がある。

そうした学びの支えとなるのが柳田國男（一八七五―一九六二）の考究である。柳田の研究は、閉ざされつつ開かれる文化の綾を教えてくれる。柳田は、特定の場に孤立しているかに見える民俗上の言説に着目し、その同例、類例を広範囲に数多く収集し、比較し、分析することで、言説相互のつながりを明らかにし、時空を超えて広がった人と人とのつながりを掘り起こそうとした。地域に残る固有の言説を、閉鎖、孤立という表層のイメージから解き放ち、その基層に潜む昔日の文化のネットワークを浮かび上がらせ、その網の目のうちに、多様な言説群を系統立てて意味づけようとしたところに、柳田の考究の人文学としての本領がある。近代化へとひた走る社会の中で埋もれ、見失われかけた言説を掘り起こし、相互を関連づけ、意味づけ、文化の基層を担ったネットワークを浮かび上がらせるのが、柳田の研究の大きな目的であった。

柳田は、こうした展望の中で、さまざまな言説が形を変え、時空を越えて旅をすることに着目した。また、その言説の旅を支えた旅人に注目した。この旅人たちは、頻繁に山を越えた。『遠野物語』（聚精堂、一九一〇年六月）、「山人外伝資料」（『郷土研究』第一巻第一・二・六・七号、第四巻第一一号、一九一三年三・四・八・九月、一九一七年一一月）、『山の人生』（郷土研究社、一九二六年一一月）等で、柳田が提起した「山人」については、その実在がしばしば問題視されるが、柳田の考究の可能性を考える上では、実体としての山人の存否は本質的な問題ではないと言ってもよい。仮に、柳田の言う山人が実在しなくても、柳田が、山を旅した人々と、その人々とともに移動した言説と、この移動によるルート、ネットワークを重視したことの意義は揺るがないと思う。旅は、人の交流と言説の流通をもたらした。言説は、人とともに、山を越え、旅をした。私が専門とする軍記物語研究における柳田の考究の重要性も、それを明らかにしたことにある。電波による情報の受信に慣れ、たいせつな想像力を失いかけている私たちに、峠を歩いて越える者がいて初めて文化が伝わることを教えてくれたのが、柳田國男の人文学である。

たとえば、室町時代に成立した源義経の一代記である『義経記』について、柳田は、その研究史に画期をもたらした重要な指摘を行っている。

斯ういふ粗末な継合せのセメントは、多分京都製だらうと思はれる。或は多くの文学書に例のある如く、最初の筆録者の手細工であつたかも知れぬ。一人の座頭が一回に語るのは、精々三段か四段かであつた。それが大にはづんで毎晩のやうに喚ばれて居るうちに、追々に新らしい場面を附加して行つた形跡は、平家などにもよく表れて居る。太平記の如きも始と終と、文体も違へば取扱方も変つて、一遍に出来たもので無いことは誰でも認める。それを書物にする際に量を貪り、をかしな統一の無いものにした例は、盛衰記ばかりでは無い。即ち語り始めた時の動機が色々だから、物語の中心が色々に移つたので、義経記などでも義経を主人公にしたのは却つて前半分の方に限られ、吉野山では佐藤忠信、鎌倉では静御前、北国落では武蔵坊、高館では鈴木兄弟、十郎権頭兼房といふやうに、シテの役は一貫しては居なかつた。

之を要するに現在の義経記は、合資会社の如き持寄世帯で、各部分の作者産地はそれ〴〵に別であつた。京都は兎に角、吉野山中の寺生活などが、到底奥州に居ては語れなかつたと同じく、奥州及び之に通ふ道筋の物語は、京都居住者の想像し得る境ではなかつた。即ち此方面に住んで語りを職とする者の、参与して居たことを推定する根拠である。此と同時に吉野山中の出来事が法外に詳しいのも必ずそれだけの理由があつたことで、将来の研究には有用な資料かと思ふが、残念ながらまだ確かな手掛りはない。仍て差当っては此等の関係を引離して、特に奥州の部分が奥州に産した事情を、今少しく考へて見ようと思ふのである。

これは、一九二六年（大正一五）一〇月発行の、雑誌『中央公論』第四一年第一〇号に発表した論考「義経記成長の時代（東北文学の研究一）」での記述である（初収単行本は『雪国の春』〈岡書院、一九二八年二月〉。引用は『全集』③に拠る）。柳田は、『義経記』という書記テキストを、出所、系統を異にする多様な口承の言説が支えていると捉え、そうした口承が存したことを『義経記』という書記テキストの登場よりも重視している。『義経記』の中の奥羽にかかわる記述についても、京から奥羽に至る経路の地理に精確であること、奥羽の地に深く根づいていた修験道の担い手である山伏の作法に詳しいこと、奥羽に土着した鈴木氏にかかわる登場人物、鈴木三郎・亀井六郎兄弟の行動が特筆されていることなどを根拠として、テキスト生成以前に、それらの元となる口承が奥羽の地で生まれ育ち、根づき、まとまって京に伝わったと捉えて、そこに考察の力点を置いている。柳田は、『義経記』を、その記述の一部が奥羽で生まれ、奥羽で育った「東北文学」と見た。これには異論もある。角川源義は、「義経記の成立――「北国落」について――」という論文（『國學院雜誌』第六五巻第二・三号、一九六四年三月。『日本文学研究大成　義経記・曾我物語』〈国書刊行会、一九九三年五月〉に再録）で、『義経記』の巻第七の記述について、これを支えたのは天台系熊野修験の活動であると捉え、「東北文芸としての成立ではなかつた」と指摘し、柳田の見解を乗り越えようとした。ただし、そこでも、柳田が提起した、『義経記』の記述が出所、系統を異にする多様な伝承によって成り立っているという観点、展望は継承されている。角川は、さらに、「『義経記』の成立」（貴重古典籍叢刊『赤木文庫本　義経物語』〈角川書店、一九七四年三月〉所収）等の論考で、『義経記』が日本各地の多様な伝承を取り込んでいることを広く詳細に捉ようと試みているが、こうした独自の考究の中にも、柳田の観点、展望の発展をうかがうことができる。

このように、これからの新たな研究が柳田の考究に学ぶべきことは多い。私は、『義経記』についての、「斯ういふ粗末な継合せのセメントは、多分京都製だらうと思はれる」、「現在の義経記は、合資会社の如き持寄世帯で、各部分の作者産地はそれぞれに別であつた」という柳田の見解には異論がある。私が考える『義経記』は、義経にかかわるモチーフの素朴な寄せ集めではなく、視線への尖鋭な関心と強靭な恣意に支えられた生命感溢れる物語であり、書記テキストとしての確かな主体性、固有性を具えている(4)。しかしながら、こうした現存の『義経記』の文学としての特質、意義とは別に、この物語が、口承、書承の多様な言説の移動、変容、集積の上で編成されたと捉える柳田の展望の重要性は動かない。『義経記』の記述は、京から地域へ、地域から京へという双方向の言説の移動の累積の中で成立したと考えられるが、その過程で、さまざまな言説が旅人とともに峠や川や海を越えて、移動し、変容したことは間違いない。

柳田は、『平家物語』の俊寛と有王をめぐる記述の背後にも、そのような旅をした言説、物語を見ようとした。それが論文「有王と俊寛僧都」(『文学』第八巻第一号、一九四〇年一月。初収単行本は『物語と語り物』〈角川書店、一九四六年一〇月〉。引用は『全集』⑮に拠る）に現れている。この論考では、日本の各地に俊寛の墓があることが注目されている。一人の人物の墓が各所にあることについては、そのほとんどすべてが偽りだと決めつけたくなるところであるが、柳田はそう考えない。俊寛の墓の伝承群に、有王という名の語り手の影を見出し、時空を異にして、鬼界が島での俊寛の悲劇を語って旅をした何人もの有王を名乗る芸能者がいたと捉える。鮮やかな発想の転換である。俊寛が本当に葬られているのか否かを問うのではなく、有王を称する多くの語り手が旅をして、俊寛の物語を語り、おのおのがそれぞれの地で生を終え、葬られたという事実を見透かそうとする。論文の中ではそれを次のように述べている。

肥前薩摩の例でも考へられることだが、既に平家の有王の物語を信ずるからには、有王の行く処に屢々俊寛が附いて来て、隠れて住んで居たと伝へるのが、理由の無いことのやうに思ふ人があるであらう。しかし私などから見れば、是は此種の昔語りをする有王といふ者が、永い期間に亘つて何代もあつたとすれば説明がつく。彼等の語り口は土地により、又は時代と共に変つたかも知れず、或は大体に平家の本文の通りであつたのが、其芸のすたれた後、いつの間にか誤つて記憶せられるやうになつたとも解し得る。（中略）

そこで立戻つてこの有王といふ旅人の素性を考へて見る。鬼王有王の王の字は童名で、もう此頃は下人の名であつても怪しむ者も無いまでになつて居たやうだが、本来は神の王子、即ち申し子又は神の取り子の意であつたことは、松若竹若等の若の字も同じであつた。良家の子弟は早く元服して、之を用ゐる期間が短きに反して、一方には年たけて迄此姿で居る身分の者があつた為に、後には却つて此輩の専用の如くになつたが、なほその語感には若干の宗教味を帯びて居たかと思はれる。有といふ語に至つては更に是以上の神秘性を具へて居た。古い用法を尋ねて見ると、神霊の出現がアレマスであつた。ミアレ野・ミアレ木の厳粛なる言ひ伝へは、主として賀茂の御社を繞つて展開して居たやうであるが、一方には又人間の最も慧しい者、目に見えぬ霊のよざしを受けて、貴とい言葉を世に伝へ得る者の名でもあつたことは、古くは稗田阿礼などの例がよく知られて居る。

俊寛の物語を語って回国した、有王という聖性を具えた旅人の存在を推定したこの言及は、容易に確証を得られる立論ではないが、文化の深層を考究する上で、心に留めておきたい重要な提言である。

さらに、柳田には、「曾我兄弟の墳墓」（『日本及日本人』第六五二号、一九一五年四月。『全集』㉔等に再録）と、「老女化石譚」（『郷土研究』第四巻第五・六号、一九一六年八・九月。初収単行本は『妹の力』〈創元社、一九四〇年八月〉。『全集』⑪等に再録）という『曾我物語』にかかわる論考もある。この二つの論文では、曾我兄弟の墓、さらには、曾我十郎が愛した大磯の虎の墓と称される墳墓が日本各地にあることに注目して、石にまつわる多様で幅広い伝承と『曾我物語』を支えた言説との接点を見出そうとした。

このように、一人の人物の墓が、日本各地にあるという状況に対して、これを真摯に受け止め、その背後に隠された旅する人々、旅する言説のネットワークを捉え出そうとしたところに、柳田の考究の凄味がある。こうした柳田の研究を基盤にして独自の考究を展開したと考えられる重要な成果に、水原一の論文「巴の伝説・説話」（『平家物語の形成』〈加藤中道館、一九七一年五月〉所収。初出は、一九六七年七月）がある。この論考は、日本各地に、『平家物語』に登場する巴の墓と称される墳墓があることに注目して、「巴」と自称して回国し、源義仲のことを語る多くの女性の芸能者がいたことを推定している。巴がしばしば「巴御前」と呼ばれることについて、その「御前」とは「ゴゼ」を意味するのではないかという注目すべき見解も提示している。

伝承を真実ではないと言うのはたやすい。しかし、そこに終始せず、伝承を語った人々の心の真実、生活の真実に目を向け、その文化的意義を捉え出そうとしたところに、柳田の人文学の重要性がある。今、この東北大学で、日本の文学、特に、軍記物語の文化史的意味を考えている私にとって、柳田の研究から学ぶことは尽きない。そのような柳田の人文学のたいせつな成果の一つに『東国古道記』がある。

二　『東国古道記』に学ぶ

『東国古道記』は、戦中に既に記していたという稿を、戦後の一九四九年（昭和二四）の一、二、三月に、日本交通公社発行の雑誌『旅』の第二三巻第一、二、三号に発表した論考で、一九五二年六月には、単行本になって、上小《じょうしょう》郷土研究会（長野県の上田・小県《ちいさがた》地方を中心にした郷土の歴史、文化を研究する会）から、上小郷土叢書第四編として刊行された（以後の引用は『全集』⑲に拠る）。次に、その目次を掲げる。

はしがき／人生と古道／波合の昔の物語／加賀様の隠し路／信州北部を横ぎる路／道志の谷と足柄路／信州から出て来る路／奇談の流行／秋葉と遠山道／諏訪の神領として／熊谷家伝記／天竜川峡谷への交通／浪合記の色々の異本／霊の語を信じて／地方信仰の変遷／津島天王と東国／遠江と信濃との連絡／甲州との交通／中世以前の旅行組織／江戸以前の東国

『東国古道記』は、先述の柳田の論文とは異なり、軍記物語にかかわる問題に基軸を据えた考察ではないが、軍記物語、特に、『太平記』とその時代の文化環境を考える上での貴重な示唆に富む。目次を見ただけでも、多岐にわたる豊富な話題を盛り込んでいることが看て取れるが、単行本が長野県内の研究会から刊行されてもいるように、長野県、信州の古道、中でも、信州南部、南信の古道とそのネットワークに多くの言及がなされている(5)。なお、南信に位置する飯田は、柳田ゆかりの地で、松岡國男が養嗣子として入籍した柳田家は、旧飯田藩士の家であった。一九八九年には、飯田市美術博物館の付属施設として、柳田國男館が設立されたが、その建物は、東京都世田谷区成城から移築された柳田國男の書屋である。柳田が、飯田を含む伊那地方を講演等で幾度も訪れたのは、柳田家と伊那地方との縁にもよる。

さて、『東国古道記』には、「はしがき」に続く「人生と古道」の冒頭に次のような記述がある。

古い道路の埋没に帰せんとするものが最近は意外に多くなつて居る。それは山あひの細道の草木に覆ひ尽されて、もう永いこと誰も通つて見たことが無いといふものだけで無く、現に毎日のやうに人が使ひ、路傍には小家のまだ幾らも残つて居るものでも、是が以前の何といふ処へ通る路だつたかを、忘れてしまへばやはり埋没であつた。人間の懐古にも大よその限りがある。三代四代と続けて記憶を試みる折が無く、尋ね寄る旅人も絶えて居たとすると、もうそれからさきは天然に近いもの、即ち彼等の間に無意識に伝はつてゐる痕跡によつて、古い世の道を辿るの外は無いのである。しかしさういふ痕跡は必ずしも乏しくは無い。じつと一つの処を見つめて居ても始まらぬが、各地多くの変化と類似とを、積み重ね又比較をして行くうちには、屢々土地の人の忘れてしまつて居るものまでを、憶ひ起すよすがを得られるのである。

これを読むと、柳田が、道の痕跡を通して、また、その道を人々が旅した痕跡を通して、忘れられている文化のネットワークを掘り起こそうと考えていたことがよくわかる。柳田は、明治期、大正期から続けてきた、旅する人と言説のルートを通して文化のネットワークを捉えるという営みを、たゆまず継続している。

『東国古道記』では、その後に、さまざまな道が取り上げられ、それぞれの道の意義が述べられて行くが、「諏訪の神領として」では、近世に秋葉街道と称される、信濃と遠江《とおとうみ》（今の静岡県西部）を結ぶ道――この道は、現在の国道一五二号線に多く重なる――について、この道を、諏訪信仰にかかわる道として捉え直すとともに、その要地として、遠山郷（飯田市南信濃・飯田市上村《かみむら》〈旧下伊那郡南信濃村・下伊那郡上村〉）と、下伊那郡大鹿村鹿塩《かしお》に注目している。

所謂秋葉街道の更定以前、我々から言ふならば寧ろ諏訪路とも、遠山通りとも呼んで見たい山あひの交通が、この天竜川筋の特殊な土着を誘導した働きは、隠れて居るけれども相応に大きなものだつたらしい。一時に沢山の人を送り込む必要はこの方面には無く、僅かづつの交通ならば、よほど早くから始まつて居たからである。遠山といふ荘園名は、素より外から附けたものであつた。今でも土地の人は自らはあまり之を使はず、里毎にもつと好い名があり、又中央の和田村を総称としても居る。誰がこの一帯を遠山と呼び始めたかと考へると、海道の側からならば、まだ幾つもさう謂つてもよい谷があつたに反して、北から入つて来れば是が唯一つの遠山であつた。恐らくは最初は今の大鹿村にかけて、広い区域が遠山であり、是を命名したのは諏訪の御社の奉仕者たちであつた。一千の鹿の頭を供へたといふのは伝説に過ぎぬだらうが、所謂耳裂鹿《みみさけじか》の不思議は此山地に属し、夙く外県《そとあがた》の最も奥の村として、この住民も亦遥々と恭敬の誠を致して居たかと思はれる。特色は高嶺に囲まれて四境の擾乱が無く、地味も穀作に適して居た上に、今一つ変つたことは鹿塩には塩の泉があつて、附近の住民は之を庖厨の用に充て、居た。乃ち山村ながらも附近の小市場に、隷従しなければならぬ不利を免れて居たのである。領主香坂氏の孤立は自信の有るものであつたらしい。終始渝らざる此家の勤皇が根柢となつて、宗良親王の甲信経略、又上州の新田氏族党と遠州井伊谷《ゐいのや》との交通は容易に行はれたのみならず、後年は更に「ゆきよし様」の御最後といふやうな、かの浪合記の物語までを成長せしめ得たのであつた。

ここで、柳田は、「ゆきよし様」の信仰にかかわる物語として、南朝の皇族、尹良親王の最期を描いた軍記、『浪合記』(6)に言及しているが、『太平記』の時代とのかかわりにも注目する必要がある。『太平記』の時代、すなわち、鎌倉時代末から室町時代初めにかけての時代、現在の長野県下伊那郡大鹿村に含まれる大河原の地は、後醍醐天皇の皇子で、信濃宮とも称された宗良親王が、領主香坂高宗とともに北朝方と対峙した、南朝方の重要拠点であった。柳田は、遠山を通って信濃と遠江を結ぶこの道を、諏訪信仰の道であり、それを支えに南朝方が交通を維持した歴史の道であったと捉えている。『太平記』の時代の文化、社会を考える上で、たいへん重要な指摘である。

また、柳田は、「天竜川峡谷への交通」で、南信濃と三河（今の愛知県東部）とを結ぶ道に注目し、その道中に位置する坂部の地に住した熊谷氏が残した『熊谷《くまがい》家伝記《かでんき》』(7)という書の内容に触れて、次のように述べている。

> 坂部村の熊谷も一門がさう多くない。さうして此家だけは初代を新田義貞の遺子となし、名乗も両家を結び付けて、平源の貞直などと伝へて居る。三河の南部には足利方が有力なるに反して、山に接した僻村には南朝方が多かつたのは対立の勢ひ、即ち容易に平地人に屈しないといふ意味だつたかも知れぬが、同時に又背後の交通も之を支持して居たかと思はれ、それが更に水戸学によつて昂揚せられた新らしい正義史観によつて、いよいよ輝かしく又誇らしいものになつて来たのであつた。熊谷家伝記は斯ういふ小社会の間に処して、必ずしも我祖の勤王を主張しようとせず、寧ろ名流の血筋を守らんが為に、沈淪を甘んじたやうに説いて居るけれども、しかも間接にその記述の中から、時勢の変転に対して懊悩した、地方の旧家たちの境遇を窺ひ知らしめる。

この記述には、山の民と「平地人」との対立という認識も見られるが、それは、『東国古道記』が発表される約四十年前の一九一〇年（明治四三）に刊行された『遠野物語』の序文に登場する「願はくは之を語りて平地人を戦慄せしめよ」（引用は『全集』②に拠る）という言葉を想起させる。四十年もの時を経ても、山の民と平地人という対立構図は、柳田の念頭を去ることはなかったようだ。それならば、山の民と平地人という図式を、南朝対北朝という構図に移して、南北朝期の文化や交通という話題をさらに深めてもよさそうであるが、柳田は、先に挙げた「諏訪の神領として」での言及と同様に、そのことには深入りしない。そもそも、柳田が『太平記』とその時代に言及することは意外に少ない。南朝方は、吉野山を本拠とし、河内、大和、紀伊の各国とその国境に連なる山地を拠点として、北朝方と対峙したように、山との縁がきわめて深い。近畿以外でも、先述のとおり、宗良親王が伊那山地に位置する信濃国大河原に籠もり、北畠顕家が陸奥国の霊山に入り、自らの拠点としている。霊山の南方に位置する宇津峰山も南朝方の拠点であった。柳田が、山の民や山のネットワークを語る上で、南北朝時代の南朝方を支えた地勢、交通、文化は格好の考察対象となり得たはずであるが、この問題をことさら掘り下げて論じようとはしていない。

そして、柳田が『東国古道記』における考究の帰着点にしたのは、次のような、民俗文化全般にかかわるネットワークへの言及であった。

（前略）次に考へられるのは、地方の同化力、一つの地域に於ては民俗が大体に相似し、少し離れるとすぐに又ちがつて来るといふことは、今までは当然さもあるべきことのやうに軽く視られて来たが、村の年齢なり系統なりが色々であつた以上は、其理由は説明が無くては判らないのであつた。模倣や曲従も或一つの生活様式が有力になつてから後のことである。さうして之を有力ならしめる原因は、特に或一門の比例を超えた繁延と、それを可能ならしめる新しい縁組とであつて、是も普通には一つの交通線の上に於て、やゝ容易に行はれ得たかと思はれる。日本にはカラバンの組織は無かつたけれども、大きな旅行群では人を使つて、仮屋を作りつゝ何処にでも宿つてあるくことが出来た。たゞ小規模で質素なる旅人たちは、旅舎や茶店の無い路筋では、此点に可なり困つて居た。旅客款待の美徳が我邦に発達し又維持せられたのも、一つには此経験に養はれた弘い相互主義だつたかも知らぬが、なほ其以上に一つの通路の傍に居て、屢々同じ筋を往来する者の間には、得意とか村親類とかの名をもつた一種の組織が出来て居たやうで、それが又商業発達期の、得意もしくは問屋といふものゝ根源をなすと共に、一方には又意外なほどの遠方の土地と、縁組をする端緒にもなつたかと思ふ。村と村との交渉は平地部では複雑して居て、之を系統立てることは容易で無いが、山の間ならば今でもまだ尋ね溯つて見ることが出来る。乃ち民俗の地域単位といふものは、地図で考へるやうなまん丸な塊では無くて、寧ろ細長い路筋を以て伸びて居るらしいのである。近年の交通発達は無論大きな紛乱を与へては居る。たゞ古くからあつたもの、中には、汽車や自動車道に乗り取られて、たゞ停滞と衰微の状を呈して居るものが少なくない。斯ういふものこそは今のうちに、細かくあるいて観察して置く必要があるのである。

これは、『東国古道記』の結尾に近い「中世以前の旅行組織」での言及である。この中の「民俗の地域単位といふものは、地図で考へるやうなまん丸な塊では無くて、寧ろ細長い路筋を以て伸びて居るらしいのである」という、一見さりげない指摘も重く受けとめたい。文化のネットワークが、道に沿った生活上の交流の必要に導かれて線状に広がるという重要な展望が示されている。定住者の交流の連鎖によって、道が生まれ、維持され、旅人の往き来を可能にしている、ということを改めて認識させる論及となっている。

その上で、柳田は、「この一文は終戦の少し前に、東国風土記といふ本の中に、入れるつもりで書いたのが不用になつて、久しく机の引出しにしまつてあつたのである。地図を相手に少し綿密に読んで見れば、わからぬといふ程の専門の研究でも無い。主たる目的は民俗学の方法を人文地理に応用するに在つた。」と付記して、『東国古道記』の記述を閉じている。「地図を相手に少し綿密に読んで見れば、わからぬといふ程の専門の研究でも無い。」とは大いに謙遜を含んでおり、文字通りに捉える必要もなさそうだが、ここには、その謙遜以上に、自身の調査が十分ではないことをあえて述べて後進の奮起を促す意図を読み取るべきかと思う。古道が見失われるのは、文化のネットワークが忘れ去られることに外ならない。柳田はそこに怖れを感じていた。その怖れが、『東国古道記』の記述を、古道とそこに培われたネットワークの重要性を切実に説くものにしている。

三 柳田國男と『太平記』

このように、『東国古道記』に学ぶべきことが多い中で、先述のとおり、『太平記』とその時代の問題に関して集中して掘り下げようとしていないことについては、柳田の考究の本質と可能性を考えるためにも、もう少し立ち止まって検討してみる必要がありそうだ。柳田の『太平記』にかかわる記述は総じて少なく、『東国古道記』における言及はこの問題を掘り下げてはいないものの、他の著述での論及の少なさに比して、異例とも言える量とまとまりを具えている。それほど柳田がこの時代に論及するのは稀である。山の道と山の人々の生活に注目した柳田が、『太平記』とその時代に寡黙なのはやはり不自然である。

南朝と北朝の両朝の併存を認める記述が尋常小学校の国定教科書に見られることが帝国議会等で問題にされ、文部省の編修官であった喜田貞吉《きたさだきち》（一八七一—一九三九）が職を離れるに至った、いわゆる南北朝正《せい》閏《じゅん》問題が起こったのは一九一一年である。それは大逆事件の翌年であり、また、『遠野物語』刊行の翌年でもあった。柳田は、その後の喜田との接点もあり(8)、この問題の記憶は浅くなかったはずである。この南北朝正閏問題が世に与えた影響は大きく、皇統としての北朝はなかったとされ、南北朝の時代は、唯一の皇統の名を冠して、吉野朝の時代と称すべきとされた。大正期を経て、昭和の戦前、戦中に至るまで、南朝は吉野朝と称され、吉野朝を顕彰する気運が強くなり、宗良親王の事績に対する関心も大いに高揚する。しかしながら、柳田は、そのような世の気運や関心とは距離を置いていたように見える。吉野朝という呼称も用いてはいても、南朝という言葉をより多く使っている。柳田は、できる限り強固な歴史観から離れ、民俗の事実そのものに向かおうとしていたものと考えられる。戦中に書かれたという『東国古道記』では、南朝の皇族、尹良《ゆきよし》親王の悲劇的な最期を記す軍記、『浪合記』について、その異本の間で事件の年次に相違があることを問題にし、その記述が事実であることも疑っている。足利直義《ただよし》の子の、足利行義《ゆきよし》なる人が浪合の地で襲撃され討たれたという伝承にも注目して、『浪合記』の記述の前提に、尾張国の津島天王にかかわる「ゆきよし様」の信仰があることを指摘してもいる。足利直義の子、行義についての伝承を述べることは、吉野朝を顕彰する気運とは相容れないところがある。柳田は、「ゆきよし様」の信仰という民俗を明らかにするために、吉野朝の顕彰に必ずしも寄与しない記述をなしていたことになる。柳田が『太平記』とその時代への言及を避けたように見えるのは、特定の観念を前提にせず、民俗文化の事実と本質を帰納的に見出す営みに専心しようとする姿勢によるものと考えられる。

ただし、『太平記』とその時代は、山をめぐるネットワークを考えるためには看過できない。そこに、考究をさらに進める余地が残されている。この『太平記』の時代における山の重要性については、以前に、「中世日本の山と物語」と題する論文（『東北文化研究室紀要』第四七集、二〇〇六年三月）において、柳田の研究にも多くを学びつつ考察したことがある。そこでも論及したが、たとえば、『太平記』巻第十では、一三三三年五月八日に、鎌倉進撃を意図して、新田義貞が一族とともに上野国の生品明神で旗挙げをしたことを語る中で、軍勢がいまだ百五十騎にも満たず、不安を抱えていたところ、越後国の新田一族の軍勢二千余騎が、挙兵三日前の五月五日に「御使ひ」と称する「天狗山伏」が国中を回り、義貞の挙兵を事前に報じたことにより駆けつけたとされる。「天狗山伏」とは、山伏の姿をした天狗のことかと考えられるが、この不思議な話の基盤には、新田氏が、上野（今の群馬県）と越後（今の新潟県）の国境を越えて結ばれる、山地のネットワークを確保していたという事実がありそうだ。実際に、南北朝の争乱で劣勢に立ち、上野国を離れた新田氏は、『太平記』に、「さる程に、新田武蔵守義宗は、四月二十七日、越後の津張より立ちて、七千余騎、越中の放生津に著けば、桃井播磨守直常、三千余騎にて馳せ参る」（巻第三十一「南帝、八幡御退失の事」。引用は、流布本を底本とする新潮日本古典集成『太平記』〈新潮社〉に拠る）という記述や、「ここに、故新田左中将義貞の子息、左兵衛佐義興、その弟、武蔵少将義宗、故脇屋刑部卿義助の子息、右衛門佐義治三人、この三、四が間、越後国に城郭を構へ、半国ばかりを打ち従へてゐたりけるを」（巻第三十三「新田左兵衛佐義興自害の事」）という記述もあるとおり、越後の南部にも拠点を有していた(9)が、これは、遠江から信濃の大河原へ、大河原から杖突峠や、碓氷峠、三国峠を越え、上野、越後にも及んだ南朝のネットワークに支えられていた。そのネットワークの中心を担ったのが、宗良親王である。南朝方は、北朝方の圧倒的な優勢の中でも、太平洋沿岸と日本海沿岸とを結ぶ移動、連絡のルートを確保し、長期にわたる攻防の支えとしていた。

それは、『太平記』の時代の文化、社会に限定される問題ではない。山を越えての交流、流通に支えられてきた日本の文化、社会全般に広くかかわる。こうした問題は、近年の航空路、新幹線、高速道等の拡充、延伸によって顧みられなくなっているが、そうした看過、無関心は文化をめぐる想像力の欠如を惹き起こす。山地の旅は独特の意味を持ち、独特の注意力を要する。往時の、山になじんだ人々は、私たちが既に失ってしまった、瞬時に的確に地勢を読む感覚を有していたのではないか。各地の中世の城や館の跡などに立つと、こうした想念が否応なく湧き上がってくる。そのような地勢を読む力がいかなるものなのか思いも寄らない気がするが、出会った土地に身を浸すやいなや、経験知に根ざした五感の働きにより、直観的に、方角、地軸、傾斜、乾湿、日照、風流、土質、石質、植生、寒暖、降水、水流等の環境の総体を一挙に読み取るような感覚かとも思われる。山を越えての交流、流通を考えるには、現代の私たちからすれば異能とも言うべき、こうした地勢を読む能力があり得た可能性にも想像をめぐらす必要がありそうだ。柳田の提起した旅と道の問題を自らの課題として引き受けるということは、自身に、従来の思考の枠を超え出る思考を課すことを意味する。それは大きな困難であり、また大きな楽しみでもある。

四．柳田國男の人文学とこれからの人文学

柳田が『東国古道記』の中で「鹿塩には塩の泉があつて」と言及し注目した大鹿村の鹿塩に隣接する同村の大河原について、歴史学者、市村咸人《いちむらみなと》（一八七八―一九六三）は、著書『宗良親王　御遺蹟の研究』（八木書店、一九四三年五月）の第七章「御本拠地としての信濃」において、次のように述べている（引用は、『市村咸人全集』第三巻〈下伊那教育会〉四一九頁に拠る）。市村は、長野県を基盤にして研究活動を行い、柳田とも交流があって、研究上の教示を受けたこともある。

大河原は南信濃と甲斐・駿河の国境を縦走する高峯赤石連山と、その前山たる伊那山脈との間にあつて、四方を山に包まれ、赤石嶽に発源する小渋川の渓谷に沿うた山村である。大河原へはひるには伊那

盆地の中心飯田市よりは東北へ八里余の嶮道を辿らねばならない。大正末年には小渋川南岸の断崖に開かれた木材運搬用のトロ道があつて、行客はこれに便乗することになつて居たが、それは間もなく廃道となつた。最近村の入口までのバス路が出来たけれども、急屈折急勾配の岨道は乗る者の心胆を寒からしめる。

このやうに、大河原谷は人界隔絶の武梁桃源郷で、落武者の隠れ場所ないしは終局の拠点として最もふさはしい天険ではあるが、然しここは地理学者の赤石裂線と名付けた南北を一直線に通ずる谷地であるから、東西よりは南北の交通線が比較的によく開けてゐる。すなはち、川伝ひに北へ行くと分杭峠を下り、市野瀬・高遠を経、杖突・金澤・入笠《にふかさ》の峠路を越えて諏訪に出で、更にその北の大門峠から真すぐに小県及び佐久に通じ得られ、また南の方は青木の谷を溯り、地蔵峠から遠山を通つて青崩峠より遠州に達し得られる。この道路は峠から次の峠を見定めて開かれた所謂る「見越道」といふものである。而してこの交通線は、宮方の勢力圏内である東信濃と中遠地方を連絡する勤皇道路とも称すべきものであつた。

次に西方の伊那山脈地帯を通過して、天龍河岸の盆地へ出る古道を北より順に記して見ると、(一)大河原から鹿塩に出で、そこの大栗から高森山の稜線をわたり、鹿塩峠にて伊那山脈を越え南向村の四徳に下り天龍川ぞひの同村大草へ出るもの、(二)大河原のうち北條から白澤山へ登つて、生田村の峠を経て同村の部奈へ出るもの、(三)大河原の青木より大西山北方の鞍部にて唐松峠を越え河野村堀越に通ずるもの、都合三筋である。大草には香坂氏の城、部奈には桃井氏の城、堀越を南下したところには知久氏の城があつた。何れも宮方である。

これは、大河原をめぐる地勢とネットワークを明確に提示した重要な記述である。市村が注目したこの大河原の地を私が最初に訪れたのは、二〇一〇年の三月であった。市村が言う、道の難儀は既に格段に軽減され、小渋川は巨大なダムを形成し、川の右岸に敷設された舗装道路が飯田地域と大鹿村とを繋いでいた。公共交通としては、伊那バスが運営する路線があり、JR伊那大島駅前と大河原とを結ぶ、約二十人分の座席のあるバスが一日四往復運行されていた。私が乗ったバスは、平日の、通勤、通学の時間ではなかったためか、往路でも復路でも、乗客は私一人であったが、車窓から眺められた小渋川沿いの地形の険しさにはただただ驚かされ、市村咸人の感じた難儀が、さらには、南北朝時代の行路の不如意が切実に偲ばれた。北朝方の小笠原氏が本拠とする天竜川流域とそれほど遠からぬ距離にあって、宗良親王が大河原に拠点を維持できたことにも大いに納得させられた。地図の上での距離は十数キロでも、天竜川流域から支流、小渋川に沿って大河原まで踏破するとなると、その困難は想像を絶するものであったと思う。大規模な軍事動員など、思いも寄らなかったはずである。そのような険難な地勢が、大河原に近づくと一変し、鹿塩川が小渋川に合流するあたりから穏やかな平地が開ける。その平地にある中央構造線博物館、ろくべん館（大鹿村歴史民俗資料館）の近くがバスの終点で、そこから鳥倉山に入り、山道を登り始めると家が途絶え、また心細くなるが、やがて、宗良親王を支えた香坂氏の居城、大河原城のあった上蔵《わぞ》地区に着くと、南向きの傾斜の上に、穏やかに集落が広がる。ここを訪れた日は、三月ながらも夕刻から激しい降雪となったが、翌日、その雪が上がると、鳥倉山の各所で、融水が滝となって流れ落ちていた。すぐれた集水力を具えた山であることが実感された。この上蔵の集落から山道をしばらく登ると釜沢の集落がある。そこを越えてさらに山道を登り、人跡の絶えた所に、宗良親王が非常時に籠ったと言われる地、御所平がある。

南朝方は、この鳥倉山を基点に、地脈、水脈をはるか遠くに延伸させ、太平洋にも、日本海にも至る、交通のネットワークを形成していたのである。宗良親王は、このネットワークを活用して、南朝方の勢力圏を維持し、時には、吉野との間も往き来した。親王が南朝の人々の詠歌を集めた『新葉和歌集』を編纂できたのも、親王の家集『李花和歌集』が世に遺され、伝えられたのも、このネットワークに支えられてのことであった。軍事の道は文化の道でもあった。鳥倉山を歩いて、その道の実態と意味をさらに広く深く考究する必要があることを痛感した。

その考究に当たっては、市村咸人も注目しているように、宗良親王の家集『李花和歌集』も重要な手がかりになる。たとえば、その七二八番歌には、次のような詞書と詠歌が見られる（引用は、『新編国歌大観』第七巻〈角川書店〉に拠る）。

大河原と申し侍りし山の奥をも又立ちいで侍りしに、行すゑもいかがなど申して、香坂高宗など、しきりにとどめ侍りしを、猶ふりすてて出で侍りしに、そなたと思ひしかたも又さうゐする事ありしかば、中空にただよひし比、よみ侍りし

しばしだにふかぬまもがな風の上に立つちりの身のありかさだめん

この詞書と歌は、宗良親王の危うい境涯とその中での思いを伝えるとともに、親王が大河原を拠点とし、香坂高宗らに支えられていたことを証し立てている。市村咸人は、このような『李花和歌集』の詞書と詠歌に着目して、宗良親王の足跡を丁寧に詳細にたどる考究を行っている(10)。それは、民間の口碑を重んずる一方で、和歌等への関心の薄い柳田が行わなかった考証であった。このように、和歌にも目を向けて、日本列島の文化のネットワークを見直し、捉え直すことは、柳田の人文学の可能性をさらに生かすことに外なら

ない。近年、錦仁が、著書『なぜ和歌《うた》を詠むのか――菅江真澄の旅と地誌』（笠間書院、二〇一一年三月）をはじめとする論考において、柳田が民俗学の立場から尊重した菅江真澄の地誌等に新たに着目し、その地誌の中で大きな位置を占めながら、柳田が注意を向けなかった和歌にかかわる記述の意味を精緻に考察して、和歌が日本文化の世界観、国土観を根源的に支えてきたことを旺盛に論じている。柳田國男の成果に学びつつ、それを超え、さらにのびやかな人文学をめざす重要な考究である。私も、この仙台の東北大学で、柳田の考究に学び、市村、錦の研究に示唆を得て、新たな人文学を探求して行こうと考えている。

【註】

1　霊山は伊達市と相馬市との境に位置する。外から見ると幅広く深く切り立った断崖も望まれ、人を寄せ付けない山かと思われるが、山中に入り、険しい道を進むと、国司平と称される広い平地が現れる。さらに、そこを出て高低差の少ない尾根道を進むと、かつての天台宗の大寺院、霊山寺の諸堂の礎石が次々と並ぶ壮大な遺構にも行き着く。南北朝時代、北畠顕家は、義良親王（のちの後村上天皇）を奉じ、この地を、陸奥国の南朝方の一大拠点とした。

2　大鹿村大河原上蔵は、眼下に小渋川を望む縁の上方に、ゆるやかな傾斜を有して広がる地で、域内には、平安時代の創始とされる福徳寺（現在は、重要文化財の阿弥陀堂が建つ）と、大河原城跡がある。大河原城は、香坂高宗が、後醍醐天皇の皇子、宗良親王を奉じて拠った城で、大河原の地は、南北朝時代の東国における南朝方の重要拠点であった。

3　京都市右京区京北（旧京都府北桑田郡京北町）は、桂川の上流に位置し、周囲を山々に囲まれる中、広々と耕地の続く平地の間を桂川が西に流れている。その北東部の山麓に、常照皇寺が建つ。北朝の光厳院が、出家後に創始した臨済宗の寺院で、院は、政争に翻弄された京を自ら出離して、あえてこの地を選び、常照皇寺を今生の終の宿りとして修行を続けた。

4　このことについては、佐倉由泰『軍記物語の機構』（汲古書院、二〇一一年二月）第十七章「『義経記』の機構」で考察した。その上で、同書の五二八頁において、『義経記』の特質を要言する、次のような論及を行った。

『義経記』は、表現行為と表現内容がともに恣意的であることにおいて一貫した主体性を持ち、恣意という論理なき論理によって統合されている。また、義経、弁慶たち登場人物の恣意的言動は、他者の視線に対する尖鋭な意識を伴っており、他者から驚きや親愛に満ちたまなざしを向けられることを、今ここに生きることの証にさえしている。『義経記』は、戯れたいから戯れ、泣きたいから泣くといった喜怒哀楽に溢れた一時一時を精一杯生きる人々の姿それ自体を鮮烈に描いた作品であり、喜劇性と悲劇性とがともに色濃く矛盾なく併存している。

5　『東国古道記』の注釈、研究としては、二〇〇三年一〇月に、飯田市の柳田國男記念伊那民俗学研究所、飯田柳田國男研究会の編集により、『注釈『東国古道記』――柳田国男のみた古道――』が刊行されている。この書には、『東国古道記』の記述を理解し考究する上での多くの重要な手がかりが示されている。

6　『浪合記』は、安井久善編『浪合記・桜雲記』（古典文庫〈吉田幸一発行〉、一九八六年一二月）、上伊那郡教育会編輯・発行『蕗原拾葉』第参輯（一九三六年六月）で、翻刻本文を読むことができる。

7　『熊谷家伝記』は、市村咸人校訂『熊谷家傳記』（国書刊行会、一九七四年三月〈全四冊〉）等で、翻刻本文を読むことができる。

8　喜田貞吉と柳田國男との研究上のかかわりについては、湯川洋司「喜田貞吉の民族史論と柳田国男の山人論――「山人考」考とのかかわりを中心に――」（『比較民俗研究』第一七号、二〇〇〇年三月）に詳述されている。

9　越後の新田氏の動静については、赤澤計眞『越後新田氏の研究』（高志書院、二〇〇〇年三月）に詳述されており、たいへん参考になる。

10　市村咸人による宗良親王の事績の考究は、本論で先にも言及した、『市村咸人全集』第三巻（下伊那教育会）所収の論考においてなされている。宗良親王の事績についての詳細な考証としては、他に、安井久善『宗良親王の研究』（笠間書院、一九九三年一二月）がある。

［コラム：私と柳田國男］

歩いて考えること

佐倉由泰

論中でも言及したが、文学に対する、柳田國男の関心と私の関心は大きく異なっている。柳田は書記化された文学テキストを特別視しない。それに対して、私は、学生の頃から数えると、かれこれ三十余年にわたって、有機体としての文学作品に強く心惹かれ、言葉の綾や、記述のしくみに注目して、ひとつひとつの作品の魅力ある特質と機構を明らかにしようと、日本の中世文学を中心に、さまざまな文学表現を読んできた。その興味は今後も変わらず強く持ち続けると思う。また、こうした文学表現の研究を進めることが日本の文化史やリテラシー史を捉え直すことにつながる、という展望も、さらに広がって行くものと考えている。

ただ、日本の文化史やリテラシー史を旺盛に研究する上では、できるだけ多様な観点や関心に出会える方がよい。しかも、そこで出会う観点、関心は、自身がなじんできたものよりも、できるだけそれとは異質な方がよい。そうした意味で、私は、柳田の研究を重んじ、学んできた。

文学作品を考究する場では、作中の舞台となっている場所に必ずしも行かなくても解釈は成り立つ。文学表現を解釈する本道は、その場所に行くことよりも、本文を丁寧に読み解くことにある。そこでは、文学テキストをはじめ、先行論、隣接学の論著、辞書、事典等の文献をできるだけ広範に読み込むことが重要になる。ただし、それでも、作品をより深く読み、より豊かに味わう上で、その作中の舞台に行くことには重要な意義がある。その地の図書館、文学館、史料館、博物館等で文献、資料に出会うとともに、その地を歩きたい。そこを歩かなければわからないことがある。その場所の風土に接することがなければ生まれない思考がある。

このように読んで考えるだけでなく、歩いて考えることのたいせつさに気づく重要なきっかけになったのが、柳田の著作との出会いであった。特に、本論中にも挙げた論文「中世日本の山と物語」(『東北文化研究室紀要』第四七集、二〇〇六年三月)にかかわって、『太平記』の時代における山の重要性を考える中で、柳田の著作に学んだことが大きな意味を持った。思えば、私が、長野県下伊那郡大鹿村や、京都市右京区京北、福島県の霊山などの地を進んで訪れて学ぶようになったのは、この考察の後のことである。

柳田の学問との新たな出会いによって、私は、読んで学ぶことに加えて、歩いて学ぶようになった。近頃は、さまざまに繁忙になり、歩いて学ぶ機会が減りつつあるが、この読んで学び、歩いて学ぶ考察の姿勢自体は今後も保って行きたいと思っている。

そこで、私は、ふと気づいた。この研究の姿勢が身についた以上は、私にとって、柳田は、外なる存在ではなく、内なる存在になっているではないか、と。そうなのだ。私は、文学を研究する者として、柳田を、外から刺激を与えてくれる異質な存在と考えていたのだが、いつしか、人文学を学ぶ者として、柳田を内なる存在としていたのだ。文学作品を読み、研究するためにも人文学を学びたいと強く思うに至った機縁として、柳田の著作との出会いは貴重であった。そして、そのことに気づけたという意味で、この「柳田國男と軍記物語」の成稿に臨んだことは、とてもありがたい機縁になった。

第六章　方言分布の経年比較

——周圏論を目視する——

小林　隆

一・柳田國男と方言周圏論

方言学の分野においても柳田國男の功績は大きい。とりわけ、『蝸牛考』が方言学に与えた影響は計り知れない。なぜなら、方言学の根底には方言がいかにして成立したかという問いがあり、本書はそれに対して明快な答えを提示しているからである。

『蝸牛考』が登場した昭和二年はちょうど東条操の『大日本方言地図』と『国語の方言区画』が世に出た年でもあった。共時的な立場から総覧的に日本語方言を把握しようという方言区画論に対して、柳田の研究は動的・通時的であり、方言が盛衰を繰り返す様子を明らかにしようとした。国家プロジェクトである国語調査委員会の全国調査を引き継ぐ方言区画論に、小さな虫の「蝸牛（かたつむり）」を擁して挑む様は、大いにインパクトがあったにちがいない。

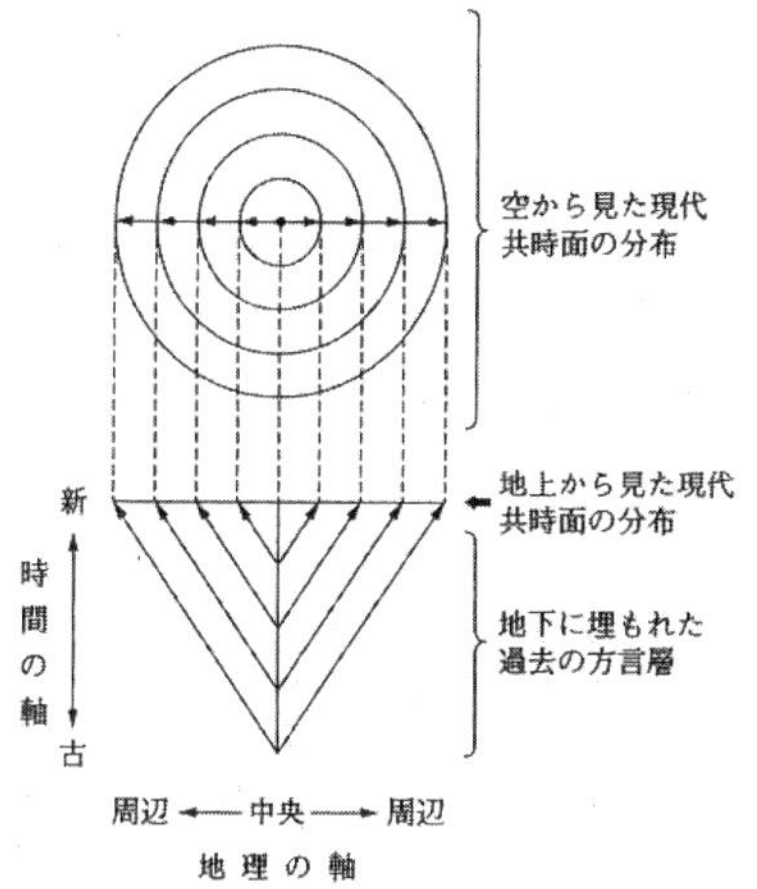

図１　方言周圏論の模式図

この『蝸牛考』で柳田が提唱したのが「方言周圏論」である。これは、図１の上半分に示すように、ちょうど池に小石を落としたときにできる波紋のごとく、文化の中心地で生まれた言葉が順次周辺へと広まることで、同心円的な方言分布ができあがるというものである。そして、図の下半分に示すように、現代の方言の配列状態を見れば、あたかも過去の地層を観察するごとく、それがどのように成立したか歴史を遡って明らかにできると考える。「古語は方言に残る」という現象は古くから気づかれてきたが、それを方言形成のプロセスとして説明したところにこの理論の意義がある。

もちろん方言周圏論は万能ではない。しかし、日本語方言成立の基本的な部分を説明するシンプルで有効な理論であることは間違いない。小林隆（二〇一四）で概観したように、現在の学界では、こうした分野は「方言形成論」というもっと大きな枠組みの中で研究が進んでいる。だが、その中核にあるのはいまだに方言周圏論であると言ってよい。

方言周圏論に対する興味の一つは、この理論を現実の動きとしてとらえたいというものである。特に、この理論が依拠する「言葉は中心から周辺へ地理的に伝播する」という仮説を実証しようという興味である。そのために、新旧2種類の方言地図を比較したり、過去の方言が記された文献を手掛かりにしたりする方法が試みられている。

二．経年比較の方法

ここではまず、方言の動きを〝目視する〟ための方法について整理しておこう。

一般に言語変化の研究では「実時間」「みかけ時間」という概念が用いられる。実時間は文字通り実際の時間差を利用するもので、時代の異なった二つの資料を比較していく。一方、みかけ時間は、ある時代に見られる年齢差を時間差とみなすもので、例えば高年層と若年層を比べ、その違いを時間による変化と解釈する。「経年比較」という言い方もなされるが、これは実時間による比較を指すのが普通である。以下では、その意味での経年比較を試みてみたい。

それでは、比較に用いる資料にはどのようなものがあるだろうか。ここでは方言の「分布」の変動を対象

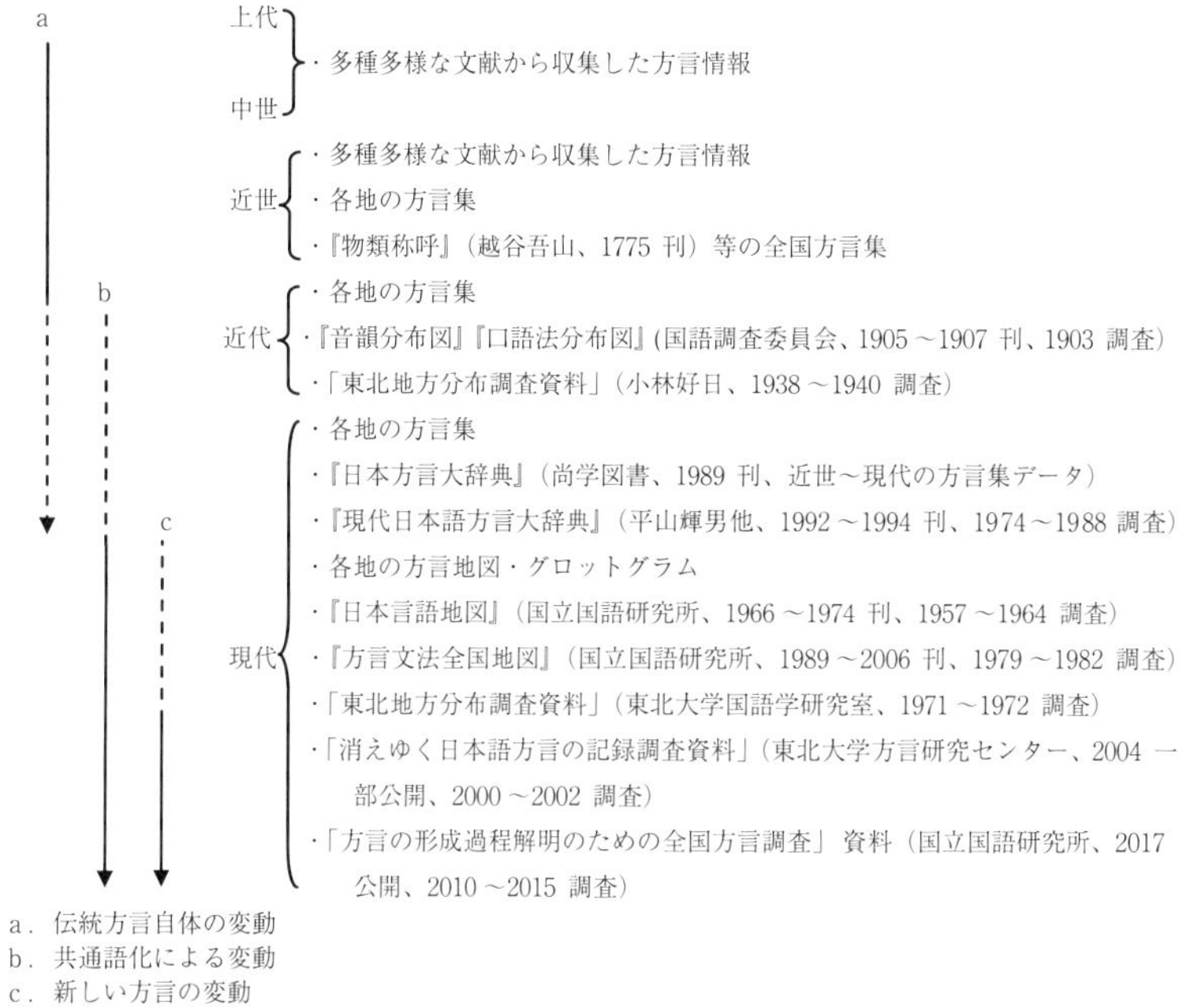

図２　経年比較のための方言資料

とするので、分布について知ることのできる資料でなければならない。そのような資料としては、第一に方言地図を思い浮かべることができる。調査時期の異なる方言地図同士を比較すれば、その間の分布の変動が明らかになる。ただし、方言地図は近代以降の方言地理学の成果であり、それ以前にはそうした分布調査は行われていない。したがって、古い時代の分布を知るには、各地の方言集をはじめ、さまざまな文献に現れた当時の方言情報を丹念に拾い集めていくことになる。

経年比較に利用できる主な資料を時代ごとに並べてみると図２のようになる。全国的な視野に立つ資料を中心に載せたが、後の節で言及する東北地方の方言調査資料も提示した。

上代から中世までは、方言を載せたり方言で書かれたりする文献も少ないため、断片的ではあるものの、文学作品や語学書、講義録、古記録、古文書などから方言に関する記載を収集して利用する。近世に至ると、そうした文献の種類や量が増加するが、同時に各地で方言集も編まれるようになる。『物類称呼』のような全国方言集も成立するので、分布に関する情報も増えてくる。近代には、国語調査委員会の『音韻分布図』『口語法分布図』のように、統一的な企画による全国調査が行われるようになる。この時期には、東北大学の小林好日による「東北地方分布調査資料」のような方言地理学的な調査も現れた。

現代になると、国立国語研究所の『日本言語地図』（ＬＡＪ）や『方言文法全国地図』（ＧＡＪ）のような全国規模の方言地図が作成され、この二つは現在、経年比較のための基本的な資料として用いられている。地域ごとの方言地図やグロットグラムも、狭域における分布の変動を見るのに役立つ。また、各地の方言集のデータを集積した尚学図書編『日本方言大辞典』や新規調査による平山輝男他編『現代日本語方言大辞典』のような大規模方言集も成立し、その情報から、ＬＡＪやＧＡＪにない項目についても全国的な分布の様子が把握できるようになった。なお、東北大学国語学研究室による「東北地方分布調査資料」は先に紹介した小林好日の「東北地方分布調査資料」と同じ項目を含んでおり、方言分布の経年比較を目的とした調査資料としては早いものである（ただし未公開）。

近年のもので、東北大学方言研究センターの「消えゆく日本語方言の記録調査資料」は『日本言語地図』に含まれない新たな項目の全国分布データであり、一部を公開している。国立国語研究所の「方言の形成過程解明のための全国方言調査」による資料（ＦＰＪＤ）は、ＬＡＪ・ＧＡＪとの経年比較を目的として調査されたものであり、全データの公開と相当数の項目について地図の作成（『新日本言語地図』）も行われている。

方言の動きは、以上のような資料を比較・検討することによって明らかになるはずである。ただし、図2に矢印で示したように、方言分布の変動は時代によってその性格が異なる。すなわち、陸路や海路を通じた伝播による分布の変動（図の「a．伝統方言自体の変動」）はだいたい近世終盤には動きが鈍り、近代には終息する傾向にあったと考えられる。現在見る分布の姿は、ほぼ近世末期には固まったということである。そして、近代には「b．共通語化による変動」が始まり、現代ではそれが一層進行する。この場合、伝統方言の分布は共通語の浸透により、いわば櫛の歯が抜けるように薄まっていくことになる。一方、現代では、「新方言」や「中間方言」の発生が見られ、「c．新しい方言の変動」が観察されることになる。ただし、それらはマスメディアや通信手段・交通網等の発達を背景に、伝統方言自体の変動とは異なった動きを見せると予想される。方言分布の経年比較といっても、そうした性格の異なる変動のどこを見ているかという点に注意が必要である。

以下では、具体的な事例を取り上げながら考えていくことにしよう。

三．中央から地方へ向かう言葉の流れ

「サ」類（移動の目標）

「言葉は中心から周辺へ地理的に伝播する」という仮説を目で確かめるために、最初に「サ」類の動態を観察してみよう。

「サ」類とは「〇〇サ行く」のように使用されるもので、過去に中央語として使用されていたことが明らかな形式である。ただし、もともとは「さまに」「さまへ」のように接尾辞「さま」に格助詞「に」「へ」が

付いたもので、「〜の方に」「〜の方へ」といった意味を表していた。それが東西に伝播する中で、形態と意味の再生が起こり、現在、主として東北と九州で使用されるに至っている。そのあたりの歴史の詳細は小林隆（二〇〇四）に任せるとして、ここでは分布の変動について見ていく。

図3には、まず、「サ」類の現代の分布を『方言文法全国地図』の19図「東の方へ行く」に従って黒の塗りつぶしで示した。そして、そこに、中央語文献の情報、および、『実隆公記』『日本大文典』等、各地の方言に触れる文献の情報をもとに、過去の「サ」類の分布位置を灰色の円で大まかに描いた。

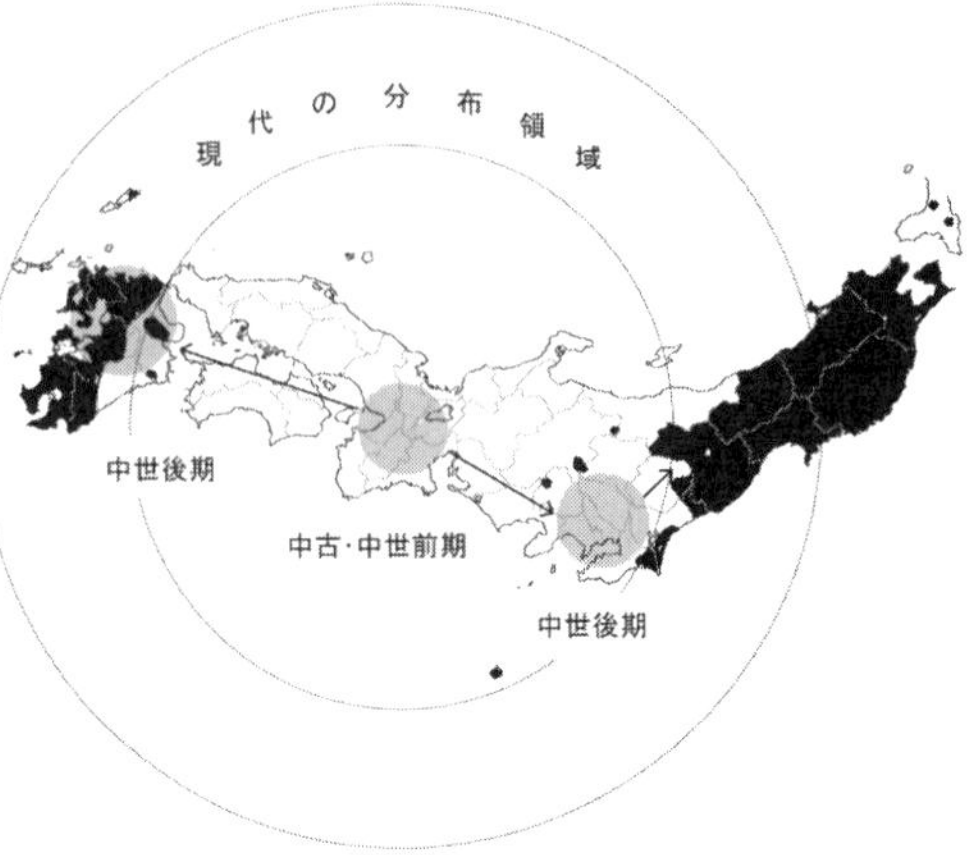

図3　「サ」類の分布と伝播

これを見ると、中古・中世前期に近畿中央部で使用された「サ」類が、中世後期には関東および九州に到達しており、さらに、東日本では現代にかけて東北へと北上した様子がうかがえる。時間の経過とともに、言葉の伝播が中心から周辺へと地理的に展開していくことが確認できる。中世以前の方言情報はきわめて断片的ではあるが、それらを過去の中央語や現代の方言分布と組み合わせることで、方言周圏論の実際の動きが浮かび上がったと言えよう。

「ネマル」（座る）

次に、座ることなどを表す「ネマル」という語について見てみよう。

この語については迫野虔徳（二〇一二）に詳しい。その記述（一五～一七頁）に従って、「ネマル」の歴史的・地理的展開を簡単にまとめると次のようになる。——この語は京畿において「中世のある時期まで広く通用した俗語であったらしく」、一五世紀後半頃の言葉で記された抄物に見えている。これが江戸時代に入ると、一七世紀中葉の『片言』に「北国言葉」との指摘があり、「近世初頭にはもはや京畿では口頭から死滅していたことを知り得る」。ところが時期的にそれらの中間に位置する一六世紀後半の文書、しかも東国の文書にネマルが現れており、東北南部から新潟にかけての地域のほか、現在、分布が報告されていない千葉・神奈川にもこの語の使用が確認される。『雑兵物語』にも盛んに使用されているので、近世初期頃までまだ関東のかなり広範な範囲に残存していた」と考えられる。それが、一八世紀半ばには、『物類称呼』の記述から見るかぎり、関東でも使用されなくなっていたらしい。——

これらの記述を参考に、「ネマル」の分布領域の歴史的変動をごく大まかに描いてみたのが図4である（黒の塗りつぶしが使用地域）。この語の意味については、迫野氏も述べるように慎重に扱わなければいけないが、ここでは、「座る」「正座する」「胡坐をかく」といった意味をすべてまとめて地図を描いている。二〇世紀の地図は、『日本言語地図』の「座る」（51図）と「胡坐をかく」（52図）を総合したものである。

さて、図4には、あたかも空中撮影のひとコマひとコマを見るように、「ネマル」の分布の変動がかなりきれいに浮かび上がっている。まず、一五世紀に近畿に登場した「ネマル」は一六世紀には北陸・関東、そして東北南部へと広がりを見せている。一七世紀には近畿での使用は衰退するが、北陸や関東では活発に用いられた（資料は見当たらないものの、東北南部でも継続して使われていたと思われる）。一八世紀になると使用領域は北上して東北北部まで覆うが、関東の分布は弱まる。そして、二〇世紀には関東からすっかり姿を消してしまうことになる。なお、山陰や九州の一部にも一八世紀以降、存在が確認されるのは、この語が西日本にも伝播したことを物語る。

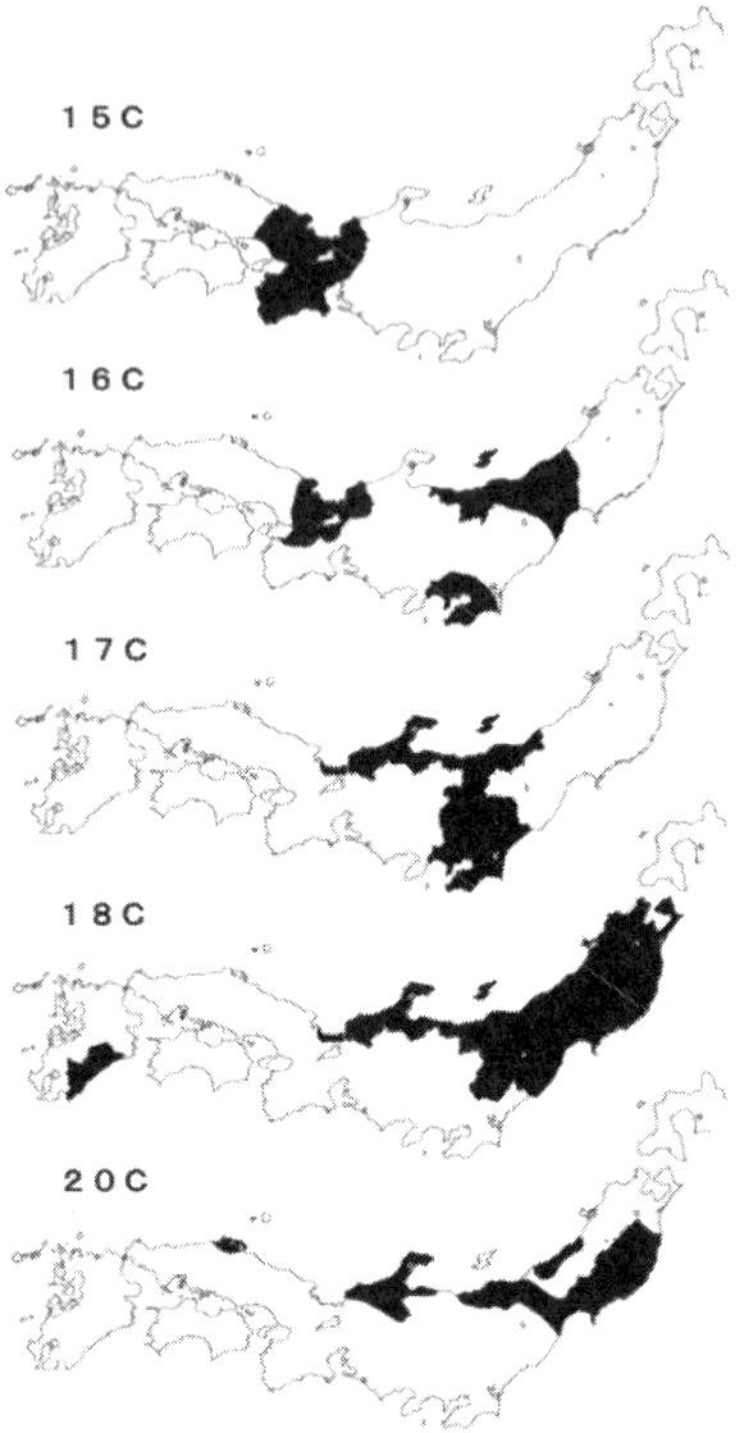

図4　「ネマル」の分布の経年比較

　このように、「ネマル」は中央から地方へと時間の経過とともに広がって行った。ここでも古い時代の情報は断片的で、空白の地域に「ネマル」が存在しなかったかどうかはなお慎重に判断しなければならない。それでも大局的な動態は把握できたと考えてよかろう。

　特に、興味深いのは、「ネマル」の伝播ルートが明らかになったことである。つまり、この語の場合、現代にあたる二〇世紀の分布からはこの語の東進の過程がうまく読みとれない。つまり、北陸から東北にかけての分布状況を見ると、「ネマル」は近畿から日本海側のルートを通って東日本に入り込んだように見える。ところが、一六～一七世紀にはこの語は関東にも領域を持っていた。それが現代に近づくにつれて消えて行ったわけである。そうした情報を基にすると、「ネマル」の東進は日本海側のルートだけでなく、太平洋側のルートによっても行われたことがわかる。近畿の「ネマル」は関東にも伝播し、そこからさらに東北へともたらされたのである。このように、過去の方言情報をつなぎ合わせ、経年的に比較することで、「ネマル」の方言形成の過程が見えてくる。

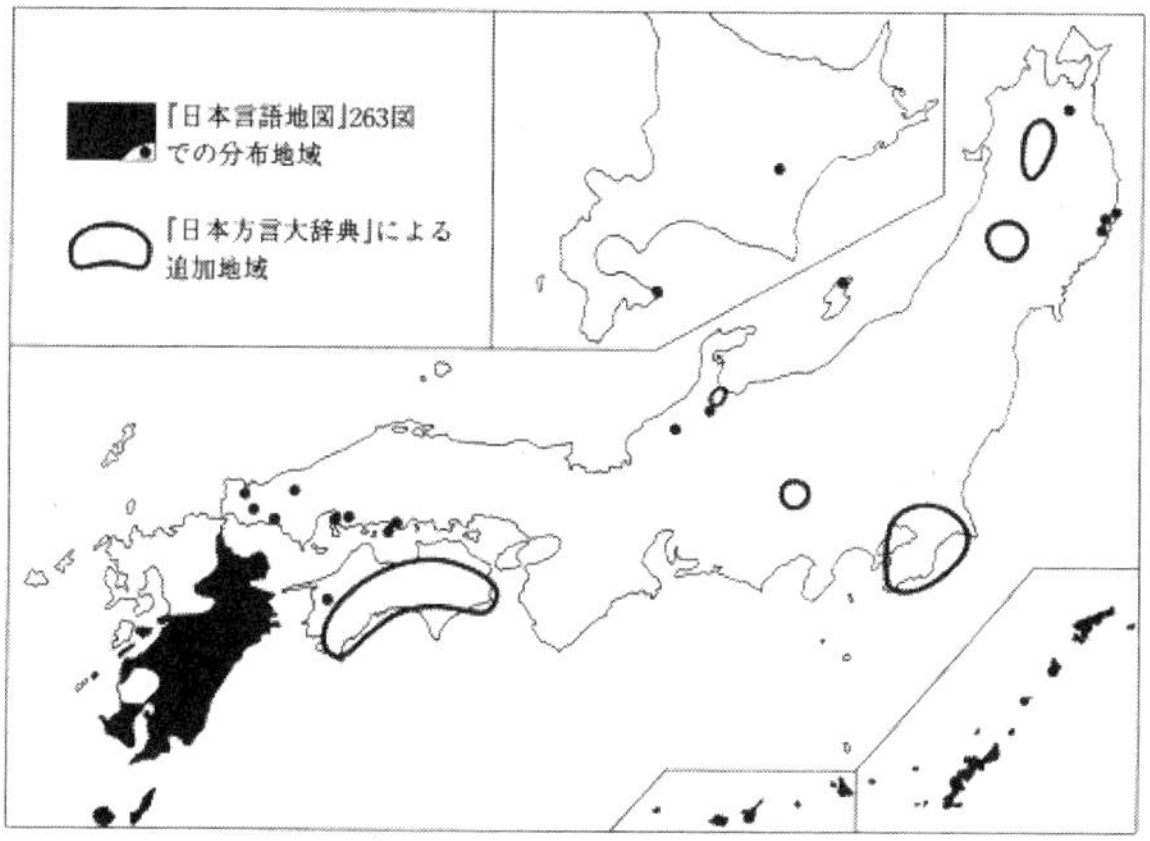

図５　「ナイ」類の分布の変動

四．周辺へと退縮する分布

「ナイ」類（地震）

ここでは、近世以降の方言分布の動きを探ってみよう。近世以降になると、方言集の類が利用できるようになるので、その情報を現代の『日本言語地図』の分布と対比してみる。

まず、図５（小林隆一九九九の図を一部修正）を見てほしい。この図は『日本言語地図』の263図「地震」における「ナイ」類の使用地域に、それよりやや古い段階を示す『日本方言大辞典』の情報（一八八六～一九六〇年の方言集の類）を加えたものである。空白地域はほとんどが「ジシン」類である。

この図からは、近代から現代にかけての「ナイ」類の分布の変動が読みとれる。すなわち、東日本では各地に細々と残存していた分布の多くが失われ、西日本でも四国の分布が消えてしまうという動きがあったことがわかる。そうした変動によって、「ナイ」類の分布の周辺性は一段と強まることになった。

ところで、近世の全国方言集『物類称呼』（一七七五）にはこの「ナイ」類についての言及が見られる。

> 地震　ぢしん○関東及北陸道にて○ぢしんといふ　西国及中国四国にて○なゐといふ
> 日本天智天皇紀　是春地震《このはるなゐふる》と有（『物類称呼』巻一　岩波文庫本一七頁）

『物類称呼』は、見出しのあとにその時代の標準的な言葉として上方の形式を挙げる傾向があるので、冒頭の「地震　ぢしん」の部分は、当時上方で「ジシン」類を使っていたことを示すものとみなされる。ただ、九州（「西国」）に加え、中国・四国で「ナイ」と言うことを指摘していることからすれば、この時代には「ナイ」類の分布は中国・四国にまだある程度残っていたのではないかと考えられる。先ほどの近代から現代への変化に、この近世の状況をつなげて考えると、西日本では「ナイ」類が近畿方面からの「ジシン」類の圧力を受け、時間とともに日本列島の外側へ退いていった様子が見えてくる。

なお、「方言の形成過程解明のための全国方言調査」による資料（ＦＰＪＤ）でごく最近の「ナイ」類の分布（Ｌ-35「地震」）を確認すると、琉球ではその勢力を保持しているものの、九州の分布は極端に弱まっている。さらに、東日本から中国・四国にかけて点在していた微細な分布は、ＦＰＪＤ段階ではすべて失われてしまっている。これには戦後の共通語化の影響が大きいと思われるが、このままで行けば、上代語に由来し長い歴史をもつ「ナイ」類は、まもなく消滅の時を迎えることになるだろう。

「籾殻」と「糠」の名称

近世から現代にかけての分布の変動について、もうひとつの事例を取り上げてみよう。図６・図７はそれぞれ『日本言語地図』の171図「籾殻」・172図「糠」をベースに江戸時代の地方語文献の一種である農書から収集した分布情報を掲載したものである（小林隆一九八五の図を一部修正。各地点の四桁の数字は該当の農書の成立年を表す。また、複数語形が使用されている場合は、その用例数も表示してある）。

これらを見ると、近世の分布は現代の分布とよく一致している様子が目に入る。この両図においては、近世以降、大きな変動が起こらなかったと考えてよさそうである。ただし、詳細に見ると、図6の「籾殻」においては、岐阜・愛知から近畿にかけて「ヌカ」が「モミヌカ」や「スリヌカ」にとって代わられたり、銚子付近や愛知、九州で「アラヌカ」が「スクモ」「モミヌカ」「モミガラ」と交替したりしている様子がとらえられる。また、図7の「糠」においては、関東で「コヌカ」の領域が今より多少広かったようで、現在

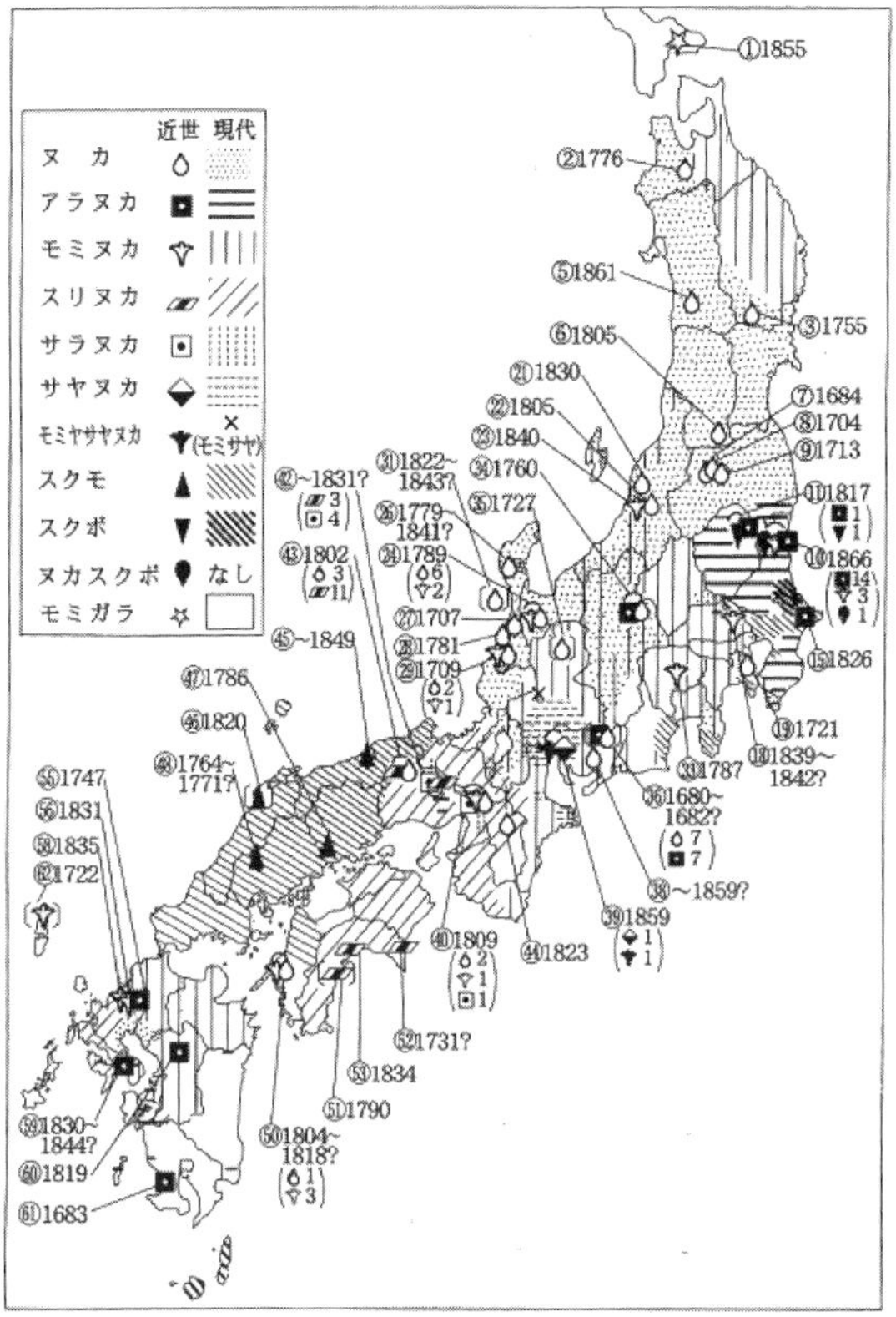

図6　「籾殻」の名称の分布の変動

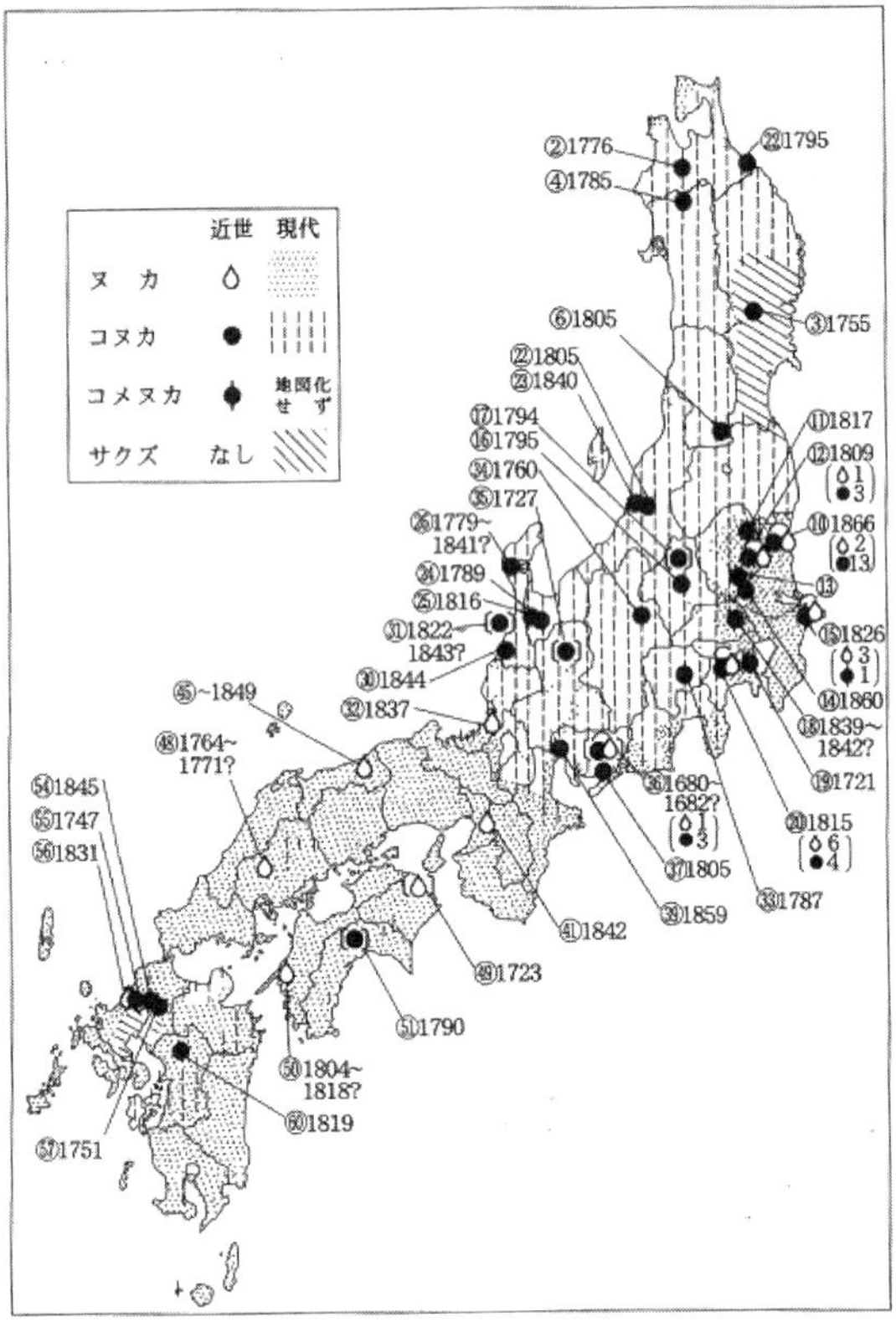

図7　「糠」の名称の分布の変動

「ヌカ」を使う地域にも「コヌカ」が現れている。これは、近世から現代にかけて「ヌカ」が「コヌカ」を周囲に押しやったことを意味していよう。同様に九州においても、近世には「コヌカ」が見られた地域に「ヌカ」が広まっているのがわかる。

中央語の歴史では、総称としての「ヌカ」がまずあり、それが分化することで「籾殻」はアラヌカからモミヌカ、スリヌカ、モミガラへと、「糠」はコヌカからヌカへと、順に交替したと考えられる。上記の分布の変動は、そうした中央語の歴史を地理的に反映する動きの一部をとらえたものと考えてよさそうである。

なお、図7では「糠」の東北地方の様子は大まかにしかわからないが、江戸時代の飢饉資料を丹念に調査し、近世の分布を詳細に描き出した研究がある。作田将三郎（二〇〇四）がそれで、図8は作田の図を一部

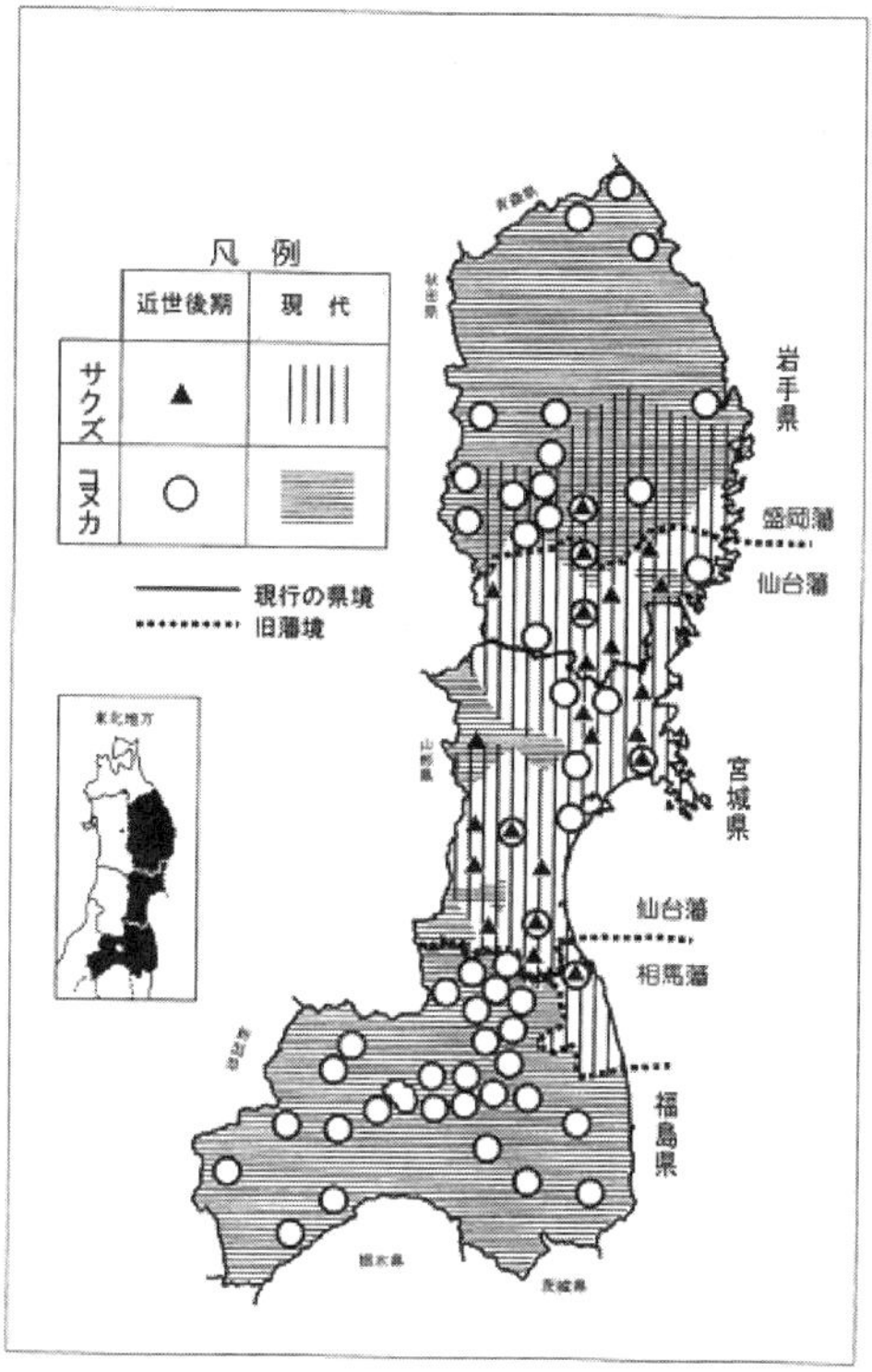

図8　東北地方における「糠」の名称の分布の変動（作田 2004 による）

改変して掲載したものである。ここでも現代の分布は『日本言語地図』172図「糠」を使っている。これによれば、現在「サクズ」の領域である宮城県から岩手県南部にかけての地域にも近世には「コヌカ」がまだかなり残っていたが、それが現代に至る間に「サクズ」の支配が強まり、「コヌカ」はその領域から排除されたり周辺に退いたりしていったことが見えてくる。

五．フェイドアウトする分布――「アケズ」類（蜻蛉）

近代以降になると方言地理学的な分布調査が行われ、調査時期を隔てた二枚の地図の比較という手法を使うことができるようになる。ここでは、そうした方言地図同士の経年比較について見てみよう。

まず、東北大学教授の小林好日《よしはる》が行った東北地方方言分布調査を取り上げる。小林は一九三八年から一九四〇年にかけて三回にわたり調査を実施するが、その結果は小林の著作『方言語彙学的研究』に使用されたたほか、「東北地方分布調査資料」として残されている。この調査の経緯や項目については竹田晃子（二〇〇三）に詳しい。その後、この調査と同じ項目を含む東北地方の調査が、一九七一・一九七二年に佐藤喜代治教授を代表とし、東北大学国語学研究室で実施された。

この二つの調査結果をもとに、「蜻蛉（とんぼ）」の方言分布の経年比較を行ったのが加藤正信（一九七三）である。二つの調査時期は三〇年強の開きがあり、その間の分布の変動を論じている。図9・図10として、加藤が作成した二枚の地図を掲載した。図9が小林の一九三八年の調査結果、図10が国語学研究室の一九七二年の調査結果である。

後者は調査が完成していない段階で描かれたものであり、かつ、二つの地図の作成方法も異なるので詳細な比較は難しい。しかし、「アケズ」類は、大局的にはほぼ似たような分布を示していると言ってよい。戦前から戦後にかけての三四年間に、伝統方言の動きはほとんどなかったことになる。ただし、加藤が「停滞気味でそのまま影が薄れて行く傾向にある」（七一頁）と指摘するように、両図を比較して「アケズ」類の勢いは、分布領域の輪郭はそのままでも全体として弱まっている様子がうかがえる。周囲を取り囲む「トンボ」類からの圧力に加え、戦後の共通語化の影響が「アケズ」類の分布を薄めつつあるように見える。

なお、『日本言語地図』にも231図として「蜻蛉（とんぼ）」の地図が載るが、その分布は図9・図10と類似する。しかし、その後約五〇年を経て調査されたＦＰＪＤに基づく分布図（大西拓一郎二〇一六ａ）では、「アケズ」類の分布がまだらになり、今まさにフェイドアウトしていこうとしている様子がとらえられている。

さて、『日本方言大辞典』には、以上の調査資料よりも古い方言集の情報も載る。「アケズ」類について、

図10　「アケズ」類の分布（後行調査）
（加藤 1973 による）

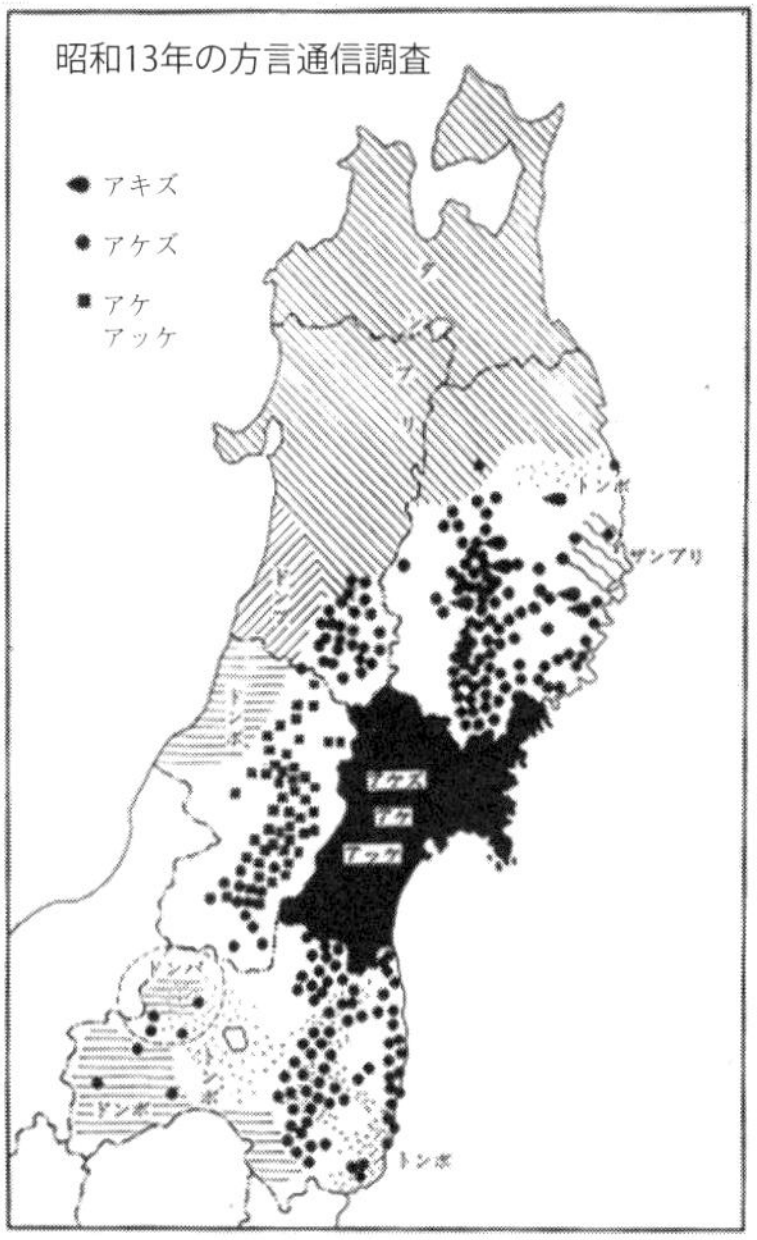

図9　「アケズ」類の分布（先行調査）
（加藤 1973 による）

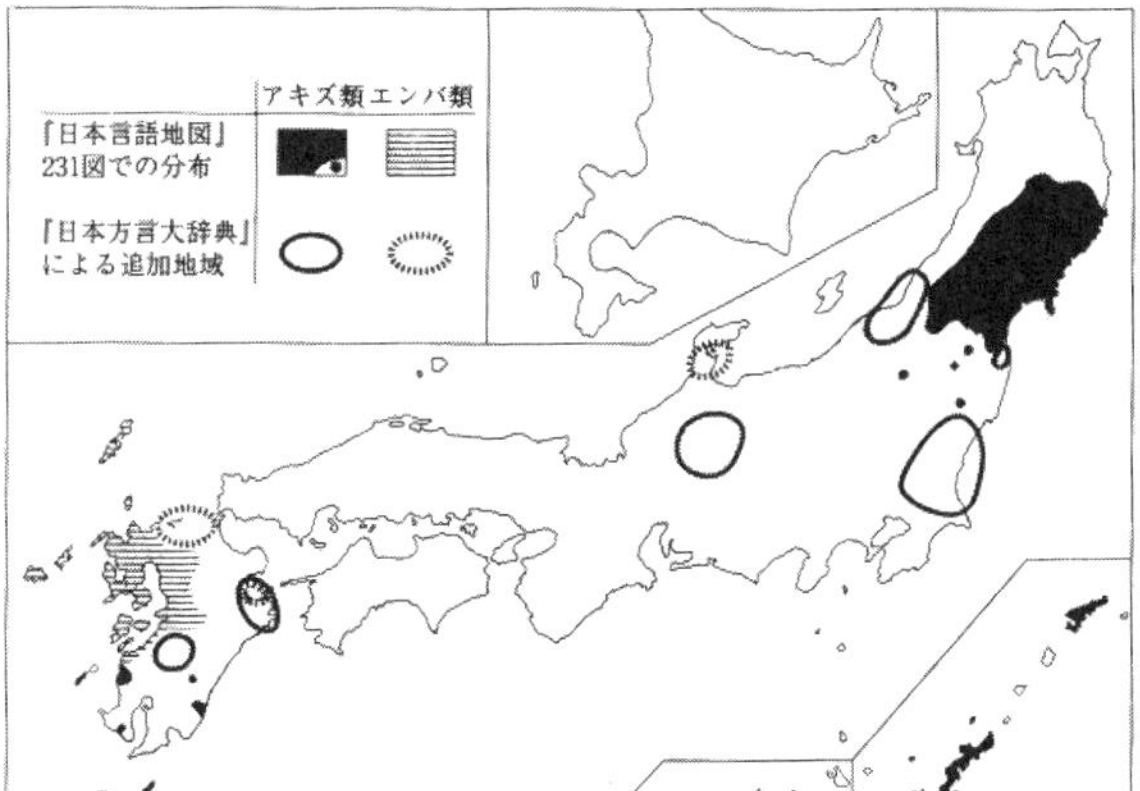

図11　「アケズ」類の分布の変動

それらの情報（一九〇二～一九五九年の方言集の類）を追加してみると、図11（小林隆一九九九の図を一部修正）に示すように、その分布はもう少し中央寄りの位置にも現れてくる。同様に、現代では九州の北西部に限られる「エンバ」類の分布も、近代には能登半島や九州北部・東部に存在したことがわかる。これらのことは、「アケズ」類や「エンバ」類の分布が、近代から現代に至る間にもある程度の変動を起こしていたことを意味する。

「アケズ」類は上代語に、「エンバ」類は中古語に遡る。残存分布の位置を見るかぎり、「アケズ」類はその歴史の深さを物語るようにほぼ全国へと広まり切り、そのあと伝播した「エンバ」類も少なくとも西日本の範囲には広まったのではないかと思われる。しかし、それらの語も、後続の「トンボ」類の進出によって東西へと退縮し、さらに共通語化が拍車をかけることで、今にも日本列島から姿を消しそうな状態にあると考えることができる。

六．地方独自の改新――「サ」類（存在の場所・受け身の動作主）

ここまでは主として中央から地方への方言の流れについて見てきた。最後に地域独自の方言の改新について取り上げてみよう。

あらためて「サ」類の分布を例にとる。図12は、東北地方における「サ」の分布がどう動いたか近年の動態を示したものである。ＧＡＪは『方言文法全国地図』（一九七九～一九八二調査）、ＦＰＪＤは「方言の形成過程解明のための全国方言調査」（二〇一〇～二〇一五実施）の結果から作図したもので、両者には約三〇年間の開きがある。ここでは顕著な変化の観察された「ここサある（存在の場所）」と「犬サ追いかけられた（受け身の動作主）」について取り上げた（これらのＦＰＪＤによる詳細図は大西拓一郎二〇一六bを参照）。

まず、「ここサ」の場合、ＧＡＪ段階では山形を中心に日本海側に片寄った分布をしていたのに、ＦＰＪＤ段階になると、東北を覆うような分布に変っているのがわかる。これは日本海側の「ここサ」が三〇年の間に太平洋側へ伝播した結果とも見えるが、それだけではなさそうである。すなわち、太平洋側でも下地にあった「移動の目標」の用法をもとに「存在の場所」の用法が生み出され、そうした独自の変化が日本海側からの伝播と合流したことが、短期間の分布拡大につながったと推定される。

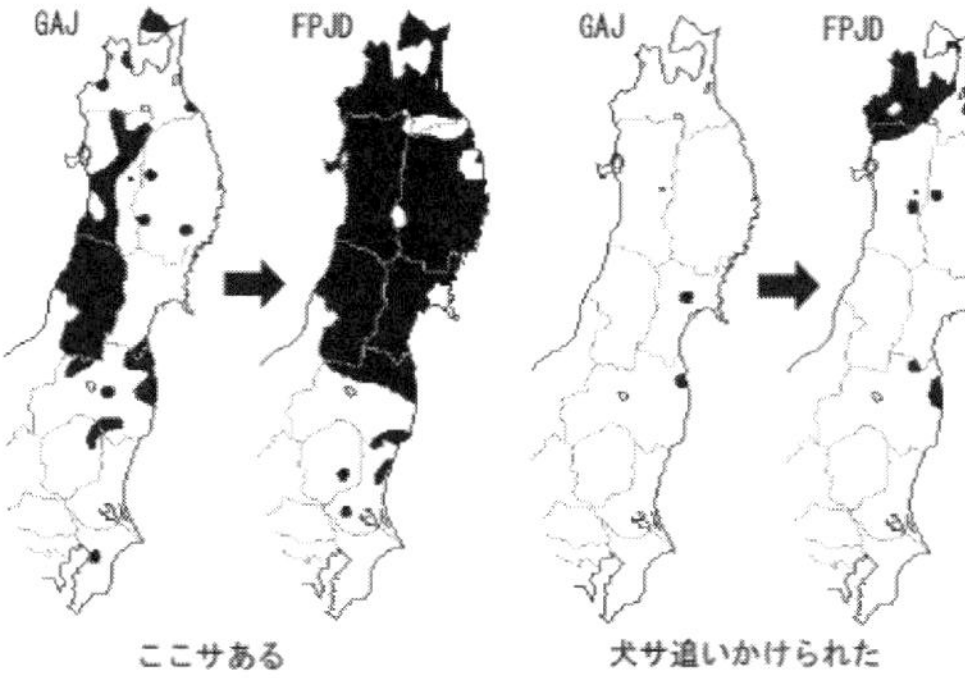

図 12 「サ」の分布の 30 年間の変化

こうした地域独自の変化は、もう一つの「犬サ」の図でより顕著である。ＧＡＪ段階ではこの用法は東北でほとんど使用されていなかったが、ＦＰＪＤ段階では津軽にまとまった領域が現れている。これは伝播によるものではなく、この地域が自前で「受け身の動作主」の用法を獲得したと考えるのが妥当である。

すでに見てきたように、伝統方言の分布の変動は近世末期には動きが鈍り、領域の固定化に向かう傾向が強い。そのような中で、「サ」の分布の拡張は目を見張るものがある。ただし、この変化は単純な語の交替ではなく、一形式の意味拡張の問題として理解しなければならない。中央語の「さまに」「さまへ」から文法化によって格助詞となった「サ」の向かう先は、共通語の「に」相当の意味の広がりを獲得することであり、その変化はある意味必然的で起こるべくして起こったとも言えるものである。東北という、中央語の規範力から解き放たれた地域では、そうした自律的な変化が進行しやすかったと考えることができる。

最初に方言周圏論が万能でないと述べたのは、このような事例が見つかるからである。東北に「サ」が分布すること自体は中央からの伝播によって説明がつくが、本来「サ」が持っていなかった「存在の場所」や「受け身の動作主」の用法まで獲得しその分布を広げたのは東北独特の進化と言える。ここに、小林隆（二〇〇四・二〇〇八）などで「中央語の再生」と呼んだ、方言形成を伝播と変容の複合体とみなす新たな見方が必要となるのである。

おわりに

この論文では、柳田國男の方言周圏論を〝目視する〟という試みを行った。経年比較の方法を使うことで、中心から周辺への方言の動きをとらえることができた。大まかに言って、近世以前の方言分布は大きな変動を見せるが、近世終盤にはその動きは鈍り、近代以降はほぼ停止した方言の分布が、共通語形の伝播（地理的伝播、社会的伝播の双方）によって中央から周辺へ向けて浸食されたり、領域自体がフェイドアウトしたりしていく様子が見えてきたのではないかと思われる。

もっとも、個々の語ごとに異なる事情もあり、現代の分布にもいろいろなパターンが認められる。経年比較の試みは、そうした点を考慮に入れつつ、さらに事例を積み重ねていく必要がある。

また、前節の最後で触れたように、方言周圏論は今や方言形成論という大枠の中で、新たな研究段階に入りつつある。小林隆（二〇一四）では方言周圏論の課題を、伝播・受容・保存の三つの局面に分けて論じた。そうした局面ごとの課題の解明に、経年比較の方法をうまく役立てていくことも重要であろう。

【文献】

大西拓一郎（二〇一六a）「とんぼ（蜻蛉）」大西拓一郎編『新日本言語地図——分布図で見渡す方言の世界——』朝倉書店
大西拓一郎（二〇一六b）「に——ここに〈有る〉」「に——犬に〈追いかけられた〉」大西拓一郎編『新日本言語地図——分布図で見渡す方言の世界——』朝倉書店
加藤正信（一九七三）「国語史と言語地理学——「蜻蛉」を例として——」『季刊文学・語学』六六
小林隆（一九八五）「農書からみた近世の方言分布——〈糠〉と〈籾殻〉を例に——」『国語学』一四〇（小林隆二〇〇四に再録）。
小林隆（一九九九）「消滅の危機に瀕する方言——方言形成史の立場から——」『日本語学』一八—一三
小林隆（二〇〇四）『方言学的日本語史の方法』ひつじ書房
小林隆（二〇〇八）「方言形成における中央語の再生」小林隆編『シリーズ方言学1　方言の形成』岩波書店
小林隆（二〇一四）「方言形成論の到達点と課題——方言周圏論を核にして——（改訂版）」小林隆編『柳田方言学の現代的意義——あいさつ表現と方言形成論——』ひつじ書房
小林隆（二〇一六a）「〔書評〕迫野虔徳著『方言史と日本語史』」『日本語の研究』一二—一
小林隆（二〇一六b）「柳田国男」『日本語学』三五—四
作田将三郎（二〇〇四）「飢饉資料から見た〈糠〉の東北地方語史」『東北文化研究室紀要』四五
迫野虔徳（二〇一二）『方言史と日本語史』清文堂出版
竹田晃子（二〇〇三）「小林好日氏による東北方言通信調査」『東北文化研究室紀要』四四

【付記】

本稿は国立国語研究所「方言の形成過程解明のための全国方言調査」研究会（二〇一〇年一二月一九日）および東北大学東北文化研究室「柳田國男五十年祭記念シンポジウム：柳田國男と東北大学」（二〇一二年一一月二〇日）での発表内容に加え、小林隆（一九九九・二〇一六a・二〇一六b）の内容の一部をもとに、新たに方言分布の経年比較というテーマに沿って論じ直したものである。

［コラム：私と柳田國男］

柳田國男との出会い

小林　隆

大学一年生のときだったと思うが、『蝸牛考』を読む機会があった。恩師、加藤正信先生の勧めであったか、あるいは、別の書物で知ったのか、何かの授業のレポートの題材として選んだのではないかと思う。今なら当たり前の方言地図は、昭和初期には作成する習慣がなかったようで、柳田自身は「蝸牛」の方言分布を地図に描いていない。そこで、この本に挙がっているデンデンムシやマイマイなどの使用地点の情報をもとに、買い込んだ色鉛筆でお手製の方言地図を作ったことを記憶している。

大学に進学するとき、私は方言学の存在を知らなかった。ただ、言語学か地理学かどちらかをやりたいと考えていたから、両者のミックスである方言学にはとても興味を感じた。図書館で方言学の本を調べているうちに、まず見つけたのが柴田武の『言語地理学の方法』であった。この本は、私の故郷である新潟県の西部で言語地理学を実践したものである。『蝸牛考』は名著であるが、いろいろな方向に話が広がっており、かつ、文体も古いので、なんとなくとっつきにくい。そこへいくと、『言語地理学の方法』は論が整理されていて、文体もシャープでわかりやすい。柳田の理論、つまり方言周圏論は、『蝸牛考』そのものよりも、この本から吸収したという印象が強い。「肩車」を表す方言が、糸魚川という地方都市を中心に同心円状に並ぶ様子などは、京都を中心とした「蝸牛」の周圏分布に匹敵するくらいのおもしろさがあった。

方言周圏論は現在でも方言学の基本原理として君臨している。それはこの理論が単純でありながら強い説得力をもつからであろう。しかし、周圏論だけでは説明できない現象も見られる。だから、この理論は常に批判にさらされてきた。私も新たな方言形成の考え方を提案している。ただ、周圏論自体はあくまでも原理であり、それ自体は間違っていない。細かなところを突いても最初から相手にしてもらえない、ある意味大雑把な理論なのである。周圏論とまともに相撲を取るのもよいが、むしろ踏み台になってもらい、次なる研究の高みを目指すのもよいかもしれない。

ところで、誰にも教えたくなかったが、柳田國男の著作はアイデアの宝庫である。研究に行き詰ったら、柳田の本をパラパラとめくってみるとよい。例えば、『毎日の言葉』には、定型的なあいさつは都会で発達するといったようなことが書かれている。逆に、田舎では相手のプライバシーに立ち入るような会話を交わす風が残っているとも述べられている。これなど、方言の地域差に社会的な視点を取り込んだ観察で、今読んでも非常に新鮮である。このあたりのアイデアをいただいて、次の論文の構想を練ることにしよう。

第七章　エスペラントづいた柳田國男

後藤　斉

はじめに

柳田國男に関して言語学の立場からは、柳田が言語一般あるいは日本語、国語をどのように捉えていたかという点も十分に考察に値するテーマであろう。だが、今回はエスペラントとの関わりに絞って考えてみたい。

最初にまとめると、一九二〇年代に柳田國男はエスペラントの実践と宣伝に非常に熱心に取り組んだ。そして、それを通して言語あるいは国際交流に関わる多くの体験をしているのだ。もちろん彼自身が国際連盟に勤務することによって国際交流の経験をしていることは言うまでもない。しかし、エスペラントを通しての経験も無視できないものがある。これについてはこれまで全く知られていなかったわけではないが、事実のレベルでさえ把握が不十分である。しかも、彼の学問あるいは思想との関連での重要性は決して十分に理解されていないのではないか。さらに、柳田の広い人間関係も、エスペラントと通じた交流を考察に入れることによって、その理解を一歩進めることができるのではないか。このようなことが本稿の課題である。

最初に『河北新報』一九二四年（大正一三）四月一七日付の記事（図1）をお示ししよう。「時局問題講演」というタイトルの記事だが、朝日新聞社主催で吉野作造、柳田國男、下村宏という三人の講師を迎えて講演

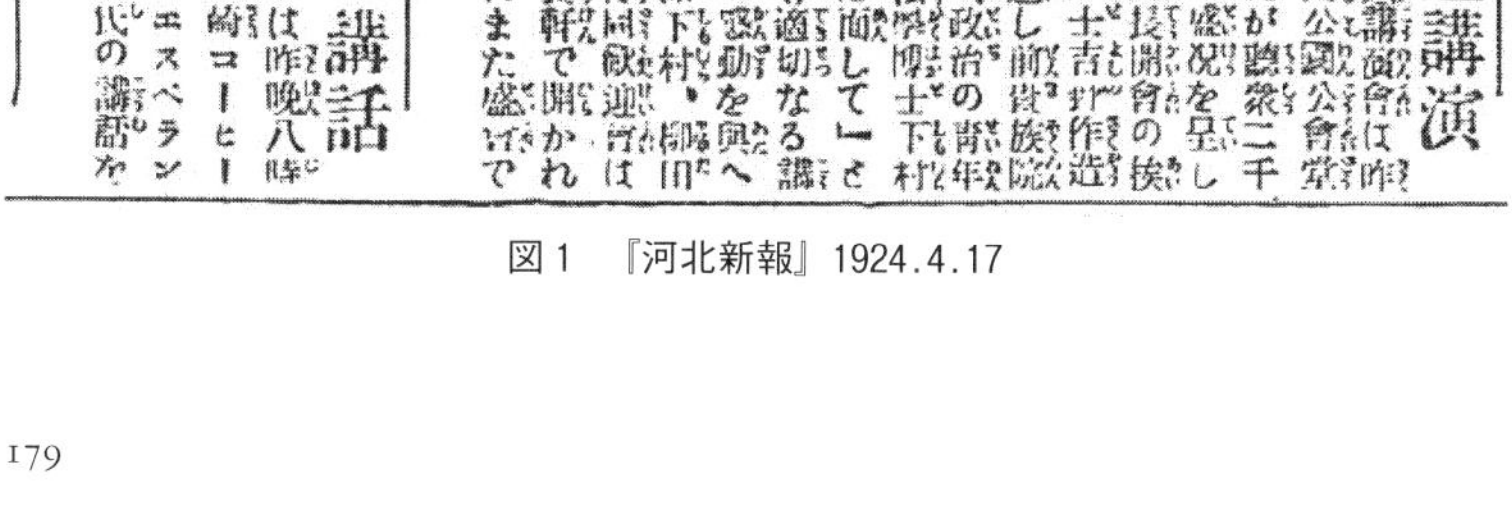

時局問題講演

朝日新聞主催時局問題講演會は昨十六日午後四時より西公園公會堂において開催せられたが聽衆二千餘立錐の餘地なき盛況を呈した先づ小川[illegible]同社支局長開會の挨拶を述べ次いで法學博士吉野作造氏「選擧と代表」と題し前貴族院書記官長柳田國男氏「政治の青年化」前臺灣民政長官法學博士下村宏氏は「刻下の政局に面して」と題し何れも時節柄最も適切なる講演を試み聽衆に多大の感動を與へ七時閉會を告げたなほ下村・柳田・吉野三氏の市内官民合同歡迎會は同七時半より東一精養軒で開かれたが參會者三百名これまた盛會であつた

柳田氏の講話

仙臺エスペランチストは昨晩八時から柳田國男氏を内ケ崎コーヒー店に招待歐洲に於けるエスペラントの普及状態に關する氏の講話を聽いた

図1　『河北新報』1924.4.17

会が仙台市公民館で開かれたことを伝えている。「聴衆二千余萬場立錐の余地なき盛況を呈した」と書かれている。「七時閉会……三氏の市内官民合同歓迎会は同七時半より東一番丁の精養軒で開かれ、参会者三百名これまた盛況であつた」とも伝えられている。

ところで、この隣に「柳田氏の講話」という別の記事がある。仙台のエスペランティストが柳田國男を内ヶ崎コーヒー店に招待して、ヨーロッパにおけるエスペラントの普及状況に関する氏の講話を聞いた、ということだ。始まったのは「昨晩八時」とある。七時半から官民合同歓迎会が開かれており、(時刻が本当に正確かどうかという点は疑問の余地があるが)ほぼ三〇分でそれを退出してエスペラントの催しに参加したことになる。歓迎会の主賓の一人のこの行動は他の人にはいささか奇異な感じを与えたものと思われるが、柳田にとってはそれよりはエスペランティストに呼ばれての講話の方が重要であったということになるだろう。

同じころの柳田について、息子為正氏は「父を語る」(柳田為正「父を語る」『季刊柳田國男研究』八号白鯨社、一九七五年、二六九〜二八五頁)で次のように語っている。「それからもう一つ、エスペラントづいて帰国しましたね。トランプや切手でないときには、夕食後みんなにエスペラントを教えてくれるんです。めいめい単語帳をつくれといってね。単語だけ教えてくれて、文法などはあとになって自分で勉強しました。……大正十三年ごろで私の小学生のことです」。先ほどの記事と時期が重なっている。「みんなに」とか「めいめい」というのは、為正少年以外にお姉さんたちを含んでのことだろう。妹たちはまだ小さすぎたかと思われる。

家族に、しかもこんな小さい子供にまで、エスペラントの単語帳を作らせて覚えさせるというのはよっぽどのことだ。それは時期的に全く重なっており、仙台でエスペラントの会を優先させたことと明らかに期を一にする態度である。「エスペラントづいて帰国した」という息子為正氏の証言は、これまで余り注目されていないように私には見える。本稿のタイトルに使わせていただいた次第である。

柳田のエスペラントとの関わりについてのまとまった研究としては、奈良宏志（精神医学者でシャーロック・ホームズ研究家、エスペランティストであった小林司）の「柳田国男とエスペラント」が早いものである（奈良宏志「柳田国男とエスペラント」『季刊柳田國男研究』四号、白鯨社、一九七四年、七六〜九一頁）。これは『定本』中の記述を丹念に調べて、ジュネーブ在勤当時の柳田とエスペラントの接触を比較的詳しく考察したものである。後藤総一郎編『柳田國男研究資料集成』第一六巻（一九八七年）にも収録されて、柳田とエスペラントの関係を理解する上での基本文献と見なされているようだ。

しかし、奈良の論考では『定本』の記述以外の資料をあまり参照できていない。とりわけ、「帰国以後のエスペラント活動についてはは記録が残っていない」と断定的に書いているが、これは誤りである。この時点において調査が行き届いていなかった（現在でも行き届いていない）のである。

伊藤幹治『柳田国男と梅棹忠夫――自前の学問を求めて――』（岩波書店、二〇一一年）は、本文の末尾で柳田のジュネーブにおけるエスペラント活動を短く紹介した後で、「その後、柳田は一九二三（大正一二）年九月……帰国の途についた。そして、「本筋の学問」としての一国民俗学の構築に精力を注ぐようになった」と、あたかも帰国の時点で柳田がエスペラントから離れたかのような記述で結んでいる。この部分は柳田と梅棹の共通点としてのエスペラントに言及した文脈であるので、このような無造作な扱いは大変残念である。柳田と梅棹の二人がともに言語に大きな関心をもっていたことを考えれば、「ふたりの知のありかた」

におけるエスペラントという共通点は、さらに慎重にかつ深く追求すべきテーマだと言える。

より広い視点から柳田とエスペラントの関わりを扱った論考も、散発的にではあるが、現れている。由谷裕哉「柳田國男とG・J・ラムステット」（『加能民俗研究』四〇号、二〇〇九年、八九～一〇一頁）、内藤正敏「佐々木喜善・柳田国男・宮沢賢治を結ぶエスペラント」（仙台文学館編『『遠野物語』100年の記憶――佐々木喜善と仙台――』仙台文学館、二〇〇九年、一二～三頁）などである。また、岡村民夫は、一連の論考において、スイスでの実地調査をもとに柳田のエスペラントとの関わりをさらに深く掘り下げ、柳田の方言・言語への思想の中でのエスペラントの役割を考察しようとしている（岡村民夫「ジュネーブの柳田国男――エスペラントと方言の間で」RO 2010. 7-2011. 1）。

このような動きは見られるものの、柳田の行動や思想の中でのエスペラントの位置づけは、なお考察の余地が大きく残されている。事実の把握さえまだ不十分である。本稿では、『定本』の記述などをもとにしたこれまでの知見に筆者のいくつかの発見を加えることにより、周囲との関係を含めての柳田におけるエスペラント活動への理解を一歩進めてみたい。

一．一九二四年四月一六日仙台講話とその周辺

仙台での柳田の講話についてはエスペラント側にも報告記事がある。日本エスペラント学会の『La Revuo Orienta』誌一九二四年六月号（以下、RO 1924. 6 のように略す）にエスペラント文の報告記事（図２）が載っている。参加者約二〇名で、その中には土井晩翠もいたと書かれている。ついでに言うと、この記事は土井晩翠とエスペラントの接触を最初に証言する記事でもある。

◎SENDAI.—*Fondiĝo de Sendai Esp. Federacio.* Por la plivasta verdigo de la „Urbo de Arbaro“ kaj por prepari la kongreson, oni kuniĝis sub la pli forta organizo de S.E.F., ĉe la Tut-urba Kong. de 20 feb., komitato por la kongreso elektiĝis kaj vigle laboras. Dume regula monata kunsido de la dua sabato kaj kunvenoj ĉe diversaj samideanoj konstante okazadas. Ĉio iras tre bone, kvankam ni perdis fervorajn S-rojn Inoue, Joŝikaŭa, kaj Nakajama.—16an de Aprilo, ni havis la plezuron bonvenigi S-ron Janagida, eksoficisto en Sekretariejo de Ligo de Nacioj, al kies parolado aŭskultis ĉ. 20 p., inter kiuj sin trovis Cuĉii-Bansui, fama peeto, profesoroj kaj ĵurnalistoj.—Kursojn de Oomoto-

図2　1924年4月16日講話報告（RO 1924.7）

このような会合がもたれた経緯として次のような事情が関係している。柳田はジュネーブでの国際連盟委任統治委員としての勤務を終えて、前年一一月に帰国していた。後に見るように、柳田はジュネーブ在勤中にエスペラント活動を行ったが、その間に日本のエスペランティストとも連絡を取っており、一九二二年一〇月の第十回日本エスペラント大会で日本エスペラント学会評議員に選任されていた（RO 1922. 11）。帰国後の一九二三年末には早くも東京のエスペランティストに招かれて、十二月十六日にザメン

Jaro V　★　Februaro
N-ro 2　　1924

LA REVUO ORIENTA

LABORINTOJ DE TIU ĈI NUMERO: S. ŜINDO KAJ J. OKAMOTO

LA PAROLADO
DE S-ro K. JANAGIDA.

La 16an de Decembro, je la okazo de la Zamenhof-nasko, Tokiaj Samideanoj havis la feliĉon aŭskulti al S-ro Kunio Janagida, eks-ĉefsekretario de la Supra Domo, pri nia movado ĉe Ligo de Nacioj, en kies sekretariejo li servis kiel reprezentanto de Japanujo. Lia observado plej objektiva, senfanatika (iom pesimista), forte impresis sur la ĉeestantaron, kiu konsistis el la plej agemaj batalantoj pacaj en kaj ĉirkaŭ la ĉefurbo.

IIIa ĝenerala kunsido. Tiam kelkaj el gazetoj jam fanatike triumfis pri la tre baldaŭ venkota batalo. Plue la eleganta sukceso de Ĝeneva Konferenco de „ Esp. en Edukado " ravis samideanojn songi la perfektan certecon de nia sukceso ĉe Ligo de Nacioj. Ili laboregis energie efektivigi la songon kaj helpis la sekretariejon por prepari la raporton, kiu ja estas tiel kompleta, kiel ĉiu leginto egale konstatas. Kaj, ĉu bone aŭ ĉu malbone, la stilo estis tiel alloga kaj favora al nia afero, ke en la ĝenerala kunsido iu suspektema delegito insistis rifuzi ĝin opiniante, ke

図3　1923年12月16日講演報告（RO 1924.2）

ホフの誕生日を祝う会で講演をしている。一九二四年になってこの講演の概要がRO 1924.2（図3）に載り、柳田が四月に朝日新聞社の講演で来ることを聞きつけた仙台のエスペランティストがそれを好機と柳田に同じような趣旨で講話するように頼んだ、と想像される。

仙台のエスペランティストが柳田に講話を依頼した経緯としては、その年の七月末に第一二回日本エスペラント大会を仙台で催すことになっていたという事情もある。その準備をする中で、気運を盛り上げるために多くの催しを行った。例えば、この講話から二週間後の四月三〇日には、エスペラント平和デーと銘打って街頭宣伝で資金稼ぎもしている。これはその記念撮影の絵葉書（図4）で、バックに写っているのが先ほどの講演会の会場であった西公園の公会堂だが、戦災で焼失

図４　「エスペラント平和デー」絵葉書

して現存しない。このような日本エスペラント大会を準備するための諸活動の一環として、柳田を講話に招いたということになる。

喫茶店での講話という性質から、その内容について具体的な記録は残っていない。ただテーマが似通っていることから、前年の一二月一六日に東京で行った講演と近い内容であろうと推測できる。東京での講演について進藤静太郎がエスペラントでまとめた記事によれば、以下のようだ。柳田は、国際連盟でのエスペラントを巡る動きについて極めて客観的で、いくぶん悲観的な観察を述べた。後半ではその「客観的な観察」から離れて、エスペラントに取り組む際の姿勢について彼の見解を述べる。外交、商業、教育の場でのエスペラントの宣伝を続けるべきこと、その際に十分な会話力と文章力を備え、エスペラントによる共同作業が円滑に機能することを自らを実例として示すべきことなどが述べられた。仙台でもほぼ同様のことを語ったのだろう。

この仙台での朝日新聞社主催の講演会やエスペラント

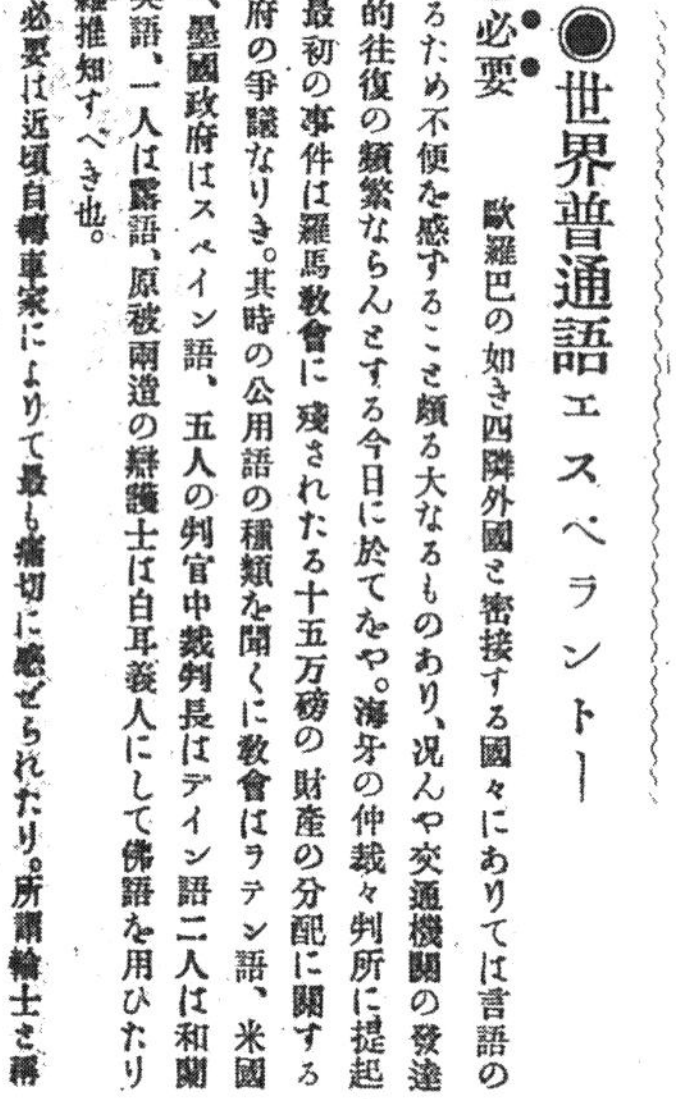

◉世界普通語エスペラントー

普通語の必要　歐羅巴の如き四隣外國と密接する國々にありては言語の同じからざるため不便を感ずること頗る大なるものあり、況んや交通機關の發達と共に國際的往復の頻繁ならんとする今日に於てをや。海牙の仲裁々判所に提起せられたる最初の事件は羅馬敎會に殘されたる十五万磅の財産の分配に關する米墨二國政府の爭議なりき。其時の公用語の種類を聞くに敎會はラテン語、米國政府は英語、墨國政府はスペイン語、五人の判官中裁判長はデイン語二人は和蘭語、一人は英語、一人は露語、原被兩造の辯護士は白耳義人にして佛語を用ひたりこそ、其混雜推知すべき也。

此普通語の必要は近頃自轉車家によりて最も痛切に感ぜられたり。所謂輪士と稱

図５　「世界普通語エスペラントー」『新人』（1903.5）

会での講話は、柳田の年譜などではきちんとした形では取り上げられていないようだ。新聞記事になっており、吉野作造の日記にもその事情が書いてあるのだから、実際にこの講演が行われたことは間違いない。ただ、柳田は後に「地方講演の二、三」という短い文章で、吉野に選挙運動に連れ回されてひどい目にあったと書いている。吉野の日記によれば、古川の近くでは反対派の壮士が乱入してくるという目にも遭っていて、吉野にとっては珍しくもないことであっても、柳田にとっては刺激的すぎる、思い出したくない事件だったのだろう。

なお、吉野作造はもちろん大正デモクラシーの第一人者であって、郷里が古川の宮城県出身者でもあるが、エスペラントの先駆者でもある。『新旧時代』一九二六年一二月号の中で、自分は実は明治三六年、一九〇三年に『新人』という雑誌（海老名弾正が中心になって発行していた）に「世界普通語エスペラントー」と題してかなり詳細な紹介を公にしたことがあると、つまり自分が最初にエスペラントを紹介したと、明かしている。『新人』の一九〇三年の五月号には、無署名であるが、実際にそのような記事（図５）がある。吉野は『新人』の編集に携わっていたから、この証言は文字通りに受け取ってよいだろう。

さらに、吉野の日記では一九一九年に「5月31日　エスペラント普及講演会に出席して一条の演説す／6月1日　此日より改めて露西亜語とエスペラントの復習を始む」とあって、エスペラント学習の再開が記されている。六月一〇日には「エスペラントとロシア語の例規の研究をやる」とあり、日常的な日課になっていたことを窺わせる。さらに七月一七日には「此頃はエスペラントとロシア語をやっている。我ながら相当に進歩しつつありと思う」とある。もっとも、「相当に進歩」が実際にどの程度の語学力であったかはよくわからない。

もう一つ、吉野とエスペラントのつながりを示すものとして、これは英語で書かれているためにあまり知られていない記録になるが、一九二〇年二月二二日号を初出とする 'The Growth of liberalism in Japan' には Esperanto for Koreans（図6）の節があり、以下のように書かれている（ただし、吉野の講演を基にした記事なので、節の区分やタイトルは編集部によるものであろう）。

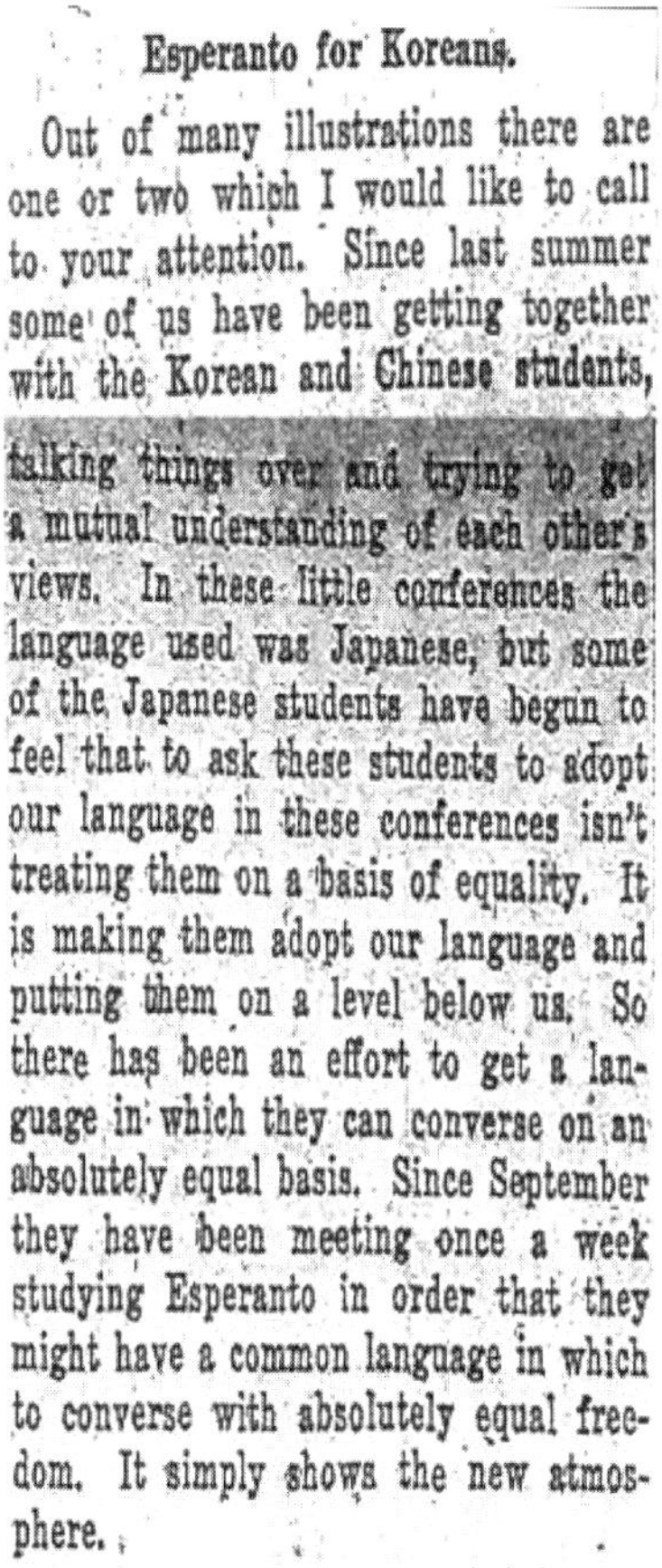

Esperanto for Koreans.

Out of many illustrations there are one or two which I would like to call to your attention. Since last summer some of us have been getting together with the Korean and Chinese students, talking things over and trying to get a mutual understanding of each other's views. In these little conferences the language used was Japanese, but some of the Japanese students have begun to feel that to ask these students to adopt our language in these conferences isn't treating them on a basis of equality. It is making them adopt our language and putting them on a level below us. So there has been an effort to get a language in which they can converse on an absolutely equal basis. Since September they have been meeting once a week studying Esperanto in order that they might have a common language in which to converse with absolutely equal freedom. It simply shows the new atmosphere.

図6　"The Japan Advertiser" 1920.2.22

……昨年夏以来、我々の幾人かが、朝鮮人や支那人の学生たちと会合し、いろいろ話し合って互いの見地を理解し合おうと試みている。これらの小会議で使われたのは日本語であるが、会議で我々の言語を用いるように要求するのは、朝鮮や支那の学生たちを平等に扱っていることにならないと感じる日本人学生が何人かいる。彼らに私達の言語を使わせ、私たちより一段下に置いていることになるからである。そこで、全く平等な立場で会話ができる言語を使う努力がなされている。この学生たちは、9月以来、自由平等に会話ができる共通言語を使う目的で、毎週一回エスペラント語を学ぶために集まっている。……（太田・宮本訳による）

ここでは「この学生たちは」という書き方だが、吉野の日記の記述とほぼ日付が重なるので、吉野の影響のもとでエスペラント学習が行われたと推定してよかろう。

「昨年」、つまり一九一九年とは、朝鮮では三・一運動、中国では五・四運動が展開された年だ。吉野が朝鮮や中国の学生にシンパシーを感じていたことも広く知られている事実だが、その中で中国や朝鮮の学生と平等な立場で話すためにエスペラントを使おうとしたのだ。吉野自身は語学的にはどこまで進歩したのかというのはよく分からないが、彼のもとの学生たちの中から実際にエスペランティストが育つことになる。ただし、この時期にエスペラントを使っての中国や朝鮮とのつながりという実践ができたかは、疑わしい。

吉野のエスペラント学習と普及運動への関与は、今回はしばらく持続した。吉野は、一九二〇年から日本エスペラント学会の評議員を務めている。したがって冒頭で紹介した新聞記事の講演会があった一九二四年四月時点では、吉野と柳田との間には、日本エスペラント学会評議員という共通点もあったのである。

柳田と吉野の二人に比べると、終戦に際して情報局総裁として「玉音放送をプロデュース」することになる下村宏は、エスペラントを学習した経験はないようだ。しかし、エスペラントの支持者ではあった。彼は、朝日新聞社入社後の一九二一〜二二年にジュネーブなど欧米各地を視察する機会を得たが、その旅行記『欧米より故国を』（一九二三年）に「エスペラント」の項を一ページ設けていた。国際連盟でのエスペラントをめぐる議論を踏まえた上で「我国でもエスペラントには相当注意を払うて貰ひ度い」と述べている。戦後にもエスペラントに好意的な言動を示している。

結局、一九二四年四月仙台での朝日新聞時局講演会の講師の三人ともが、これ以前になんらかの形でエスペラントに関与していたことになる。このことは、柳田とエスペラントの関わりを考える上で示唆的である。

二．柳田のエスペラント活動

柳田國男のエスペラント活動という本題に戻ろう。彼とエスペラントとのつながりを最初に証拠立てているのは、一九二一年九月一八日付でジュネーブから佐々木喜善に宛てて送られた葉書である。

　　同じうそをつくなら美しくつきたいといふやうな人〻も若干は此大事業にまじりをり候　日本の人ハ多くはそれさへも出来不申　欧羅巴人は依然として日本のことは何も知不申候　エスペラントの運動を起すの必要あるかと存申候　秋田君とでも相談し君も是非書けるやうになり置かれんことをのぞミ申候

「此大事業にまじりをり」というのは、国際連盟には外交的な美辞麗句を使う人たちも多く加わっているけれども、日本人は言葉が不自由でそういうこともできないということである。それに関連して「エスペラントの運動を起すの必要」を感じているのだ。

柳田とエスペラントのつながりを最初に証拠立てるのが、佐々木喜善にエスペラント学習を勧める、しか……新渡戸博士の上記報告の概要は之を飜譯して間もなく御送りします。
次に當地ジュネーヴに聯盟事務のため滞在せる多數日本人は今更ながらエスペラントの必要を痛感してゐます。それで近々に前貴族院書記官長柳田國男氏の斡旋で日本帝國議會に對しエスペラント語調査に關する請願書を送るの運びとなりました。多數の有力者が署名してくれる筈です。
之に關聯して先日當地を通った元貴族員議員船越光之丞男は私の話を聴いて大にエスペラントに同情と尊敬を有つ様になり日本に歸ったら大にエスペラント運動を促進せしめると約束されました……。

図7　藤沢親雄の報告（RO 1921.11）

も「書く」という能動的な使用を勧めるものであったというのはおもしろい。佐々木喜善はもちろん『遠野物語』以来の親しい人であるが、彼は岩手県遠野郷に住んでいるのであり、ジュネーブにいる柳田とは全く異なる環境で、国際語の必要性をどのように実感できていたか分からない。柳田自身のエスペラント学習はこの時点で確認できないのだが、それでいて柳田は佐々木喜善に対してこのようにエスペラントを勧めているのだ。喜善の方はこれを受けてエスペラントの学習に進み、後には仙台に来たときにも仙台のエスペランティストと細々とながら交流はすることになる。また、宮沢賢治に呼ばれて花巻でエスペラントの講習をしたことも知られている。

「秋田君」つまり秋田雨雀は青森県黒石市出身の劇作家で、ロシアの盲目詩人エロシェンコと接触してエスペラントを始めた。秋田はエスペランティストとして広く活動を行っており、柳田も知っていたのだろう。佐々木喜善と秋田は比較的親しい関係にあったということもあるようだ。

この葉書の日付の一九二一年九月とほぼ同時期に、柳田國男は実はもう一つの活動を行っている。RO 1921.11に掲載された藤沢親雄によるスイスからの報告（図7）なのだが、郵便の事情や月刊誌という性質

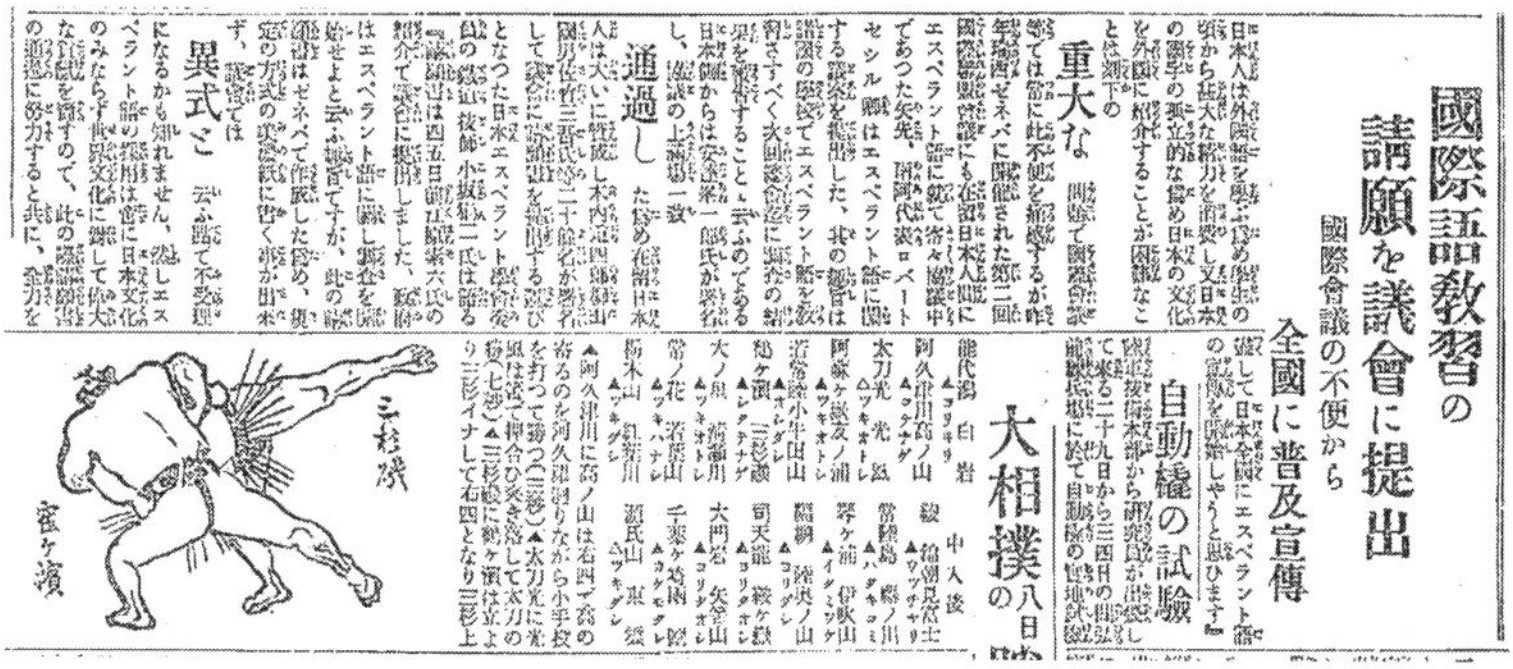

國際語教習の請願を議會に提出

國際會議の不便から

全國に普及宣傳

重大な

通過し

異式と

自動橇の試驗

大相撲八日目

図８　『東京朝日新聞』1922.1.21

のタイムラダを考えれば、一一月号に載ったということは九月前後にはすでに動いていたと考えてよいだろう。国際連盟での事務局次長新渡戸稲造によるエスペラントに関する好意的な報告は比較的知られているが、それとは別に「近々に前貴族院書記官長柳田國男氏の斡旋で日本帝国議会に対しエスペラント語調査に関する請願書を送る運びとなりました」とあるのだ。翌年はじめにそれを伝える『東京朝日新聞』（一九二二・一・二一）の記事（図８）では、「柳田國男……ら二十四名が署名して議会に請願書を提出する運びとなつた」とある。ただし、「この請願書はゼネバで作成した為め、規定の方式の美濃紙に書くことが出来ず、議会では異式と云う点で不受理になるかもしれません」とも書いてある。どうも実際に不受理になったようで、別に集め直した署名をもとにした請願が採択されることになったようだ。

請願が議会を通ったからといって政府が実質的に何か行うことにはつながらない。ともあれ、RO 1922. 3で「本件の成功は全く発案者たる柳田法学士及び始終各方面に奔走して下さつた何《が》法学士に感謝せねばなりません」と報告された。なお、スイスで集めた署名を日本に持ち運んだ方法については、柳田が一時帰国するときに一緒に携えてきたと考えるのが最も妥当であろう。

一時帰国中のことは『大正十一年日記』に書いてあるが、エスペラントに関する記事が一月にかなり多いことに気づく。議会への請願書の提出の活動と関係していたのだろう。

一月五日　エスペラントの小阪君［ママ］来
一月七日　鉄道院に行き、小阪にあふ
一月八日　ニトべさんのエスペラント報文をよみ了る
一月九日　小阪君来　午後何盛三君来、アパナ［ママ］　エスペラント　セルボのことを相談
一月一二日　日本倶楽部小村広田の二君にエスペラントのことをたのむ
一月一四日　……何盛三君同上［i.e. 来］
一月二〇日　何君より手紙、返事す
一月二三日　午後外務省にゆく　広田君にあふ　何君も来合されエスペラントセルボのことをたのむ
一月二五日　エスペラントの会　学士会　夜エスペラントの会、久しぶりに小野俊一君にあふ
一月三〇日　四方堂にてエスペラントの本をかふ
二月一三日　かへりに青年館にてエスペラント会員に話
四月一〇日　東宮御所に参り国際連盟の話申上
四月一一日　何盛三君来
四月一四日　外務省情報部にてエスペラントの話をする
四月二二日　東京講話会、工業クラブ　小阪君のエスペラントの話あり

四月一〇日に「東宮御所に参り国際連盟の話申上」とあるが、これだけではエスペラントとは無関係のよ

うに見える。しかし、RO1922.5の記事（図9）がそれと関連してくる。「摂政の宮殿下、エスペラントについて語らせ給ふ」という題で、皇太子でもある摂政の宮、つまり後の昭和天皇が、エスペランティストのフィンランド公使ラムステットを接見したときに、摂政は「エスペラントでなさいますのですか。エスペラントと云う言葉はたいそうやさしい語だそうでございますね」と語ったことが伝えられている。あとでラムステットがエスペラント学会の方に伝えたのだろう。

LA PRINCO REGENTO PRI ESPERANTO

La Japana Kortego, okaze de la vizito de la princo de Kimrujo, akceptis regnajn senditojn. Nia fervora samideano, D-ro G. J. Ramstedt, diplomata komsiito de Finnlando, sin ankaŭ prezentis, kaj kiam li alpaŝis antaŭ Lian Kronprincan Moŝton la Regenton, la princo, kiu sciis, ke la d-ro parolas japane, salutis lin japane kaj demandis:

—Kie vi pasigis tiun ĉi vintron? ĉu vi vojaĝis?

—Jes, via princa moŝto, respondis la diplomato. Mi veturis en Kanazaŭa'n.

—Pro kio vi tien iris?

—Por fari tie paroladon pri nia Finnlando.

—En kia lingvo vi parolas tiaokaze? Ĉu angle?

—Ne, via moŝto, en Esperanto.

—Ĉu en Esperanto? *Mi estas informita, ke Esperanto estas tre facila lingvo, ĉu jes?*

Ne miru, ke Lia Kronprinca Moŝto konis nian karan lingvon. Jus antaŭ kelkaj tagoj, nia entuziasma propagandisto S-ro K. Janagida, faris antaŭ li paroladon pri la Ligo de Nacioj, kaj li kompreneble interalie tuŝis ankaŭ la lingvon internacian.

攝政の宮殿下
エスペラントに就て語らせ給ふ

ウエールス親王（英國皇太子）殿下の御來遊に當つて、我が皇室に於かせられては外國の諸使節を御引見遊ばされた。我が熱心なる同志たるフヰンランド國代理公使グスターフ、ジオン、ラムステッド博士も參候したが、博士が皇太子攝政の宮殿下の御前に罷り出たが、殿下には博士が日本語に堪能であることを御承知であること故、殿下には日本語で博士に對して御挨拶の言葉を賜ひ且つ次の如く問はせ給ふた：

『此の冬は何處で過されましたか。御旅行をなさいましたか』

『はい、殿下。金澤市へ參りましてございます』と公使は御答へ申しあげられました。

『金澤へ何をしに行かれましたの』

『私の國のフヰンランドの講演をいたしに參つたのでございます』

『そんな場合には何語でお話しになりますか。英語でなさいますのですか』

『いいえ、エスペラントでいたします』

『エスペラントでなさいますのですか。エスペラントと云ふ言葉はたいそうやさしい語だそうでございますね』

我が皇太子殿下が我が愛するエスペラント語を識つて居らせられるとは驚くには及ばぬのである。丁度數日前、我が熱心なる宣傳者柳田國男氏が殿下の御前で國際聯盟のことに就て御講話を申し上げたのであるが、勿論氏は他の事と共に國際語エスペラントの事にも言及されたと云ふことである。

図9　「摂政の宮殿下 エスペラントに就て語らせ給ふ」（RO 1922.5）

摂政の宮がなぜエスペラントについて知っていたかは、すぐ明かされる。「我が皇太子殿下がエスペラントを識つておられるとはと驚くには及ばぬのである。丁度数日前、我が熱心なる宣伝者柳田國男氏が殿下の御前で国際連盟のことに就て御講話を申し上げたのであるが、勿論氏は他の事と共に国際語エスペラントの事にも言及されたと云うことである」、つまり、柳田が摂政にエスペラントのことを吹き込んだのだ。正に「我が熱心なる宣伝者」と形容されるにふさわしい。

ところで、柳田はここまでエスペラント

を語学として学習した形跡がない。不思議なことで、まったく何もしなかったとも思えないのだが、証拠はない。きちんと語学的に学習したことがわかるのは、二回目の渡欧のために五月七日に東京を発って船に乗っている最中でのことになる。「大正十一年日記」の続きを見よう。

五月一五日　エスペラントの稽古　……香港へ一二三二哩
五月二〇日　エスペラントを勉強す
六月二日　狂言記をよむ、エスペラントも
六月五日　ザメンホフ伝をよむ

六月五日には、『ザメンホフ伝』を読むとだけ書いてあるが、日本語で記された独立した著作の『ザメンホフ伝』はこの時点でまだ刊行されていない。プリヴァ著の伝記をエスペラントの原文で読んだことになる。短期間で既に本を読める語学力をつけていたことがわかる。

二度目のスイス滞在となる一九二二年の後半については『瑞西日記』があるが、そこから抜粋するだけでも多くのエスペラント関係の活動が見えてくる。

七月七日　成城学校の小原君にエスペラントの論文を郵送す。
八月三〇日　……プリバ博士に逢ふ
九月三〇日　プリバ博士より電話
一〇月二日　夜プリバ博士を訪ふ。エスペラントのことに就いて相談。
一〇月二〇日　藤井君のエスペラントの稽古を傍聴す
一〇月二七日　エスペラントの会を家にて開く　ジョルジアの代表といふ人も来る。自分は沖縄のことを話す。

一一月六日　けふよりエスペラントの練習を始める。マダムウマンスキーといふ老女が来る。オデッサからの亡命客。

一一月二一日　ウエアの書記ヤコブ君から手紙。

一一月二三日　ステロの会合に行く、プリバのエスペラント演説を聴く。

一一月二四日　帰りにウエアの事務所に行く。

一二月一日　ブーギエー女史の家のエスペラントの会、藤沢君の話あり。

一二月六日　荒井農相にエスペラントの事につき手紙を書く。

一二月七日　日本の商業会議所へ、ベネチヤのエスペラント会議の案内状を取次ぐ。…ステロの集会に行く。

一二月一六日　ザメンホフの誕辰記念会に出席。いろ〳〵の人とあふ。エスペラントで話を始めたがうまく行かず。夜遅く帰る。

一二月三〇日　ウマンスキー刀自夕食に来る。けふでエスペラントの稽古を終わる。伯林に行くといふから本を買う金二〇フランを預ける。

プリヴァは国際連盟に関係していたスイス人だが、世界エスペラント協会の創設者でもある。一〇月二七日には「エスペラントの会を家にて開く」とある。自分の家で開いたのであるから、お客さん的な参加の仕方ではなく、その会の中のフルのメンバーとして参加していたことになる。しかも「自分は沖縄の事を話す」のだ。エスペラントで沖縄のことを話すのはなかなか難しいだろう。内容としては柳田はもちろん熟知していたであろうが、語学的な表現の問題として、また聞き手が予備知識をほとんど持っていないという事情を考えると、もっと無難なテーマの選び方はあったであろうに、彼はあえて沖縄のことを話している。彼のエスペラントへの関心が民俗学などの学問と無縁ではないことを物語る。

一二月六日の「農相にエスペラントのことにつき手紙を書く」という記述は分かりにくく、これだけでは事情が見えないが、次の一二月七日の「日本の商業会議所へベネチアのエスペラント会議の案内状を取り次ぐ」とあわせて読むことで事情が分かる。農相とは農商務相なのであり、商業も管轄している。ベネチアのエスペラント会が翌年の四月初めにベネチアでエスペラントの会議を開くのだが、それの準備に、政府や商業会議所に対して働きかけを行うという形で柳田が協力していたということだ。

ここで佐々木喜善とのやりとりも合わせて見ることにしよう。柳田と佐々木の手紙のやりとりの中ではエスペラントについてたびたび触れられるようになっていた。柳田からの一九二二年一一月八日づけ佐々木喜善宛て葉書には「エスペラントももう四五日前から始めて見ました　い、字引が手に入つたら江刺話の二三節を訳して見やうとおもつてゐます」とある。日記一一月六日条の個人レッスンを始めたという記述と符合する。もっとおもしろいのは「江刺話の二三節を訳して見やうとおもつてゐます」だ。佐々木の『江刺郡昔話』は一九二二年八月の刊だが、それを受け取ると、エスペラントで訳してみたくなったというのだ。語学の初心者がすぐに思いつくようなことではない。やはり柳田の自覚としてはエスペラントはすでに表現の手段として十分なものになっていたこと、さらに彼にとってエスペラントへの関心が民俗学への関心と無縁のものではないことがわかる。

少し飛んで一九二三年一月七日付の同じく佐々木喜善宛の封書にはこうある。

エスペラントで物がかけるやうに早く御なりなさい、単に文法のミならず此語に於てハ「簡単」、「明瞭」且つ「よい響」といふことを非常に重ずるやうです　重ずるといふよりも之を規則にしてゐるやうです　私の尤も敬服してゐる文章ハジュネブの若い学者「プリベ」［ママ］といふ人のザメンホフ伝です　日本で手に入らぬやうなら今に送つてあげましやう　私は「エスペラント」の方から日本の文章道をも改良し得るとさへおもつてゐます

「エスペラントで物がかけるやうに早く御なりなさい」と、佐々木に対してもう一度エスペラントで書くことを勧めている。また、先ほど船の中で『ザメンホフ伝』を読んでいたことに触れたが、この時点では内容を読み取るだけではなくて、「簡単」「明瞭」「よい響」という文体的な点から文章を評価できるレベルに達していた。「「エスペラント」の方から日本の文章道をも改良し得る」とは、後の柳田の国語教育に関しての発言を予兆させるものとも考えられる。

先ほど触れたベネチアでの会議については、国際的な報告書も刊行されたが、日本側ではRO 1923. 7に「商業共通語に関する国際商業遊覧業会議」の報告記事がある。四月二日から五日までベネチアで開かれたこの会議に、「柳田國男氏は同地に出張して大いに画策に努められた」と伝えられている。

ベネチアからは家族宛にも絵葉書を送っているのだが、四月三日に佐々木宛にも葉書を送って、「ヴェネチヤのエスペラントの会を傍聴にきました。遠い小さい国〻の人と話しています。ベルリンの書店が出張していましたから本を送らせます　不用になつたら皆同志者に分けてやつて下さい」と伝える。

さて、六月一六日になってから佐々木宛に封書で写真を送ったようで、次のように伝えている。

写真を取るのが大儀だから之をあげます　宅にある外には之が一枚しか無いのです。四月の四日に

ヴェネチヤでうつしました　場所は世界で尤もうつくしいサンマルコ大寺の門前で仲間は皆エスペランチストです　右の大きいのがチェッコスロバキヤの人ロマダ他の二青年はハンガリヤ人、二人の姉妹は此町の娘です。エスペラント大会の特志案内役でした　今になつては夢のやうな記念です

有名な観光地での記念写真ではあるが、外国人と一緒に記念写真を撮っただけで柳田が「夢のような記念」と言うだろうか。この大会の機会に、この四人を含めた多くの参加者との交流を楽しんだ、それは国際連盟での経験とは別の種類の楽しい国際交流であった、という柳田の感慨を読み取ることができるのではなかろうか。

時間の関係で、その後、特に帰国後のことについては大幅に省略せざるを得ない。一つだけ一九二六年九月に東京で開かれた第一四回日本エスペラント大会の記事（RO 1926. 10）に触れよう。ここで柳田は単に一参加者として加わっただけではなくて、発会式、開会式の議長を務めている。「次いで柳田國男氏登壇議長就任の挨拶をせられ議長席につかる。……こゝで柳田名議長はこれらをうまくさばいて次のやうな決議をすることを満場にとうて満場一致で可決して紛糾した問題は解決した。……19時過やつと食卓の用意ができたので一同着席食事が始まり杯の数を重ねるに随つてエスペラントの雰囲気が濃密の度をましてくる。……次いで柳田國男氏が立つて日本の同志の大同団結を慫慂された」と報告されており、柳田は名議長ぶりを発揮している。柳田が帰国後もエスペラントと深く関わっていたことの表れだ。

三．柳田をとりまくエスペランティストたち

柳田はエスペラント運動に深く関わったので、エスペランティストの中にも広い知人いた。その一人とし

て守随一（しゅずい・はじめ）（図10）を紹介したい。

守随は本書第三章の柳原論文にも登場したが、木曜会や山村調査に参加し『民間伝承』の編集発行人という立場にもなっている。民間伝承の会では多くの刊行物を発行したが、編者柳田國男、発行者守随一という形で名前が載るものが多い。もちろんこのような名義だけではなく、自分で調査して報告書にまとめたりもしている。柳原も触れたように、守随も本吉郡大島、つまり気仙沼の大島、あるいは岩手県気仙郡綾里、越喜来、吉浜あたりの調査を行っている。東日本大震災の津波の被災地であるが、彼の書いた「陸前気仙郡の村組織と磯の利用」という文章の中でも「数回同地方を襲った大海嘯の損害とそれによる変化を考慮に入れなければならないが」と言及されている。ただし彼の関心からすると、それとは別の経済的な要因を重視したかったようではある。

守随一はエスペランティストであった。しかも中学時代に始めているので、柳田との接触以前であった可能性が非常に高い。成蹊中学時代に創立者の中村春二から学んだとされ、浦和高校在学中にはエスペラント会を作って代表として活動した。また秋田雨雀の『骸骨の舞跳』という作品をエスペラントに訳してもいる（図11）。秋田の渡欧記念として一九二七年に日本エスペラント学会が刊行したものだ。秋田の渡欧とは、ロシア革命一〇周年記念に招待されて国賓待遇で行ったもので、それを記念した出版である。この本には他に二編収録されているが、表題作「骸骨の舞跳」は関東大震災後の朝鮮人虐殺に対する抗議となっている作品である。私は個人的には戯曲としての出来がよいとは思わないが、このような社会的なテーマの作品などを秋田が選択して、守随がエスペラントに翻訳することになった。なお、

図10　守随一

図11　『骸骨の舞跳』エスペラント訳（仙台エスペラント会菅原慶一文庫蔵）

この作品は一九三〇年に中国の文人巴金（バキン）によってエスペラント訳から中国語に翻訳された。巴金が日本に関心を持つようになった要因の一つであったと考えられている。

他にも多くのエスペランティストが柳田と関係していたが、今回は十分に扱うことができない。ただし、エスペランティストだからといって、柳田との交流がエスペラントの関係によるものだったとは必ずしも言えない。例えば、魯迅の弟、周作人は『遠野物語』の中国での紹介者であり、エスペランティストでもあったが、二人の関係でエスペラントはほとんど働いていなかっただろう。

水野葉舟は、柳田と佐々木を引き合わせて、『遠野物語』の成立に大きな役割を果たした人である。彼の年譜には、エスペランティストであったという短い記述があるが、実際にエスペラントにどう関わったかは、私はまだ確認できていない。

伊波普猷や比嘉春潮、島袋盛敏という沖縄関係の人も目に付く。伊波普猷は初期にエスペラントに携わった人で、その影響力が働いているのかもしれない。柳田がスイスのエスペラントの会で沖縄のことを話したことを想起させるが、何か直接的な関係があるのだろうか。そう考えると、柳田とエスペラントとの接触はもう少し早くて、実は以前に伊波普猷あたりから吹き込まれていたのではないか、と憶測をめぐらす余地もあるかもしれない。

柳田とエスペラントの関係についてはまだまだ事実として知られていないことが多い。本稿で触れられたのはごく一部にすぎない。さらにそのいくつかの事実を単に個別の事実の羅列としてではなく、関係づけて理解するということはまだ十分には行われていない。柳田の学問、思想の中での位置づけもまだ十分に取り上げられていないが、柳田の総合的な理解にとってはあってしかるべき視点あろう。

【付記】

シンポジウム以後に、さらに調査を加えて、本稿を大幅に増補した同タイトルの文章を、拙著『人物でたどるエスペラント文化史』（日本エスペラント協会、二〇一五）の一章として収録した。帰国後のエスペラント活動についてはこれを参照していただきたい。また、柳田や周辺の人物を含む二八六七人の物故者を取り上げ、その全体像とエスペラントに関連した活動や著作を紹介する『日本エスペラント運動人名事典』（柴田巌と共編、ひつじ書房、二〇一三）も公刊した。なお、柳田とエスペラントの関係を詳しく扱った、岡村民夫『柳田国男のスイス　渡欧体験と一国民俗学』（森話社、二〇一三）も上梓されている。併せて読まれることをお勧めする。

【主要参考文献】


石井正己編『佐々木喜善追悼資料集成』東京学芸大学、二〇〇九。

伊藤幹治『柳田国男と梅棹忠夫――自前の学問を求めて――』岩波書店、二〇一一。

王京「一九三〇、四〇年代の日本民俗学と中国」神奈川大学21世紀ＣＯＥプログラム「人類文化研究のための非文字資料の体系化」研究推進会議、二〇〇八。

岡村民夫「柳田国男のスイス――山、川、そして郊外」『東北学』二三号（二〇一〇）、pp.一二八～一七二。

岡村民夫・佐藤竜一『柳田国男・新渡戸稲造・宮沢賢治　エスペラントをめぐって』イーハトヴ・エスペラント会、二〇一〇。

何盛三「ジュネーブの柳田国男――エスペラントと方言の間で」RO 2010. 7–2011. 1。

何盛三「世界に於けるE普及の概況」『改造』一九二二・八、pp.九三～九九。

後藤　斉『エスペラントを育てた人々――仙台での歴史から――』創栄出版、二〇〇六。

佐藤勝一『帆船のロマン』イーハトヴ・エスペラント会、二〇〇二。

佐藤竜一『世界の作家宮沢賢治　エスペラントとイーハトーブ』彩流社、二〇〇四。

鶴見太郎『柳田国男とその弟子たち：民俗学を学ぶマルクス主義者』人文書院、一九九八。

内藤正敏「佐々木喜善・柳田国男・宮沢賢治を結ぶエスペラント」仙台文学館編『『遠野物語』100年の記憶――佐々木喜善と仙台――』二〇〇九。pp.一一～三。

奈良宏志「柳田国男とエスペラント」『季刊柳田國男研究』四号（一九七四）、pp.七六～九一。

新国康彦「職業行政から社会福祉へ」（櫟林社編『櫟林の仲間たち』櫟林社、一九七五）

最上孝敬「物故者紹介　守随一君」『日本民俗学大系　第三巻』平凡社、一九五八。

柳田国男研究会編著『柳田国男伝』三一書房、一九八八。

柳田為正「父を語る」『季刊柳田國男研究』八号（一九七五）、pp.二六九～二八五。

柳田為正『父　柳田國男を想う』筑摩書房、一九九六。

由谷裕哉「柳田國男とG・J・ラムステット」『加能民俗研究』四〇号（二〇〇九）、pp.八九～一〇一。

吉野作造『吉野作造選集一四日記二』岩波書店、一九九六。
吉野作造　太田雅夫・宮本由美訳「吉野作造「日本における新思想」（一九二〇）」『桃山学院大学教育研究所研究紀要』六号、一九九七、pp.一九九～二一八。

［コラム：私と柳田國男］

エスペランティスト柳田國男への視点

後藤　斉

　言語学者としての私の関心は、言語のいくつかの側面に及ぶが、その一つとしてエスペラントがある。エスペラントは一般に「人工語」と呼ばれることがあり、一人の人の提唱に発している点に好奇の目を向ける人がいるようだ。しかし、私のエスペラントへの関心はむしろ、それが実際にどのように使われてきたか、また現在どのように使われているかの方にある。編集副主幹として関わった『エスペラント日本語辞典』（日本エスペラント学会、二〇〇六）では、対訳語を挙げるだけでなく、基本的な語義からの展開や特有な語法、文法的特徴、使う場面、さらに一緒に用いられやすい連語や関連語などといったより細かい言語的情報を盛り込もうとした。

　その後、別の人が主に担当していた『日本エスペラント運動人名事典』の編纂に協力することになり、その中でエスペラント使用の歴史面や文化面にも関心が向くようになった。「エスペラントの文化面」と言うと意外に思われるかもしれないが、エスペラントの一三〇年に及ぶ歴史の中で、エスペラント使用者たちはさまざまな営みを積み重ねてきた。それらはエスペラントの言語共同体に特徴的な要素を多く含んでおり、エスペランティストの多くに共有されている。これを「文化」と呼ぶことは決して不当でない。

柳田國男がエスペラントを学習し、エスペラント普及活動に参加した事実は従来も知られてはいた。しかし、柳田の日記に記述されている一九二二年のこと以外については、事実として知られていないことも多い。さらにそれらの事実を単に個別の事実の羅列としてではなく、当時の時代的な文脈の中で、またエスペラント文化の展開の中で理解することは現状ではなされていない。柳田の学問、思想の中での位置づけも、柳田の総合的な理解にとっては、さらに深く考察してしかるべき視点であろう。

シンポジウムでの発表をきっかけにして、さらに調査を加えて、本稿を大幅に増補した同タイトルの文章を、拙著『人物でたどるエスペラント文化史』（日本エスペラント協会、二〇一五）の一章として収録した。帰国後のエスペラント活動については、関係する人物とのつながりを含めて、かなり補うことができたので、これを参照していただきたい。また、柳田や周辺の人物を含む二八六七人の物故者を取り上げ、その全体像とエスペラントに関連した活動や著作を紹介する『日本エスペラント運動人名事典』（柴田巌と共編、ひつじ書房、二〇一三）も公刊することができた。

これらの著作で私としては、エスペランティスト個々人がエスペラントを用いてどのような言語活動を行い、エスペラントにどのような価値を見出してきたか、また、各人のこのような活動が相互にどのように連関していたか、といった側面を可能な範囲で描きたかった。いくつかの人物やトピックを軸とすることで調査がはかどったのだが、その一つが柳田だった。守随一という私にとって未知の人物になにがしかの親近感を持てたのはそのおかげと言える。さらに、守随が東京と大連で親しくした朝鮮人エスペランティストのご子息ともメールのやりとりを重ねることができ、当時の事情をより鮮明に思い浮かべることにつながった。

第八章　戦後改革期の「柳田社会科」構想

水原克敏

はじめに

柳田國男は、一九三七年（昭和一二）の東北大学法文学部での講義で、民俗学を「普遍性」「実証性」「現代性」のあるものにするよう訴え、その説を教育に及ぼして、第二次大戦後、民俗学の成果を生かした社会科を提唱した。「常民」の疑問に答える「世の中」「世間」教育としての「社会科」構想を立て、成城小学校の教員たちとともに社会科のカリキュラムや教科書を作成するなど、新しい社会科づくりに大きな影響を与えた。法的拘束力のある一九五八年改訂学習指導要領が規定されるまでの戦後改革期は、カリキュラム自由化の時代であったので、民俗学の成果を反映した「柳田社会科」が誕生したのである。それは現代から見ても価値ある提案を含んでいる。暗記教科に堕してしまった社会科のあり方を批判し、教師が教えるのではなく、子どもが自ら「疑問」を発して社会事象を民俗学的に探究することで、「一人前の選挙民」を育成しようとする社会科教育論である。

一．戦後改革期の社会科への「不安」と期待

柳田は、「敗戦後、新日本の建設という建前から、他の部門と同様、教育についても、まさに画期的な改革がおこなわれつつあるが、はたして新教育の意義に徹しているかどうかということになると私は少なからず不安である」（柳田國男「教育についての断層――教養の問題にふれて――」新日本教育研究所『教育復興』第一巻第四号、一九四八年：『全集』㉛ 五三八頁）と、教育の行く末について懸念を表明しているが、その戦後改革がどれほど画期的であったのか、また、何が彼を不安にさせているのか、を捉えておきたい。

ＧＨＱは日本を占領して米国的な民主主義改革を展開した。軍国主義教育で支配されていた日本人に民主

図1　柳田国男の教科書『日本の社会　4年下』

主義を上から教えるという仕方で、（1）日本国軍隊の解体と非軍事化、（2）思想・信教の自由、（3）戦前の政治犯釈放、（4）婦人参政権、（5）財閥解体、（6）農地改革による自営農民の増加、（7）労働運動の奨励、そして（8）単線型の六・三・三制による民主主義教育を進めた。

戦前は、国民の八割の進路が袋小路にあって、わずかに二割だけが中学校に進んだ時代であったが、戦後は単線型で国民みんなが小中高大まで簡単につながりやすい六・三・三・四制度が採用された。中学校の義務教育終了後三年の高校教育が終われば比較的容易に大学に接続するという、国民の多くが大学まで進める機会均等が配慮された制度となったのである。その基本コンセプトは“secondary education for fall”で、一八歳まですべての人が中等教育（中学・高校）を受けることが民主主義の基本ということである。ただし、一八歳までの教育を目指すが、財政が困難を極めた時代であるので、一五歳までの義務教育に留められことになった。民主主義を確立する上で教育の民主化は不可欠であるという考え方で、軍国主義への強い反省に裏付けられた戦後改革であった。そこにはＧＨＱの強い指導があったことは周知の通りである。

一九四七年に最初の学習指導要領が試案として刊行されたが、民主主義の観点から、能力の高くない人でもわかる文字を使用することとなり、平易な漢字に制限し、次の『民主主義』の引用に見られるように、平仮名が多く使用されるようになった。他方、ＧＨＱの要請もあって、ローマ字の教育も始められた。教育内容では、修身・地理・歴史という天皇制イデオロギー教科が廃止され、社会科・家庭科・自由研究が新設された。これまでの国家主義から児童中心主義への転じ、社会科教科書は「太郎さん」や「まさお君」という表題となり、表紙には男女の子どもが描かれるなど、いかにも未来を創るのは子供たちであるというメッセージが感じられる。家庭科は男女ともに課され、多くの小学校で男女共学の裁縫教育をはじめ民主的な家庭のあり方についても教育を受けることになった。

一言でいえば、教育の民主化で、文部省は『民主主義』という教科書を作成して、これまでの教育を次のように反省している。「これまでの日本の教育は、一口でいえば、『上から教えこむ』教育であり、『詰めこみ教育』であった」。「特に誤った歴史教育を通じて生徒に日本は神国であると思いこませようとし、はては、学校に軍事教練を取り入れることを強制した」。「忠君愛国というような「縦の道徳」だけが重んぜられ、あらゆる機会にそれが国民の心に吹きこまれてきた」と反省し、今後の教育は、「『縦の道徳』の代わりに、責任と信頼とによって人々を結ぶ『横の道徳』を確立していかなければならない」という。それでは、「横の道徳」を育成するには、どうすればよいのか、「いちばん適しているのは、学校での生活である。学校の中でみんなが共同の目的のために仕事を分担し、自治的にいろいろな活動をやっていけば、おのずからにして今いうような『横の道徳』を体得することができる。みんなで委員を選挙したり、自分が委員になっ

図２　文部省著作『民主主義』

て学校や学級を代表したり、クラスの会合でいろいろな問題について自由に討論したり、討論した結果を多数決で決めたりしている間に、民主主義というものはどういうように行われるものであるかが、しぜんにわかってくる」と説明され、みんなで分担して仕事をする委員会・生徒会など、今日の特別活動が重視された。その場合、生徒の主体性を育成するために学級自治会、生徒自治会では、教師に干渉されない「自治」を尊重することが大事なことであったが、戦前に育った教師からみると、学校の民主化を要求する生徒自治会は不都合な面があったので、早くも一九五一年改訂では「自治」は削除され、自治のない生徒会・学級会へ変化することになる。

柳田は、一九四七年の「現代科学といふこと」で、これまでの日本のあり方を次のように総括する。「賢こい少数の者に引きまはされる危険は、今とても国を脅かしてゐる。判断を長者に一任するといふ素朴さは、もとは国民の美点だったかも知れぬが、その美点もこれからは改めて検討し、弊害が有ると心づいたら改良しなければならぬ」（柳田國男「現代科学といふこと」民俗学研究所編『民俗学新講』明世堂書店、一九四七年：『全集』㉛　三九二頁）。「少なくとも各人の自主自由なる判断が、今少しは実地に働き得るやうにしなければ、実は民主々義も空しい名なのである。どうして日本人は斯ういつまでも、僅かな人たちの言ひなり放題に任せて、黙々として附いてあるくのであらうか？」（同前）と、従順な日本人のあり方を指摘した。また、教師のあり方についても、「国民を、戦争にひきこんだのも、もとより軍部の責任にあるとはいえ、教育者にも相当の責任があるわけである。ものごとに対する洞察力と判断力とを国民各自の心に十分植えつけていなかったことは、やはり今までの教育の欠点ではなかろうか」（柳田國男「教育についての断層――教養の問題にふれて――」新日本教育研究所『教育復興』第一巻第四号、一九四八年：『全集』㉛

五四一頁）と批判した。少数の指導者に判断を任せるのではなくて、国民一人一人が自主的に判断できる、「洞察力と判断力」を育成できる教師の責任と、それを実現する社会科をつくらなければならない、と柳田は考えたのである。

しかし、それを具体化するためには、社会科をどのような内容に構成し、どういう教え方をすればよいのか。従来の国民性から見ても、また、社会科教育の蓄積のない教育社会において、本当に、戦後の画期的な改革を実現できるのか、「これまでの教育は、いわゆる詰め込み主義で、暗記が多く、教科書が唯一のよりどころだったために魅力がなく、学ぶ者の糧にならぬものであった」ので、これを本当に克服できるのか疑問である。「わけても社会科」は「分からぬところを一緒になって研究し、調査しようといった態度なり心構えこそ」大切であり、「かつは学び、かつは教えてゆく正しい方法」がとれないとすると「民主主義とは、およそかけはなれたもの」になってしまうと、柳田は社会科への「不安」と改革への期待を表明したのである（同前：『全集』㉛　五三九～五四〇頁）。

二．柳田の『民俗学辞典』と社会科教育論
一九四七年学習指導要領の社会科

戦後最初の学習指導要領（一九四七）で、小学校の教科は、国語・社会・算数・理科・音楽・図画工作・家庭・体育・自由研究の九科目が設定された。従来の修身・公民・地理・歴史がなくなり、社会科・家庭科・自由研究の三科が新しい科目となった。学習指導要領では、社会科は、「従来の修身・公民・地理・歴史を、ただ一括して社会科という名をつけたというのではない。社会科は、今日のわが国民の生活から見

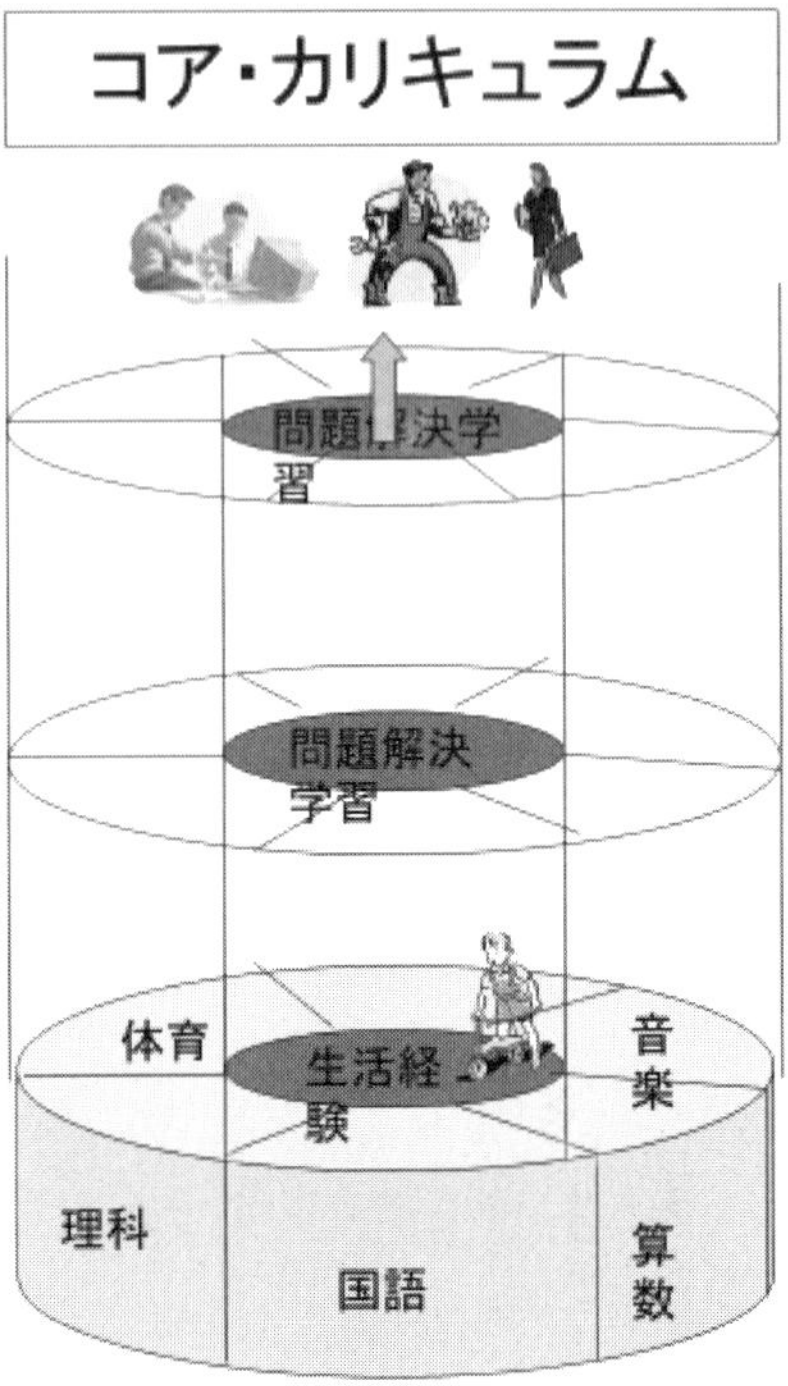

図3　コア・カリキュラムの概念図

て、社会生活についての良識と性格とを養うことが極めて必要であるので、そういうことを目的として、新たに設けられたのである。これまでの修身・公民・地理・歴史などの教科の内容を融合して、一体として学ばれなくてはならないのであって、それらの教科に代わって、社会科が設けられたわけである」と説明された。修身・公民・地理・歴史の教科を融合した科目ということであるが、その内容と教え方はどうしたらいいのか、大きな問題になった。その結果、社会科は戦後民主主義を進める重要な科目として、また教育課程のコア・カリキュラムとしての役割を担うことになるのである。戦後改革期において、カリキュラムと授業の面では、コア・カリキュラムが展開された。そのカリキュラムは、全教科がそれぞれに教科内容の体系的知識を教え込む仕方ではなく、社会生活の問題解決を内容とする社会科をコア（中心教科）にして、それとの関係で全教科が位置付くという構成である。児童生徒の生活経験を基礎に、その改善を目指して問題解決する学習法である。児童生徒の生活の必要を第一原理に、教育内容を決定するので、生活経験主義カリキュラムの時代と捉えられている。そういう仕方で、従来の封建的、軍国主義的な社会のあり方を問題と捉え、そうした社会を改造して、民主主義社会を築くための社会科教育が、当時の教育をリードしたのである（水原克敏『増補改訂版　学習指導要領は国民形成の設計書』東北大学出版会、二〇一七年、同「戦後改革期におけるコア・カリキュラムの開発研究——東京学芸大学附属小学校の複合型カリキュラム——」早稲田大学『学術研究』六三号、二〇一五年、同「戦後改革期における文部省実験学校の研究成果——東京高等師範学校附属小学校の三種のカリキュラム開発——」『早稲田大学院教育学研究科紀要』二五号二〇一五年、同「文部省実験学校の教科型カリキュラムの研究開発——福沢小学校と世田谷小学校——」『早稲田大学教育学研究科紀要』二六号、二〇一六年）。

社会科教育の参考書・資料としての柳田『民俗学辞典』

そうした中で、新設の社会科は、いかにあるべきかが重大問題で、これに対して柳田国男は独自の社会科を提案するに至る。民俗学と社会科教育について、『民俗学辞典』の序の冒頭で次のように書いている。「社会科教育の前途を考えて行くと、人が世に活きる為に必要な知識の、現在は特に整理せられず、綜合統一の甚だしく欠けていることが、先ず大きな苦労の種である。……もとはともかくも或る鋳型があった」（柳田國男「序」柳田國男監修『民俗学辞典』東京堂、一九五一年、一頁）。つまり戦前は天皇制という枠組があって、そのための臣民づくりという鋳型があったが、「しかるに一朝にしてその鋳型はこわれ」、「我々の普通教育にはまだ方角が示されていない。この混迷に処する策としては、難解なる輸入の理論が少しあるばかりで、それと実地の問題との間には、まだよっぽど空隙がある」という（同前）。つまり、米国的民主主義の理論とデューイなどの経験主義哲学が入ってきて、教員は新設の社会科を教えることになったが、従来の地理・歴史と違って、知識や方法の体系性が見えないので、具体的に何をどう教えたらよいのか、十分に理解できない状況にあるというのである。

そこで彼は、『民俗学辞典』を作ることにした。「民俗学辞典の目的は、最近この学問がどれだけ進み、またどの程度にまで世の中の利用に適するようになったかを、明らかにするのもその一つであるが、我々が之を企画したもう一つの動機は、あたかも現在の社会科教育の悩み苦しむ所を、既に少しばかり経験してきている故に、必ず何等かの参考になる」（同前）と考えたという。要するに、民俗学の成果を社会科に入れ込むことで、内容のある社会科教育ができる、あるいは貢献することができるように『民俗学辞典』を作ったというのである。

社会科教育のために『民俗学辞典』というのは、いかにも分かり難いが、彼のとらえる三タイプの社会科教育論を踏まえると、その意味が見えてくる。戦前においても郷土研究会を作った頃に、郷土教育が政策として展開された時代があったが、そのあり方に対して柳田は批判的見解を有している。「学校は郷土から出た有能な人ばかりをとりあげていた。百年に一度出るか出ないような偉出の人の話ばかりをしているのは淋しい」（柳田國男「郷土生活の中にある学校」『明日の学校』第七巻第六号、国民教育図書、一九四八年‥『全集』㉛ 四四二頁）。柳田はこれを「伝記の趣味」として「よく戒めねばいけない」という（柳田國男「地方自主の教育」（『国民の歴史』第二巻第一二号、実業之日本社、一九四八年‥『全集』㉛ 五四四頁）。「子供たちには、少数のそんな人物よりも、多くの無名氏に注目させる必要がある。小説的に特異なる人物像を描いて伝を語ることはよろしくない」（同前）、「ずぬけた偉い者とか、村から他へ出てゆく者のみに力を入れて、村に住む人を忘れているような教育をやめて、村が真に一個の有機体、生活体になることを目標に、『あたりまえの村人』を育てる教育になって欲しい」（柳田國男「郷土生活の中にある学校」『明日の学校』第七巻第六号、国民教育図書、一九四八年：『全集』㉛ 四四二頁）というのである。

　つまり民俗学的な掘り起こしが沢山なされて、その蓄積の上で教える内容が編成されるならよいが、その前提条件なしの郷土教育（ふるさと教育）をすると、ふるさとの偉人を学習させる破目に陥り、「あたりまえの村人」として育成することができない。それどころか、郷土への愛着と偉人の顕彰から国家主義へと連結する郷土教育が政策として展開されてきたので、生活している村の事実を事実として認識する力をつけることができなかった。戦後は、その反省から「調べる社会科」によって、「遺物遺蹟に対する関心」が「近頃きはだってゐるが」、古代史に集中しているのが問題で、現代的な「近世」まで「民俗学に結びつけて活かすことが大切である」、「郷土の精神生活の変遷が信仰にからみついて来た事実——民俗学が最もよく明らかにしてゐる——これを正当に把握させることを怠ってはなるまい」という（柳田國男「地方自主の教育」（『国民の歴史』第二巻第一二号、実業之日本社、一九四八年：『全集』㉛ 五四四〜五頁）。戦前の超国家主義・軍国主義では、国家神道と神社を中心にイデオロギー教育が展開されたが、それとは異質の民間信仰について、その事実と「あたりまえの村人」にとっての深い意味を把握させることを重視していたのである。

図４　社会科のための柳田国男監修『民俗学辞典』

　そのためには、民俗学の成果を集積した『民俗学辞典』が不可欠であるという認識であった。社会科に関する座談会（成城教育研究所同人）で、学校の「先生が簡単に読める書物を蒐集しておいて、知りたいと思うことがあったら、時に臨んでそれを読む、社会は先生に対してそういうことをする義務があると思う。そうしておかないと、とてもすべての知識、何を聴かれてもすぐ答えられるように教員をつくるということは、それは無理だ」(「社会科の新構想」(成城教育研究所同人との座談会記録)長浜功編『柳田国男教育論集』、新泉社、一九八三年、一一四頁)と、柳田が発言していることからも、教師の実践を支えるためには、民俗学の資料集が不可欠であると強く認識していたことがわかる。

社会学的調査を重視する社会科教育論

他方、民俗学による社会科教育論に対する批判として、科学的に追求する方法を教えるのが社会科の使命であるとする教育実践も提案された。もともとは民俗学に傾斜していた竹内利美であったが、彼は社会学的な調査方法を採用した『小学生の社会調査』(一九四八)を刊行した。同書は、戦前の一九三五年から翌年にかけて行われた竹内の教育実践記録である。民俗学の成果をふまえているだけに、戦後の米国の影響による、言わば米国風の近代化路線の社会科教育のあり方に対して批判的で、日本的な村落の慣行の事実や意味を調査し考察させることを重視する考え方が見られる。

そうした観点から、竹内は、掲載図のように、児童生徒の家を対象に「ゆるり(いろり)の座り場所」を調査するなど、村落家庭の文化と慣行を調べる教育実践をした。子どもたちに「家の人のすわり場所がだいたいきまっているでしょう。図に書いてごらん」という仕方で、自分の家を調査させ、その上で、竹内は共通の原則を発見させようとした。「個々の事象が明らかになっただけでは意義がなく、それを統一するものに気付かなければならない。こうした見方が、社会事象を見て行く上に、最も重要である」(竹内利美『小学生の社会調査』、日本書院、一九四八年　図は一一三頁、三一七頁）と竹内は捉えている点が、柳田との相違点である。竹内は、一般に社会科学者が有している「統一するもの」＝社会法則を展望しているのに対して、柳田は、生活の個々の事象についての徹底した「解釈」と果てしない「疑問」を重視しているのである。

民俗学を踏まえている竹内は、ＧＨＱ指導による近代化志向の学習指導要領に対して批判している。「年中行事等古くから伝承されてきた信仰的な事象の扱い方には、いろいろな態度があろう。ことに最近はいわゆる『合理的』な批判態度がさかんである。児童にもこうした態度を求める傾向が少なくないようで、社会科の手引などにもその傾向が強いらしい。それが真に科学的な立場であるものなら、問題はない。しかし、ややもすれば、行事の外形のみをとらえて、その『非合理性』を簡単に指摘し、それがいわゆる封建制の根源なるかのように扱っているものもないではない。しかし年中行事が村落生活の上に果しつつある社会的機能は、もっと根源の深いものである。『すべて必要なものは存在する』という、村落生活の事実

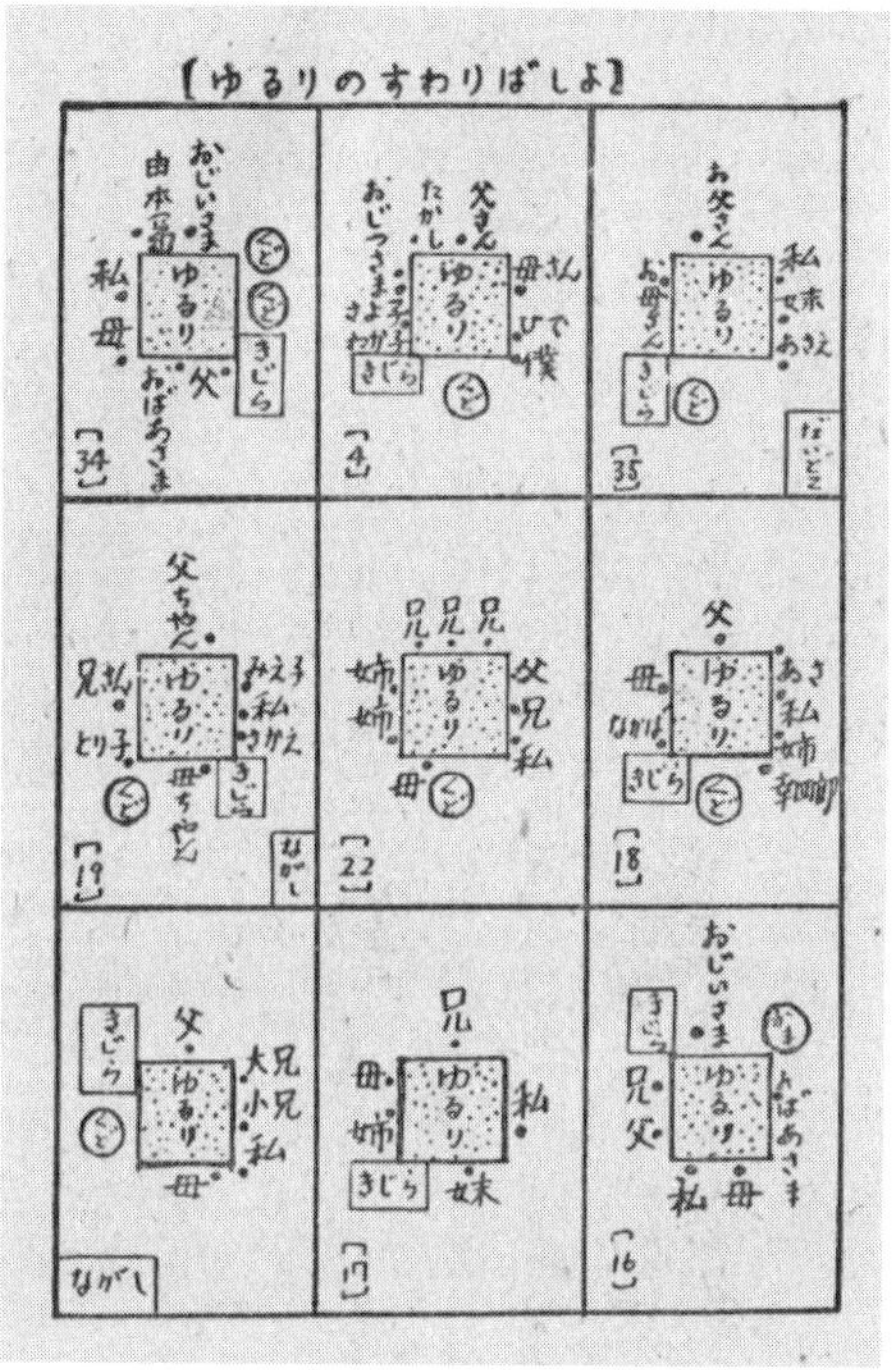

図５　竹内利美『小学生の社会調査』、「ゆるりの座り場所」調査

も知らず、村人の生活感情も理解しようとせずに、生活経験の異なる者がせまい『合理性』をふりかざして、薄ぺらな改革意見を押しうりする態度は、事実そうした生活の流れに身をおいている人たちに、けっして親切な態度ではない。村の人々にも自己の生活を創造し改めて行く力は十分にある。こうした行事が根強く生きているのは、現在の村落生活の上にも、まだ生きた機能を果しているからに外ならない」（同前　三一三〜四頁）と、学習指導要領が推し進めている近代社会建設に向けた社会科教育のあり方を批判した。米国的民主主義の近代社会の観点から、村落の文化に「非合理性」を発見して「文化的な残存現象」と捉え、これを問題解決して「合理性」を志向する社会科教育は、「薄ぺらな改革意見を押しうりする態度」と捉えたのである。「今の村人は必ずしも古い信仰などにとらわれてはいない。むしろそうした伝承行事の中に、ゆたかな休息と愉楽の源を見出し、それだけの価値を与えているのである。つまりそれが生活に必要であり、役立つからである。正月の年神さまの松が未開野蛮の象徴で、クリスマスツリーが新文化の標識だとでも言いかねないような皮相な見解は、すくなくとも村の子達にその生活を正しくとらえさせようとする上には、押しつけたくない」と、竹内利美は主張した（同前　三一四頁）。

竹内利美は、一九五一年に東北大学教育学部講師となり、民俗学研究から社会学の研究へと進むことになるので、その主張は、一面、柳田に近い見解を確認できるが、やはり、以下のように、社会学に傾斜した社会科教育になっていることが相違点である。「『綴方』でもできると言えるかも知れぬが、それでは結局自分だけの小さな観察に止まってしまって、村の生活における祭りの位置と正しくとらえさせることができない。項目の選び方は常にその観察範囲をひろげ、体系づけさせるよう考えるべきだと思う」（同前　三一五頁）。また、「教育活動としての社会調査は、別に全般的な研究資料の蒐集ではないから、生活全般にわたってあまねく観察することは、必ずしも必要ではない。それよりも、適確な作業を行うことによって、社会生活に対するある見方なり態度なりが調査者の心の中に養われて行くところに、真の目的がある」。特に、次の見解、「雑然と単に網羅的に事象を数多く扱うことは、むしろよい成果をもたらすことにはならない。調査者の能力と調査事項とに対する深い理解の上に立って、むだのない精選した作業を適確に行わせることが何よりも肝要だと考える」と暗に民俗学的手法を批判した（同前　三二五頁）。「社会科の領域は、きわめて広い。別段これといった立場も意識せずに、漫然と他からの借物で形ばかりの取扱いをするなら、教師も子供達も、雑多な事象の中にとりとめもなくさまよう、という結果に陥りそうである。学問的に言っても、包括的に社会事象一般を扱う科学上の立場はあり得ない。」「個別科学の立場があるだけで」「学問上の立場は、数多く存在することになり、その範囲も限りなく拡めることができる」。「ひとつの社会的な事象を問題に取上げ、それに連関する種々な部門の意識を、子供達が能力の及ぶ範囲で、それを解決するに必要なだけ取集め、『総合的』に扱うのである」。「単なる網羅的な知識の寄せ集めは、けっして『総合』にはならない。集められたものが、何らかの意味のもとに、統一され、それを媒介として有機的に連関しあわなければ『総合』とは言えない」。「何らかの意味で焦点」が必要であるが、「教材を統一するものは、必ずしも学問的な立場のみではない。それはむしろ、教育的な顧慮による」。「その目標は、」「作業を通じて子供達が自得する社会的事象についての態度と知識に」あり、「ある問題を扱う方法は、常に一定したものではない。」「要するに、扱う教材を統一するもの、つまりその扱いの焦点を決定するものは、教師の教育的な立場以外にはない」。したがって、「最も大切なことは、教師の教育上の立場の確立であり、自主的な態度の堅持にあると私は思う」という見解である（同前　三四〇～二頁）。

竹内の見解は、社会事象を総合的に扱うのが社会科で、その社会科は、いくつかの個別の学問が基礎になってはいるが、何かに焦点を当てて児童生徒に調査をさせ、社会を総合的に捉えさせるという方法をとることを求めている。そうすることで、「社会生活に対するある見方なり態度なりが調査者の心の中に養われ」ると論じている。そして、さまざまな事象を「雑然と単に網羅的に事象を数多く扱うことは、むしろよい成果をもたらすことにはならない」として、民俗学的方法を批判し、むしろ社会を科学的に捉えるための基礎となる総合的な学習を志向していたと捉えられる。「竹内によれば、（一九三五年）当時の民俗学の研究はいわば『資料の学』で、地方の者は新しい資料を発掘し提供するというのが一般的な傾向であり、独自の考えで割り切った理論を展開することは厳禁ということであった」という。そこで、竹内は「一方で柳田民俗学の学ぶ反面、また柳田民俗学が信仰や口頭伝承に偏している点に不満で、むしろ『社会経済史』的な研究方向に進んでいった」のである（谷川彰英『柳田國男　教育論の発生と継承』、三一書房、一九九六年、二一三頁）。

なお、昭和戦前期は、農村恐慌下にあって、マルキシズムによる社会科学研究が広がりをみせ、多くの大学生や教員に影響を与えていたが、そうした傾向性は、柳田及び竹内には見られず、「階級的視点」の欠如がマルキシズム側から指摘されている。第二次大戦後の社会科教育のあり方についても、「社会改造」の科として、社会主義を展望した教育論や実践なども展開されているが、本稿の観点から、ここでは指摘するだけに留めておく。

三、柳田國男の社会科教育論

「社会科とは、『かしこく正しい選挙民となるにはどうすればよいか』とも表現すべき問題解決学習だといえる。小・中学校を通じて、今後の日本人のつくる世の中を向上させるために、このような大きな問題をもたせ、その解決に向って、漸次各学年相応の知識を与え、能力をきたえ、態度を練る、それが社会科だといってよいだろう」と柳田は捉える（柳田国男・和歌森太郎『社会科教育法』、実業之日本社、一九五三年、三三頁）。そのために、子供達に地域の「生活の中にある歴史」「地理」を捉える力すなわち「史心」と「風土感」を育成し、子どもたちの「心からの疑問」が出るような教育を重視している。

「心からの疑問」による「史心」と「風土感」の育成

柳田の社会科教育論は、暗記教科に堕してしまった社会科のあり方を批判し、教師が教えるのではなく、子どもが自ら「疑問」を発して社会事象を民俗学的に探究することで、「一人前の選挙民」の育成を目的とし、そのために「史心」と「風土感」の育成を重視している。

「史心」とは何か。柳田は「社会科教育法」で次のように説明した。「今は昔と違っているということ、昔から今の間には、変遷なり発達、進歩があって現実を昔と変えてきているが、それと同様にこれからも変えていくことができるものであるという確信をもつことが史心である」。「史心という言葉はいろいろな内容をもつが、肝心なところは、社会は動いていくものであるということの確信をもつような心である」という。さらに、「現実にひろがっているものをまず見つめて、そこに何か昔から伝承されてきた一つの事情がありはしないか、今のことの原因は昔にありはしないかとたずねていく心も、われわれは史心として理解している」というのである（同前　三八〜九頁）。

彼は、「昔から今の間には、変遷なり発達、進歩があって現実を昔をかえてきている」と説明しているが、他の論考も含めて読むと、彼は、進歩・発達の歴史観ではなく、歴史的経緯の中に社会事象を捉え、そこには様々な「事情」があることを推し量る「心」を重視し、かつ、「同様にこれからも変えていくことができるという確信をもつ」「心」を重視している。地域の歴史的・文化的事情をふまえて現実の生活の意味を把握し、未来に向けて、社会を変えていく力を育成しようとしているのである。

社会科には、地理・歴史・政治経済等を内容に含んでいるが、彼は、上述の意味で、特に歴史的観点から社会事象を捉える力を重視している。「問題は社会科を通して、歴史的なものの考え方、あるいは歴史的意識というものを培い得るかどうか」であると（同前　三九頁）。ただし、既存の歴史教育については、「いわゆる歴史というものの概念が問題である。ある人は歴史という場合、そこにはもうすでに何か動かしがたい、あるきまったシステムがあるかのように」決めつけていると批判している。「普通に考えられている歴史は、いわゆる時代史で」、「クロノロジカルに過去から近い時代へと順々に、いわば年表的な線で現象を追跡してみる形の歴史」を「系統だった歴史であると称して」いるが、「クロノロジカルな扱いでなければ歴史ではないというふうに思い込みすぎていないだろうか」。「ほんとうの歴史なのであるかはすこぶる疑問である」（同前　三六〜三九頁）。しかも内容は、「王政復古のために働いた人々の行蹟」など統治者中心で、関ヶ原や明治維新など事件中心で、「文書史料」に偏るなど（柳田国男「歴史教育について」『改造』第三四巻第一号、一九五三年、『全集』㉜　三八六〜三九二頁）、およそ民衆の生活の歴史は見えない。むしろ「生活の中にある歴史を」学ぶべきである（柳田国男「生活の中にある歴史を」『初等教育資料』第三三号、東洋館出版、一九五三年：『全集』㉜　四〇〇〜一頁）。「歴史教育の使命」とは何か。「もともと歴史とはわれわれの過去の経験であり、これによって現代を解釈、批判し、よりよき将来を計画しうることが歴史教育の目的」であり、「生徒達が大きくなった後までも、事ある毎に判断の基礎を正しい過去の知識に求めるやうな気持ちを養成することが、歴史教育の眼目である」と主張したのであった（柳田国男「歴史教育の使命」『毎日新聞』、一九四六年：『全集』㉛　二七八〜九頁）。

それでは、「生活の中にある歴史」を学ぶとはどういうことであろうか。柳田は地理も含めて次のように説明する。「二年生になれば、近くの川について、この『もと』はどうなっているだろう、この『さき』はどうなっているだろうといった具体的な学習」をして、「歴史における原因とか結果についての学習へと発展させていくことができる」。歴史を「地理的距離感と連関させて、昔といってもいろいろな段階があることをもはっきり教えるならば、着物の歴史でも、乗物の歴史でも」よい。「一般の人々のための歴史学習は、いわゆる系統的なものである必要はなく、倒叙式のやり方」を「原則」とするよう説く。要するに、現代から過去に、時間を逆に遡って叙述する式の歴史教育である。現在あるものの由来を尋ねる民俗学的方法と言えよう。柳田は言う、「わたくしのいちばん残念なことは、歴史というものはわれわれの生活の中に無尽蔵にあるのに、一冊の歴史教科書を読んでしまえば、それで歴史がすんでしまったという錯覚に、これまでの教師も教えられる方もとりこになっていたことです」（柳田国男「生活の中にある歴史を」（『初等教育資料』第三三号、東洋館出版、一九五三年：『全集』㉜　四〇〇）と。身の回りの生活におけるすべての社会事象は、歴史性を持って存在している、その由来の事実をよく知ることが、現在の社会を理解し自分を理解することにつながるので、その意味で「史心」が大切であるというのである。

地理についても、「歴史の場合における史心と同じように、地理においては『風土感』というか、風土に対する理解を子供にもたせることが重要である。地誌的な教育が、重要な地理教育の一種であることは認めるが、それ以上に、自然に対する適応、対応の人間の態度を吟味させることが大事なのではあるまいか。人間が自然にどう制約せられ、またそれを支配するためにどのように働きかけているかを、生活の場に即してつかませることが、社会科における地理教育の重点である」というのである。

ちなみに道徳教育についての考え方も捉えておくと、歴史・地理同様に、「社会生活の実態を子供が把握していく間におのずからあるべき倫理がどのようなものであるかを判断させ、社会生活の中にみずからを置いて、いろいろな倫理的な体験を実際にもたせるという方向こそ望ましい」。「旧来の徳目を羅列する修身教育が退いても」、「まずもって、社会、世間の実相をとらえさせ、そして社会生活にとってどのような力が意味あるかを考えていくことができるならば」、「子供たちはおのずから自分たちの社会がどうあるべきか、人と人との関係がどうあるべきかについて、適正な判断を下していけるであろう」というのである（柳田国男『日本の社会　六年　学習指導の手引き』実業之日本社、一九五四年、七頁）道徳の時間を特設して、あるべき理念を教え込む方法は望ましくないという考え方である。

要するに、社会科で世間の実相を理解させ、その由来と意味を生活に即して考えさせることで、自ずから「史心」「風土感」そして「道徳」的に適正な判断力がついてくるというのが柳田の認識であった。

「疑問」重視の社会科

「柳田国男の学問の根幹となっているのは『問いの科学』としての精神であった。学問というものは、実生活上の『疑問』『疑い』『疑惑』から出発しなければならないということは、いたるところで繰り返し繰り返し説いてきたことであり、またそれが日本民俗学の基本的立場であった」（谷川彰英『柳田國男　教育論の発生と継承』三一書房、一九九六年、一八四頁）。これを社会科の構想に引き継がれ、和歌森太郎との共著『社会科教育法』の〔第三〕社会科教育の配列の第一節では、「疑問の喚起と問題の発見」について説いている。「第一に、彼らのもつ疑問が豊富になること、進んでその疑問を提出するようになることを望んでいる。子供たちが、その成育に応じて、さまざまの疑問をもち、それらが次第に豊富に、かつまた深くなっていく」、「これを取上げていくことによって、社会科の問題をつくることは可能になる」。「社会科は、普通に問題解決の学習」と言われるが、その「問題は、教師が子供にあてがうものではなく、まず子供自身にそれをもたせる必要がある」。その問題を作るためには、子供たちから出された「疑問の多くの束」を「適当にくくって、一つの問題」に仕立てあげる。最初、「多くは単純な疑問にすぎない」が、「その疑問を問題へと発展させ、くくっていく仕事を、子供たち自身にやらせて、はっきりと学習の対象となし得る問題として、彼ら自身から提出させることが大事である」。「その問題の解決方法について」、教師はいろいろ「援助」するが、「どういう解決の仕方が一番正しい、望ましい行き方であるかは」、「子供たちが選んでいく」。「子供たちの立てた問題解決の方式は非常に仮説的な意味しかもたない」ことは「考えさせておく必要がある」。「いつでもぶちこわして、もっと進歩した解決の方式をもてる」ということを「念頭に置かせる必要がある」。そして、「問題を解決する際に、単に今日眼のあたりに見る事象だけとらえて解決しようと努力しても十分でないことも、少くとも5年、6年以上の子供たちには知らせてやらなければならない」。そのためには、「同じ問題を、違った社会ではどんなふうに解いているか」、あるいは先輩はどう解いたかなどを「知らせなければならない」、つまり、「異なった社会なり、異なった世界の事柄、あるいは古い昔の人のやり方を、その機会に学習させる」などを学ばせるのである。そうすることで、「人のやった問題の解決の仕方が、いわば追体験されるならば」、「自分自身の経験が再構成」されることで成長するのである。

このように疑問から問題解決の学習へと導き、子供自身の再構成へとつなぐことが大切で、その始まりとして「社会質問帳」というノートを作らせ、「社会科の単元学習を終えた直後に、どの子供にも疑問を率直に幾つでも書きこませる、それを集めて教師は発展性のある疑問、よい問題として伸ばしうるもの」を評価してあげて、「学習の進歩が、よい質問」が多く積もっていくという形で明瞭に自覚されるように指導する。「すべてが学習中に解決してしまう、わかってしまうということはない」ということ、「成人してから」も調べるなど、「考うべきことが無限にあることをさとらせることが重要」であると指摘している（同前　六四～六七頁）。

いかにして民衆がどういう生活をしてきたのか、そのことについて、はてしなく「疑問」が出せる社会科教育を目指している、まさに民俗学的アプローチである。「これまでの学問は『象牙の塔』などという言葉であらわされていたように民衆の手のとどかないところにあることを以て、むしろ誇とするような風潮さえ」あったが、「今は民衆自らが考え、自ら判断を行うべき時代であり、学問はその取捨判別の基礎を与えるという大きな使命をもっている」。「これまでの国史といわれるものにただの一頁も跡をとどめなかった名もなき民の過去の姿を現在の民間伝承によって復原し、時の流れの中に正しく身を置くことによって、今日の生活に対する反省と、未来への判断のよりどころ」とすることこそ、社会科教育のあり方であるというのである（「民俗学研究所発足のことば」『民間伝承』第一一巻第四・五合併号、一九四七年）。

四．「柳田社会科」の理論と内容構成

社会科の構想

それでは社会科の教育内容と方法をどう構想したのか。柳田は和歌森太郎と共著の『社会科教育法』で、次のように提案した。「社会科は、よい意味での世間教育であると理解してよい」。「世間とはいったいどんなものであるのか。この世の中にはどんな人たちが、どんな所でどのように住み、暮しているか。それが毎日の状態としてはどうであり、一年間を通じてみればどうであり、一生を通じてみるならばどうであるか。また現在の様子ではなく、少し以前にはどうであったか。さらに古い昔はどうであったか。こういうことを理解させることによって、広い世間の中に立つ個人個人のあり方、またそこに生きていくにはどうしたらよいかを見とおさせるようにする」というのである（柳田国男・和歌森太郎『社会科教育法』実業之日本社、一九五三年一八～九頁）。

柳田は、マクロに分析した社会制度や国の歴史などを教え込む仕方ではなく、民俗学でいう「常民」の生活について、具体的な日々の事実を確認し、その由来と意味とを人々に寄り添って把握することで、どのように生きているかを捉えさせようとしており、社会科教育は「世間教育」であることにこだわっていた。「いわゆる世間勉強は、昔はみんな子供の時分から、家庭や村々において行われてきていたのである。ところが学校教育が整ってきたがために、かえって家庭の教育がおろそかになり、学校もそれを卑俗なものとして取上げようとせず、無視するようになった。そこを改めていかなければほんとうの教育にはならない」。「世間の勉強については、それに関係のある基礎知識だけを養えば事足りるものと考えている向きもあるけれども、実際世間的な活動が生きることがあるならば、活動の型、方式を身につける意味において、ある程

度まで学校の中でその訓練をさせておくことが、将来のおとなになって、素直に正しい世間生活をさせていく基礎になる」。また、「子供のもっている世間に対するさまざまの疑問について、これまでの学校教育はあまりに冷淡であり、奨励したことは、すこぶる知識的な質問ばかりで、家にあり、あるいは道を歩いて目に触れ耳に聞いたことから起ってくる子供らしい疑問を取上げて、またその疑問を解く鍵の調べ方など授ける教育がなかった。これからの社会科は、その面における教育を十分に果していくべきものであろう」と（同前　一九～二〇頁）。

確かに、私事になるが、学校での勉強では、「本当の頭を使っちゃいけない」という自己規制が働く。通常、家庭で考えたりしていることを、そのまま先生の前では表現しないように用心する。もう学校に行ったら学校の頭になって教科書の頭になって、そしてその前提でやるとテストの問題が解ける。自分の家にいる時の、そもそもの発想で質問すると、教科書が依拠している前提を崩し授業を破壊しかねないし、当然、いい成績も取れないことになるので、学校という公教育の場では、日々の生活から乖離した前提に立つことを余儀なくされる。学校では日々の生活のこだわりを捨てること、この種の暗黙の前提に気付くことで成績が上がるようになった経験がある。

これを柳田は、「日本の近代教育を一貫してきた『世間ばなれ』の弊害」と捉える。そしてこの「弊害」を「最もよく矯め直す意義をもつ教科は、われわれが今受取り直して再建したいと思っている社会科においては、ほかにない」とし、「この社会科こそ、優秀な子供を相手にするのではなく、十人並みの人間をつくること、一人前の選挙民をつくることを標榜できる最も好適な『世間』教育の教科」にしたいと主張したのである（同前　一五～六頁）。

しかし社会科が新設された時に、多くの教員は何をどう教育したらよいかわからなかった。地理科や歴史科ならば知識の系列があるので、それで一年間の教育を計画することは比較的容易であるが、新設の社会科の場合、新しい市民を育成する上で何をすればよいのか具体的には見えないという状況にあったので、柳田は、教育構想だけでなく、さらには社会科のカリキュラムや単元そして教科書まで作成することになるのである。

柳田は、教科書と同時に各学年の『学習指導の手引き』を指導書として刊行しているが、いずれも冒頭に「社会科の概念」の章を設定して社会科とはどういう教科であるべきかを説いている。まず、日本語の「社会」という言葉は3つの意味があると捉える。「第1はワールド（World）、第2はソサイァティ（Society）ないしコミュニティ（Community）、つまり集団とか共同生活、第3はサークル（Circle）、つまりつき合い仲間」という意味である。「社会科もまた、この3つを含めた意味でのソーシャル・スタディであることは疑いないのであるが、われわれは就中『世間教育』として、社会科を理解したい」と宣言している。これまで「子供は、衣食住をふくめて、広い意味での世間的な生活をすでに行ってきているのである」が、「子供の持っている世間に対するさまざまな疑問について、これまでの学校教育はあまりに冷淡であった。すこぶる智識的な質問のみが奨励されて、家の中で、あるいは道を歩いて目にふれ耳に聞いたことから起ってくる子供らしい疑問をとり上げて、それに適切な回答を与え、またその疑問を解く鍵の調べ方などを授ける教育ではなかった」。「自分自身の生きている姿を見つめさせることなく、別世界の概念やら事実をのみ授けてきたのが旧来の教育であった。社会科はその弊を改め、子供に自分の姿を顧みる気持を起させる効果をもつものでありたい」というのである。

「要するに、社会科は個人として自分自身の生活をきりひらいていく実行力、社会的に共同の問題を協力して客観的に解決する能力、そして民主的な社会生活を営んでいく能力、これらの力が子供たちに強められていくことを求めるわけである。この力が一貫して培養されていくならば、公共社会人としての個人の責任、態度などに対して敏感となり選挙などの具体的機会にその良識が、ほんとうに社会の進歩に有意義に発揮されることになる」と、柳田は期待している（柳田国男『日本の社会　六年　学習指導の手引き』実業之日本社、一九五四年、三〜五頁）。

カリキュラム編成の原則

「柳田社会科」は、以上のような考え方に基づいて構想されたが、次いで、柳田・和歌森は、そのカリキュラム編成の原則を構想し、さらに、成城小学校社会科研究部員とともに単元構成まで編み出すことになった。

カリキュラムの第一原則は、「絶えず現代またはここでの問題であるということ」である。「学習する児童生徒のそのときの境遇を、時間的にも空間的にも土台にして」、「それをどう発展させるか」という観点から、「遠い時代に入ったり、遠くの世界に目を移したりする」という原則である。児童生徒の置かれている境遇とその発展との関わりにおいてカリキュラムを編成すること、この関わりが曖昧なカリキュラムでは、児童生徒は学ぶことの意味が実感できないので、食いついてこないということであろう。

第二原則は、「事実は少なく取上げて、深く探りこませることが必要である」。「一般社会科の教育内容」では、「非常に雑多な知識をむやみに羅列的に取上げる傾向」がある。これでは「毎時間、毎単元の児童生徒の印象が」「すっきり」しているようには思えない。「かんじんなことは、一つの単元において、またある時間において学んだことが、その直後に、自分はこれだけのことを会得した、これだけの力をもつようになったと自覚できるようにすること」、「今日はここまで自分のものになった、という喜びをもって帰れるような学校生活」となること、そして「子供に探究する喜びを味わして、探究して得た力の自信を持たせること」が必要であるという。

第三原則は、「日常生活の体系」で編成すること、「決して学問的体系によるのではない」ことである。「対象の体系は、決して既成の学問の中にのみあるのではなく、実は世間そのものの構造が、すでに体系的な秩序をもっていることに目を移して、子供との関係から順序立てて取上げていくことにおいて、また十分に体系的である」と捉えている。独特なのは、「遠い所、近い所」を学び、「古いもの、新しいもの」そして「郵便」を学ぶという組み合わせの提案で、「この3つの関連など、一見非体系的と思われるかもしれないけれども、子供の生活体験からすると、自分自身において、距離の遠いものという点では、地理的な意味での遠い所と、時間的な意味での古いものとは一つの関連をもっているのであって、またそういう遠くと身近なところを結びつけるものとしての一つの機能をもつ郵便が、そこに十分な関連をもってくる」という説明である。子供の生活に即した民俗学的理解と言えようか。

第四原則は、「社会生活の一つの機能に対し、他の多くの機能が結びつく」ことである。「日本の自然が、国民の生命の保護あるいは物資資源の保全のためにどのような働きをもっているか」という話題など、「人間と自然との関係」から「道具の製作」、「生活の機能、問題によっては消費の機能、すなわち経済機能の問題」、さらには運輸、交通、労働、生活等々、「一つの機能について分析した理解が、ほかの機能の理解に発展していくように、カリキュラムがつくられる」という。

そして第五原則は、「学年の進みによって、継続的、発展的に編成」することである。理解能力の発達に応じて複雑化高度化することで、例として、「友だち」という問題から児童会や学級会そして生徒会などの問題へと発展させることが挙げられている。

以上、カリキュラム編成の五原則であるが、これを進めると「全国画一のカリキュラムを設定することは、どだい無理」であると柳田・和歌森は捉える。「村と都市との間の違い」など「地域的な条件に従って、カリキュラムのつくり方が違ってくるのは当然」である。「カリキュラムは、地域社会のたゆまざる発展につれて内容が変ってくる。去年の社会科カリキュラムではこのような課題を求めたけれども、今年はこれだという交換」がなされることが大切である。

柳田・和歌森が、地域や時代によってカリキュラム編成の変革を求める背景には、他の論者にはない独自の見解が見られる。「村人と学校教育との乖離が、近代の日本の学校教育に対する不信の念を増長させてきたことにかんがみ、その学校の立脚している地域社会全体との協力によるカリキュラム編成を行うことによって、今こそその弊を改めなければならないと思う。社会科の教育内容が、特にそのところの望ましき近代社会人をつくるところにあるのだから、そのところがどういう課題をもっているかを考慮しなければならない」というのである（柳田国男・和歌森太郎『社会科教育法』、実業之日本社、一九五三年、八〇～七頁）。日本の近代化は、学校教育を村人の生活から乖離させたことで、村人などの地域住民に「不信」の念をもたせてきたので、今後は、村の生活も踏まえた学校教育のあり方を模索し、従来とは違う意味で「望ましき近代社会人」を育成したいというのである。

単元構成と教科書づくり

柳田社会科の提案する単元は、成城学園初等学校による『社会科単元と内容』（一九五一年）の「第一次単元」と、柳田・和歌森の『社会科教育法』に掲載された「第二次単元」（一九五三年）とがある。「第一次単元」は、「柳田国男を囲む二年半にわたる研究会の末、柳田社会科の単元が初めて明らかにされた」ものである。「単元設定の経緯」によれば、成城小学校内で、新設の社会科への対応として、輸入された外国の理論なども含めて検討した結果、「われわれが研究実施しようとしているのは、日本の社会科であり、社会研究であるから、まず日本の社会及び日本民俗学の柳田国男先生にたずねてみよう」ということで座談会を持ち、「日本民俗学」の観点から「単元設定の意見」と求めたのである（谷川彰英『柳田國男　教育論の発生と継承』、三一書房、一九九六年、二四三〜四頁）。

その後の経緯は省略するが、柳田の民俗学研究所が中心に作成した教科書『日本の社会』及び「第二次単元」を考察してみよう。下記は、「柳田社会科第二次単元」の小学校と中学校の単元表を簡略化したものである（柳田国男・和歌森太郎『社会科教育法』、実業之日本社、一九五三年、九九〜一四三頁）。

掲載表のように、単元構成は、一学年から二年、三年、四年、五年、六年と配列されてあり、一学年は、「仲良し、川、遠い所近い所、古いもの新しいもの、郵便、仕事、火、安全」という八単元が設定され、その単元「火」では「火の使い方、火をおこすには」という「小単元」が準備され、「囲炉裏端とか炬燵とか、火で煮るとか焼くとか」、そういうことを素材に生活について調査したり話し合ったりする。二学年は、「海の人たち、山の人たち、動物と植物、暦、買物と店、食べ物、丈夫なからだ、歌と言葉」という八単元で、その単元「暦」では、「暦と生活、正月、春から夏へ、おぼん、秋から冬」などの「小単元」が設定されて

表1　「第二次単元」の小学校（単元名）

	1学年	2学年	3学年	4学年	5学年	6学年
単元	学校のまわり 道路 水 家畜 物をつくる 遊び	仲良し 川 遠い所、近い所 古いもの、新しいもの 郵便 仕事 火 安全	海の人たち 山の人たち 動物と植物 暦 買物と店 食べ物 丈夫なからだ 歌と言葉	友だち 私たちの町や村 産物をふやそう 本 すまい、あかり、 燃料 着物 交通	日本という国 人間と自然 道具むかしと今 私たちの生活と労働 工場 私たちの生活と消費 共同生活 移住	報道 日本の貿易 世界の人々 社会と人 選挙と政治 平和 人の一生

表2　「第二次単元」の中学校（単元名）

	1学年	2学年	3学年
単元	学校生活、家庭生活の明朗化 郷土の調べ方 日本の国土と生活 世界の自然と生活 世界の結びつき	社会の現状の調べ方 村の生活の変遷 都市生活の変遷 技術の進歩 近代工業の発達 天然資源の有効な利用 現代社会生活の問題 職業と社会生活 現代社会の問題解決	日常生活と文化 文化遺産の継承 経済生活の改善 政治と生活 民主主義 世界平和

いる。四学年になったら「友だち、私たちの町や村、産物をふやそう、本、すまい、あかり、燃料、着物、交通」の八単元で、その単元「着物」では、「いろいろな着物、着物の材料、布になるまで、はき物やかぶり物」などの「小単元」が設定されている。五学年では、「日本という国、人間と自然、道具むかしと今、私たちの生活と労働、工場、私たちの生活と消費、共同生活、移住」の八単元があり、そして六学年になると「報道、日本の貿易、世界の人々、社会と人、選挙と政治、平和、人の一生」の七単元で、最後の単元「人の一生」では、「赤ん坊時代、幼年時代、少年時代、青年時代、壮年時代、老年時代、みんなが

表3　教科書「柳田社会科」の単元事例（小単元・話題・目標）

単元	小　単　元	話　　題	目　　標
2学年 「火」	1．火の使い方	いろりばた こたつ 火で　にる、やく でんとうのなかったころ	火の利用の種類とその方法
	2．火をおこすには	火だね 火うちいしで	火のおこし方の進歩
4学年下 「着物」	1．いろいろな着物	きせつと着物 はれ着とふだん着 仕事着 和服と洋服	衣服のなかで労働者がわれわれの生活にとくに重要である
	2．着物の材料	あさ きぬ もめん 毛糸と毛おり物 新しい材料	衣服の変遷の激しさと文化の進歩との関係
	3．ぬのになるまで	はたおり おり物きかい そめもの はきもの	布施のおり方、そめ方の進歩
	4．はき物やかぶり物	かぶり物とあまぐ	はきもの、かぶりものの変遷
6学年下 「人の一生」	1．赤んぼう時代	誕生 食いぞめ 死ぬわりあいが多い	
	2．幼年時代	言葉をおぼえる 七五三の祝い	人の一生にはいくつかの段階がある。
	3．少年時代	小学校にはいる 中学生の生活	幼少者、老人に対して思いやりの念
	4．青年時代	成人の日 一人前の働き 結婚	人生を楽しく力いっぱいすごそうとする態度
	5．壮年時代	家族がふえる 大いに仕事をする	みんなの幸福と社会保障制度の必要
	6．老年時代	老後 喜の字の祝い	
	7．みんなが幸福になれるように	不幸な人のないように みんなが幸福になれるように	

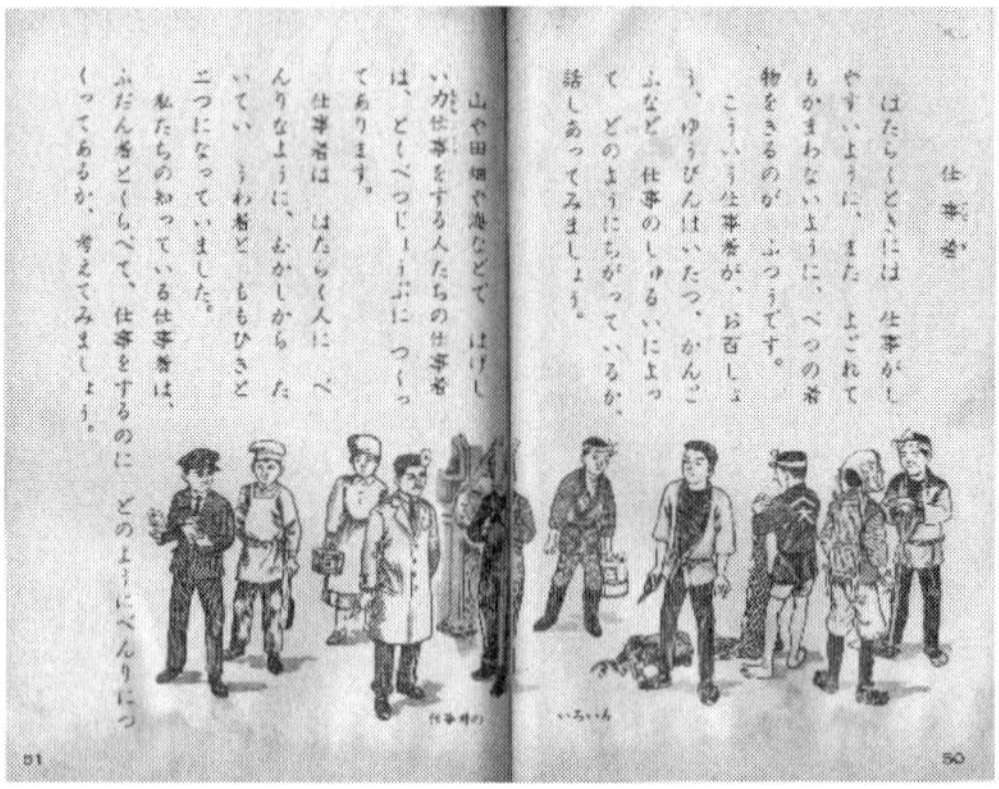
仕事着

はたらくときには　仕事がしやすいように、また　よごれてもかまわないように、べつの着物をきるのが　ふつうです。

こういう仕事着が、お百しょう、ゆうびんはいたつ、かんごふなど、仕事のしゅるいによって　どのようにちがっているか、話しあってみましょう。

山や田畑や海などで　はげしい力仕事をする人たちの仕事着は、どこもべつじょうぶに　つくってあります。

仕事着は　はたらく人に　べんりなように、むかしから　たいてい　うわ着と　ももひきと　二つになっていました。

私たちのわかっている仕事着は、ふだん着とくらべて、仕事をするのに　どのようにべんりにつくってあるか、考えてみましょう。

51　50

図６　柳田教科書『日本の社会　４年下』

五　壮年時代

家族がふえる

結婚したばかりのころは、夫婦だけで家庭を作っていますが、やがてこどもが生まれ、家族がふえて、にぎやかになってきます。祖父や祖母がいっしょにくらしている家庭も、少なくありません。

みなさんの家庭にはどんな人たちがいて、ぜんぶで何人か、話しあってみましょう。

こどもたちにたいする親の愛ほど、深いものはありません。こどもたちの保護や教育のことで、親は夜もねむられないくらいしんぱいすることがあります。

「子をもって知る親の恩」ということわざがあります。自分でこどもをそだててみて、はじめて親のありがたさがわかる、という意味です。

しかし、自分が年をとって、親のありがたさがわかるころには、もう親はなくなっていて、親の愛にむくいることができずに、こうかいすることがあります。

115　114

図７　柳田国男『日本の社会　６年下』、「人の一生」の壮年時代

幸せになれるように」という「小単元」が構成され、その下に細かい「話題」設定がなされている。例えば、「誕生、食いぞめ、死ぬわりあいが多い、言葉をおぼえる、七五三の祝い、小学校にはいる、中学生の生活、成人の日、一人前の働き、結婚、家族がふえる、大いに仕事をする、老後、喜の字の祝い、不幸な人のないように、みんなが幸福になれるように」という「話題」が準備されている。「誕生」とか「食いぞめ」とか「死ぬ事の高い時期」とか「言葉をおぼえる」とか、「話題」一つ一つについて一～二時間の授業をする、その過程で、子供たちに調べてさせたり、討論させたり、村の事実から順次広げて、府県全体のことや日本国・世界の問題までを、自分の一生の問題と絡めて社会科を勉強するのである。

以上、小学校では、学校・道路・水・家畜から始まり郵便・火・食べ物・すまい、交通そして工場や日本

の貿易というように、自分の生活を取り巻いているもの一つ一つを対象として、その事実と由来を確認する学習が企図されていることが確認できたが、中学校に入ると、社会を認識するための調べ方など方法論が重視されるようになっている。教科書までは作成されるの至らなかったが、その単元構成は稀有な価値ある内容である。

中学校第一学年の「郷土の自然の調べ方」・「郷土の昔の調べ方」と第二学年の「社会生活の調べ方、統計の見方、使い方」そして第三学年の「伝承文化の調べ方」が注目される。特に、「郷土の自然の調べ方」「郷土の昔の調べ方」では、次のような詳細な説明が見られる。「このような単元は、今日の中学校コース・オブ・スタディでは要求されていないのであるけれども、生徒をして学習活動を促す場合に、その調査法に対する指導のあり方がたえず問題となる」。「やや学問的に傾く嫌いがないでもないが、われわれとしては、そういう調査法に対する原則的な演習をする機会を与えたいと思っている。かつ、それによって今後の諸問題について学習活動を進める場合の一種の基底ベースを心得させることにもなる」という、特別の長い説明が付されている。単元の配列及び上記の説明から、民俗学的調査方法と社会学的調査統計の仕方が、社会科にとって不可欠な基礎的方法として認識されていることがわかる。一般に、国語・数学・理科はいずれも基礎科学を基盤にして、それぞれ独自の解法及び方法論を明示しているが、社会科だけは、社会科学が基盤にあるにもかかわらず分離されてしまって、社会を分析的に把握する方法論までは教えられてこなかった。そのため、社会認識の方法を習得するよりも多くの社会的項目を暗記する科目なってしまっていた。これに対して、柳田社会科では、「社会の実態調査を子供なりに行ってみる場合の方法・整理の仕方の訓練」することや、「伝承文化の調べ方」を入れるなど、歴史・統計・民族学的な調査方法を「演習」する重要な単元を設定し、積極的に位置付けているのである。

第二に、「日本の国土と生活」の単元についても、特別な説明が見られる。「この単元は、とかく日本地理の地方誌的な扱いをされているのが実情であるが、われわれとしては、もっとそれぞれの地域の人間を中心に理解させて行きたい。だから、ここでは必ずしも日本の地理的な知識を総覧的に把握させようとするには及ばない。さまざまの自然条件の相違によって人々の生活意欲の伸ばし方、またそこに発現する技術が違って来ていることに注意させたい。従って、とかく農村本位に見られる従来の生き方よりも、日本の特殊環境からして、特に海に対する利用の仕方を重視して行きたいと思っている」というのである。地域の中で人々がどのようにして生活しているのか、また、環境との関係でどんな特有の技術を開発しているのかなど、地域で生活している人間中心の地理教育を志向しているのである。

第三に、「現代社会生活の問題」(二学年)では「産業革命後の社会」「資本家の発展」「労働者の生活状態」の話題では、「現代社会が資本家対労働者の対立を根幹としていること」、「資本主義の発展の行きづまり」、「日本の近代工業が農村社会を動揺させてきていること」など、資本主義の問題構造に迫る記述が注目される。

そのほか項目だけを見ると、おおむね学習指導要領の内容と大同小異で、「民主主義」と「世界平和」で中学校三年が締めくくられている(同前　一二八〜一三〇頁、一三七頁)。

まとめ――5類型の社会科教育論――

以上、「柳田社会科」は、社会事象を民俗学的に探究する教科として構想され、「心からの疑問」に支えられた「調べ学習」と討議等によって、住んでいる地域の由来と事情を深く認識することで、「一人前の選挙民」「あたり前の村人」を育成することを狙いとしている。社会科教育によって、「史心」と「風土感」が身につき、社会を認識するための歴史的・統計的・民俗学的調査方法も「子供なりに」「原則的な演習」を通じて力をつけようとしていることがわかった。

そうした「柳田社会科」を、戦前・戦後の五類型の社会科教育論の中に位置づけてみると、(1)昭和戦前期に疲弊した農村を自力更生させようとした郷土教育論があり、ふるさとの偉人や古跡などの調査を通して地域への愛着ひいては愛国心育成へつなぐ教育。(2)GHQ指導の下、米国的民主主義社会をモデルとした近代的で合理的な社会認識の形成を志向した、問題解決型の社会科教育(一九四七年学習指導要領)。(3)日本的村落の事実について、社会調査・統計調査をすることで、社会学的に統一的な視点から社会事象を理解させようとした教育(竹内の理論と実践)、(4)資本主義からさらに社会主義までの社会改造を展望した階級史観の社会科教育、(5)そして「柳田社会科」であるが、民話等の口頭伝承を蒐集・利用して、日本の伝統的な「世の中」と「世間」を深く認識させることで、「一人前の選挙民」・「あたりまえの村人」を育成しようとした教育である。

「柳田社会科」の注目すべきことは、生活の社会事象について、一定の仮説的理解がありうるとしても、その他の理解の余地を重視する考え方で、この点が上記(1)〜(4)の論と決定的に違うところである。徹底的に「疑問」が尊重され、ひとつの結論に固定化することを戒め、様々な解釈と理解を求め続ける社会科教育論である。

柳田・和歌森の『社会科教育法』、『学習指導の手引き』そして教科書『日本の社会』の分析からわかるように、何か決めた答えを教え込むということがなく、よくよく事実を調べて、そこから民族学的理解を深めることが期待されている。だから、歴史科や地理科の重要項目を確定的な事項として教え込む仕方ではなく、なぜ今こういう仕方で、私たちの世界は存在しているのか、あるいはどのように存在してきたのか、これをよくよく調べて皆で確認しあって、各人が判断するという仕方である。

従来の郷土教育とか社会科の教育の歴史を見ると、どうしても重要項目を教え込むことになり、かつ、日本人としての価値観に方向性をつけることになりがちであった。しかし「柳田社会科」には、そうした価値観の教え込みや国民意識づくりという観点は見えない。むしろ「柳田社会科」は、ひとりひとりが今身の回りにあるものはなぜあるのかということを、その原因・結果そして今後の予測まで、調べ学習をして皆で話し合って考えるという、「心からの疑問」を大切にした学習の過程を経ることで自立した市民が誕生すると構想していたのである。

［コラム：私と柳田國男］

「心からの疑問」と「限りない根源への問い」を重視

水原克敏

私は教育学が専門なので、柳田民俗学の深い所を知る機会がなかったが、今回のシンポジウムの発表を機に、その仕事の深さに感心させられ、改めて、日本の近代学校が抱えている問題点をやや深く考察することができた。

第1には、「A＋その他」という発想で、科学的追究によって一定の仮説的見解が出ることでA論に至るが、柳田は、A論をひとつのありそうな見方程度に抑制して捉え、その他のBCDの考えが、より広く、より深くあることを想定していることである。研究者であるなら、Aはあくまで仮説であるということは、当たり前のことであるかもしれないが、その位置づけが、私の想定を超えた深さと広さにあることが驚きである。民俗学の観点からみると、社会諸科学が出している科学的結論は、根源的な問題があるにも関わらず、表面的な薄弱な資料を使って安易に結論を出しているということであろうか。そもそも仮説的な見解にすぎないものを、まるで決まった結論であるかのように論じてしまう自分を改めて反省させられた。

第2に、そうした民俗学を基盤している「柳田社会科」であるので、社会科教育では、「心からの疑問」が果てしなく続くことを理想としている。確かに、どんな説明を聞いても、質問したいことは限りなくあるが、一応、現段階ではAの仮説でいいのだ、というところで私は納得してしまう。学生に説明する時も、まことしやかに説明することができるが、それはどれほどの信憑性があるのか、不安がよぎることがしばしばある。柳田は、「史心」を育むことを重視するが、それは歴史意識というよりも、すべての事物及び見解も含めて、変遷の過程にあり、今後とも変わっていくという認識である。そうした観点からみると、Aという仮説的結論もその一コマとなる。私は、柳田の所論を読んでいて、すべてが流転する無常観を想起させられると同時に、限りない根源への問いを感じた。

第3に、社会科教育のあり方として、私は、「柳田社会科」を知ることで、科学的で合理的な社会科論を相対化することができた。その「科学的」とか「合理的」とかは、何を根拠にしているのか、本当に正しいと言えるのか、「柳田社会科」の前に立つと、その欺瞞性が浮いてくる。近代学校は、「世間ばなれ」の罪を犯していると柳田は捉える。「常民」が生活する「世間」があって、その「世間」では使い物にならない「科学」と「合理性」が近代学校では教えられる。近代とは近代国家が運営するので、その繁栄を目指して「科学」と「合理性」を権力的に教化し注入することになる。しかし、「常民」の生活とは乖離しているので、学校に入れられた「常民」は暗記暗唱して凌ぐことになる。柳田はそうした問題を深く心配し、社会科を変革しようとしたのであるが、まもなく法的拘束力のある学習指導要領改訂がなされて、その思いは潰されてしまったが、それは今日でも続いている問題である。

第九章　沈黙の記述

戸島　貴代志

はじめに

二〇〇五年一一月、福井県大野市郊外の山村で或る心中事件があった。奥越といわれる県北東部中山間地域の七板という過疎の村で、二人だけで暮らしていた老夫婦（夫八二歳、妻八〇歳）が、村はずれにある廃墟の斎場の火葬炉で二人並んで白骨死体で見つかったのである。廃炉となった旧式の炉で、焼き終わるまでに十二時間かかる。粗末な建屋の扉には内側から閉められた形跡があり、炉内で発見されたときはほぼ〈完全な姿〉であったという。

生前、妻は久しく足が悪く、重度の認知症も手伝って片時も夫の元から離れなかった。夫も夫で持病があり、夫婦に子供はなかった。今はもう使われていないその廃墟の三昧（＝当地で謂う火葬場のこと）に向かう朝、夫は、身辺の整理をし、少なくはない財産（預貯金および不動産）の全てを町に寄付する旨をしたため、妻をいざなって、みずから火をつけたものと思われる。三昧の横にエンジンをかけたまま止めてあった車の中からは給油伝票数枚に書かれたメモ書きが見つかっている（九日付け『福井新聞』朝刊による）。それには以下のように記されている。

「六日午後四時半、車の中で妻を待たせる。」

「午後八時、妻とともに家を出る。」

「一時間ほど待ち、炭や薪で荼毘の準備をする。妻は一言も言わず待っている。」

「七日午前零時四十五分をもって、点火します。さようなら。」

同紙によると、このほかに親族らに対する感謝の念も綴られ、自宅で見つかった夫の日記には「妻とともに逝く」と書かれていたそうである。みずから人生の幕を引くかのように、夫は、妻を連れ、自分たちを火葬した。
この一件は、様々な憶測をよぶとともに広く地域を超えて知られるに至り、上記引用の現地新聞を含む多くのメディアでは、「病気苦に心中か」といった見出しのもと、世も末の哀れ一色で報道された。哀れといえばどこまでも哀れである。が、しかし、跡形残さぬこの夫婦の末期に、ことの顛末を知る同じ奥越出身の私の知人は、みごとだ、と呟いた。もちろん、夫婦には別の選択もあったであろうし、なければならないであろう。しかし、「心中」「孤独死」「病気苦」等、用意された類型に固有名を入れるだけの報道に、この知人はもちろん、当地の人たちの多くが、そして私自身も感じる違和感は、いったいどこからやってくるのだろうか。

一．或る死の記録

少し長い引用を二つ挙げることを許されたい。

（引用Ⅰ）

今では記憶して居る者が、私の外には一人もあるまい。三十年あまり前、世間のひどく不景気であった年に、西美濃の山の中で炭を焼く五十ばかりの男が、子供を二人まで、鉞で斫り殺したことがあった。女房はとくに死んで、あとには十三になる男の子が一人あった。そこへどうした事情であったか、同じ歳くらゐの小娘を貰って来て、山の炭焼小屋で一緒に育てゝ居た。其子たちの名前はもう私も忘れてしまった。何としても炭は売れず、何度里へ降りても、いつも一合の米も手に入らなかった。最後の日にも空手で戻って来て、飢ゑきって居る小さい者の顔を見るのがつらさに、すっと小屋の奥へ入って昼寝をしてしまった。眼がさめて見ると、小屋の口一ぱいに夕日がさして居た。秋の末の事であったと謂ふ。二人の子供がその日当たりの処にしゃがんで、頻りに何かして居るので、傍へ行って見たら、一生懸命に仕事に使ふ大きな斧を磨いで居た。阿爺（おとう）、此でわしたちを殺して呉れと謂ったさうである。さうして入口の材木を枕にして、二人ながら仰向けに寝たさうである。それを見るとくら〳〵として、前後の考えも無く二人の首を打落としてしまった。それで自分は死ぬことが出来なくて、やがて捕へられて牢に入れられた。（中略）私は仔細あって只一度、此一件書類を読んで見たことがあるが、今は既にあの偉大なる人間苦の記録（傍点引用者）も、どこかの長持の底で蝕ばみ朽ちつゝあるであろう。

（引用Ⅱ）

又同じ頃、美濃とは遥かに隔たった九州の或町の因獄に、謀殺罪で十二年の刑に服して居た三十余りの女性が、同じやうな悲しい運命（傍点引用者）の下に活きて居た。ある山奥の村に生まれ、男を持ったが親たちが許さぬので逃げた。子供が出来て後に生活が苦しくなり、恥を忍んで郷里に還って見ると、身寄りの者は知らぬうちに死んで居て、笑ひ嘲ける人ばかり多かった。すご〳〵と再び浮世に出て行かうとしたが、男のほうは病身者で、とても働ける見込はな無かった。大きな滝の上の小路を、親子三人で通るときに、もう死なうぢゃ無いかと、三人の身体を、帯で一つに縛り附けて、高い樹の隙間から、淵を目掛けて飛込んだ。数時間の後に、女房が自然と正気に復った時には、夫も死ねなかったものと見えて、濡れた衣服で岸に上がって、傍の老樹の枝に首を吊って自ら縊れて居り、赤ん坊は滝壺の上の梢に引懸って死んで居たといふ話である。（以下略）

この二つの引用は、「天狗の話」「山人外伝資料」から「山人考」へと展開した柳田国男の山人研究史において、その集大成とでも言うべき書『山の人生』の第一章冒頭に、この書の序として附されたものである（『全集』③ 四八七〜八頁）。大正十五年十一月に刊行されたこの「序文」題目は「山に埋もれたる人生あること」とされている。柳田は、大学卒業後、農商務省から貴族院書記官長を経て新聞社勤務を経験している。職務上、様々な事件・事故の記録に関わることが多かったわけである。その彼の書きとめる右の引用において、一方で「偉大なる人間苦」（引用Ⅰ）といわれ、他方で「悲しい運命」（引用Ⅱ）といわれる、「山に埋もれたる人生」に共通に物語られる出来事の内実は、端的に、貧困と死である。

柳田は、山人や天狗に象徴される「山の怪異」について、同書『山の人生』をもって一つの転換点を迎える。すなわち彼は、この書以降、これら「山の怪異」を怪異そのものとして探究する視点を棄て、これを里人の心に映った「山」の姿とする視点を採るようになる。暮らしの外見よりも、人々の内なる精神性のほうへと柳田の関心は移り変わっていったわけである。一般に言われる柳田民俗学の根本性格――人間存在の現実そのものが秘める悲哀への共感――も、したがって人の内面へと移り変わるこうした関心の変化に伴って、そうした〈共感〉という点では次第に深まっていったものとも思われる。市井の人々のありふれた生活に潜む、言うに言えぬ真実への共感がこうして深まりゆく、いわばその出発点に、上記引用の二つの事実の記録「悲しい運命」と「偉大なる人間苦」があたかもその前奏のように配されているわけである。

しかしながら、これらの「山に埋もれたる人生」に語られる死の特異性について柳田はここ『山の人生』本編では一言も言及していない。それどころか同書では彼は死を死として主題にもしていないのである。むしろ柳田は、「偉大なる人間苦」も「悲しい運命」も、自分の「説こうとする問題とは直接の関係はない」

とまで述べている。「山に埋もれたる人生」の、貧困ゆえの心中という〈事件〉を導入としつつも、著作本編では彼はむしろ市井の民俗現象を淡々と記述するだけである。この柳田の、死にまつわる人間存在の悲哀を背景としながらも、死をことさら死としては追究しない無機質な姿勢、あるいは、もっぱら個々の生の事実を記述するだけで、その根底における生一般の根源的意味については黙したままの抑制的な態度、いわば〈沈黙の記述〉とも呼び得るこのスタイルもまた、柳田民俗学全体を貫くもう一つの根本性格として知られている。この著作全体についての詳論は本論の課題外とするが、以下、二つの「山に埋もれたる人生」のドキュメントにいま少し立ち入りつつ、冒頭での福井の「心中事件」の報道に鑑みて、この〈沈黙の記述〉についての若干の考察を試みたい。

二．生の意味を問わない生

当事者本人（子を殺した親）によっていとも簡単に下された――下されざるを得なかった？――（子の）生の突然の途絶と、それにもかかわらず生き残ったこの当事者の、今度は誰が下したのでもない生の存続、もはや死ぬに死ねない「抜け殻のような」生活の執拗なまでの継続、さしあたりこうした点が上記二例のドキュメントに通底する外見的事実である。この事実が教えるのは、不幸な生も幸福な生もおよそ一切がそこへと逢着し、そこに落着するはずの死において、その死がもとの悲惨な生よりなおいっそう悲惨な生を招きよせ、したがってこの死がかつての無意味な生よりなおいっそう無意味な生の部分でしかないという、いわば出口のない生の虚無であろう。二つの事例において如実となっている人生の悲哀――柳田が深い共感を寄せる人間存在の現実の秘める悲哀――も、畢竟この虚無に淵源するといってよい。

しかしながら、あらためてこれら二つの事例の子細に気を配るなら、それぞれの事例における死の様相には若干の質的な違いもしくは或る次元的相違のあることが気づかれる。焦点は、前者の事例（引用Ⅰ）における、死の不思議なまでのあっけなさにある。

後者（引用Ⅱ）の事例における死、すなわち「悲しい運命」と記される、心中にまで至るその不幸な成り行きは、それでもある程度までなら常人の理解の範囲にある。ここでの死の事件性つまり非日常性は、その意味では日常の側から理解できる非日常性だということである。これに対し、「偉大なる人間苦」とまでいわれる前者（引用Ⅰ）の事例における死には、常人の良識を圧倒し世人の生活感情にはほとんど理解不能とも思われる一種異様な空気が漂っている。己が首を差し出す子、その首をそのまま打ち落とす親、この死の非日常的性格は、もはやⅡの事例における〈日常―非日常〉の枠組みには属さないように見える。

ここで我々は、先に〈不思議なまでのあっけなさ〉と前置きしたように、この事例（引用Ⅰ）における死〈殺人？〉が、それ自体当然ながら鋭い緊張感や正常／異常ぎりぎりの危うさを強く感じさせる半面で、それでもなおどこか淡々とした空気をも漂わせていることにこだわりたい。「おとう、これでわしたちを殺してくれ」という子供の申し出が、幼気《いたいけ》や無知・無垢ゆえの悲惨を通り越し、さらには奇怪さや気味悪さをも凌駕して、ここではむしろさもそれが自然な成り行きでもあるかのごとくの観を呈しているということである。「前後の考えもなく子供の首を打ち落としてしまった」父親の行状の〈あっけなさ〉も含め、すくなくともここでの柳田の記述はきわめて無機質にして抑制的、つまりはそっけなく、その死も実にあっけない。

もっとも、この父親の行状と似た〈あっけなさ〉なら、「もう死のうじゃないか」と滝に消えた親子の、もう一方の事例（引用Ⅱ）における死にもある程度までなら見出せる。しかしこちらの事例では、世間に背いた罪悪観や悲愴感がこの親子の周辺に全体として張りつめており、そのゆえか、地域社会にいまだ執着することからくる一種の湿り気が話の裏面に強く張り付いているようにも思われる。対して引用Ⅰでは、この種の湿り気は希薄であり、社会や世間への申し訳なさといった敗走感も皆無である。近隣との繋がりも親類縁者との結びつきも没した孤立無縁な山の生活にあるのは、ただ、喰えぬから死ぬという、湿り気どころかむしろその意味では乾燥した剥き出しの生存の実相であろう。それは人倫や道徳以前のある種の自然といってもよい一種の〈掟〉でさえあるかのようだ。繰り返すが、すくなくとも柳田は、そっけなく、そしてあっけなく、あえてそう描いているように見えるのである。

ここ「偉大なる人間苦の記録」に語り出されている引用Ⅰでの死が、したがって初めからそうした悲愴感や敗走感などとは別の何かを示しているのだとしたら、かの瞬間のかの当事者たち（＝首を差し出した子と、その首を打ち落とした父）にとって、死は土台身構えるべき何ほどのものでもなかったという、その意味での〈死のあっけなさ〉こそが、まずはその〈何か〉への指標として読み取られるべきではなかろうか。

大切なのは、この〈死のあっけなさ〉には、我々の知らない別の日常が——引用Ⅱでの〈日常—非日常〉における日常ではない別の日常が——顔をのぞかせている可能性がある、という点にある。

三．沈黙の日常

二つの事例において如実となっている人生の悲哀もともにひとつの虚無すなわち出口なき生の虚無に淵源する、とすでに述べた。そしてそれは〈かつての無意味な生よりなおいっそう無意味な生〉そのものの虚無だった。しかしながら、これら二つの事例における死の様相の違いを考慮するなら、この虚無を本質とする〈なおいっそう無意味な生〉のその〈無意味さ〉の程度にも、いまやそれぞれの事例では根本的な相違があるように思われる。結論を先取りして言うならば、「悲しい運命」と語られる引用Ⅱでの出来事が、諸々の生存に意味を与えるだろう最後の頼みの綱である〈死の意味〉を、それにもかかわらず有無を言わせず無みする、そのような〈生の無意味〉を語っているとするならば、引用Ⅰでの「偉大なる人間苦」に垣間見える右の日常――我々の知らない別の日常――は、この〈生の無意味〉をさらに没意味にする日常である。

すなわち、引用Ⅱにおける〈生の無意味〉は、いまだ生それ自身に意味を見出そうとする意識あっての無意味、その点では反意味ともいい得る無意味である。これに対し引用Ⅰでの〈生の無意味の没意味〉、つまり〈生の無意味〉をも無みする〈生の没意味〉は、もはや生に意味を問おうとするこの意識そのものの外部にとどまる生の赤裸々な実相であろう。〈生の没意味〉は、反意味としての無意味の有する意味性――意味がないという仕方でいまだ意味に依存している意味性――そのものを消滅させる没意味だということだ。先に述べた、地域社会への執着から来る湿り気の有り無しという、二つの事例における死の様相の質的な相違も、こうした反意味と没意味との次元的相違が両者の死に様（あるいは生き様）にそのまま映り出ているものとも考えることができる。

この没意味たる日常、つまり生の赤裸々な実相は、喰えぬから死ぬ、というほとんど動植物のそれと違わぬという点ではいわば〈生の基底相〉ともいえるだろう。しかし同時にまたそれは、意味がある、意味がない、という思考方式自体が無効化するという点では〈生の超越相〉ともいえようか。両相含むこの没意味にして赤裸々な生の実相からするならば、「上記二例に通底する」とはじめに述べた〈ひとつの虚無〉、すなわち一種の永劫回帰における出口なき生の虚無にも、これら二つの引用間における無意味性のポテンツの差（＝反意味と没意味との次元的相違）によって区別されるべき、ひとしく次元的に異なる〈二つの虚無〉がもともと含まれていたと考えるのが筋であろう。その場合、引用Ⅱでの虚無はいまだ生に意味を見出そうとする思考あっての虚無であるのに対し、引用Ⅰでの虚無はもはやこの種の思考では接近不可能なそれということになる。

　この後者の虚無に裏打ちされた、引用Ⅰに顔をのぞかせる日常つまり〈没意味な日常〉を、すでに私は、人倫や道徳以前のある種の自然といってもよい一種の掟、と呼んだ。自然（＝ピュシス）の有する秩序（＝コスモス）から生え出たかのようなこの掟（ノモス）に生きる人生は、当の掟の意味や根拠を問わない日常を、それどころかおよそ生にいちいち意味なるものを問わない日常を、あたりまえのように生きる人生でもあるのであろう。冒頭二例の「山に埋もれたる人生」の、とくにこの引用Ⅰでの異様な非日常の背後には、かえってこうした〈没意味な日常〉が黙したまま顔をのぞかせているようにも思われるのである。あるいは、ここでの〈死のあっけなさ〉自体が、淡々とした山の暮らしのこの日常（没意味な日常）から生え出た、そのかぎりでは淡々とした〈生のあっけなさ〉の一部なのだということかもしれない。この〈没意味な日常〉は、とき満ちれば大地に還り、いつとも知れずまた芽吹く草木のように、いわば己を振り返ることなく永劫回帰する一種の自然現象にさえ匹敵するかのようである。

　物言わぬ大地に生きる、物言わぬこの日常は、生きとし生けるもの一切に通底する生の基底相に根ざす暗黙の掟なのでもあった。この掟に命ぜられるままに過酷な山の自然を文字通り自然に生きることと、それでも人間らしい里の暮らしを懸命に営まんとすることとの間の度し難い相克が、柳田をして、この引用Ⅰの事例を「偉大なる人間苦」とまで言わしめたのだろうか。いずれにせよ、物言わぬこの生の基底相は、われとわが身を振り返って生の意味や死の意味を問い求める思惟の前からは姿を消すだろう。山に暮らし山に死ぬ、いまはなき剥き出しの「山の人生」への接近には、およそ人生に意味を問わねば気の済まぬ思考は無力である。ましてや、〈生とは何か〉〈死とは何か〉と問わねば気の済まぬ近現代の反省的思惟ではあまりに騒がしいともいえるだろう。生の基底から生え出たかのようなこの沈黙の日常を、当の日常に沿って、あるいはその内側から、この日常にふさわしい仕方で思考するには、反省し・根拠づけ・意味づけする思惟はまずは沈黙しなければならないということである。しかるにこうした反省的思惟にとって生の基底相は生の超越相として働くことになる。

はたして、これら生の基底相と超越相の両相を秘める「山の人生」の特異な実相を、しかしそれでも描き出そうとするならば、すなわち記述という仕方で、強いていうならこの実相を外側からも描写しようとするならば、さしあたりはその実相の意味を問わず根拠づけもしない姿勢、そのいみで死の意味も生の意味も軽々には問わない記述をもってするしかないだろう。この場合大切なのは、この記述が、そうしてあくまでも事の外側から抑制的・無機質的になされつつ、同時に事の内側からも共感的になされている記述でもなければならないという点にある。もとよりこの書『山の人生』そのものが「人間存在の現実そのものが秘める悲哀への共感」のうえに成り立っているはずだからである。共感的になされる記述とは、さしあたりは、人生に意味を問わねば気の済まぬ思考とは別の、事にあたって記さぬわけにはいかぬという、ある種の御し難い衝動からなされる記述であろう。

かくして、基底的にして超越的でもある原的生にふさわしい記述方式、あるいは、これら両相を孕む、人生の意味を問わない人生自体が、おのずと要求する（つまりこの人生への共感からなされる）記述方式、そのような特殊なスタイルがここに見え隠れしているように思われる。ここでこれをあらためて〈沈黙の記述〉と呼んでよいならば、いわれているのは、沈黙には沈黙で応えるしかないこと、いやむしろ〈沈黙の日常〉がかえって〈沈黙の記述〉を共感的に呼び起こすこと、まずはこのことに尽きるだろう。総じて、引用Iでの死の特徴――死のあっけなさ――と、この事例に語られる「山の人生」が当の人生の意味を問わない人生でもあるという表裏一体の特徴が、この事例それ自体の描かれるべきスタイルをおのずと要求している、と暫定的ながら結論しておきたい。そしてまさにこの要求に、柳田は、主著『山の人生』全体を通じて〈沈黙の記述〉というスタイルで応えているのだと考えたい。

ちなみに、この著作の詳細には立ち入らない、と本論冒頭で述べたが、①記述対象が記述スタイルを限定すること、②この限定を引用IとIIで予告的に実践すること、③この実践を著作全体において拡大実践すること、④この拡大実践によって今度は記述スタイルが記述対象を限定すること、この四点が『山の人生』全体の根幹をなすと筆者は考えている。あるいは、この〈沈黙の記述〉という柳田民俗学の独自スタイルが、山に暮し山に死ぬ物言わぬ日常を、生に意味を求めぬ「山の人生」として、創造している、と上記のとくに④に重心を置いて一括してもよい。「山に埋もれたる人生あること」は、だからこそ「序文」題目の位置に置かれたのではあるまいか。

四　沈黙の記述

ならばここで、あの福井・大野の夫婦も、この「山に埋もれたる人生」と似たある種の〈掟〉に服したのだと考えてみるのは、無謀であろうか。さながらそうまでいわずとも、跡形残さず己を火葬する行為の意味は、これを問わずには居られぬ反省的思惟の前からは姿を消すだろう。かの知人の「みごとだ」との呟きにすでに語りだされているように、〈なぜ？〉の問いをどこまでも退けるかのような夫婦の死は、性急に意味づけし根拠づける反省的思惟からは逃げ去る何かを孕んでいる。あえていうならば、〈なぜ？〉の問いが、いわばこの死の原因を後方に探し求めているのに対し、「みごとだ」との知人の言葉は、夫婦の行為（の意味）をむしろ前方へと押し進めているかのようにも感じられるということである。「みごとだ」はたんなる感想ではないということだ。

ちなみに、この夫婦の「心中」も、それが真に〈自然の掟〉に従った末の「心中」であったとするならば、それもやはりなお一種の自然死なのではなかったかと、あえてこの「心中」を説明／解明したところで無駄であろう。当の「心中」の核心はどこまでもこの種の試みの外に留まり続けるということである。それでもこの「心中」を描くなら、いまやその記述は、詮索好きな好奇心とは無縁な記述、つまりはあの〈沈黙の記述〉に近いものとなるのではなかろうか。すくなくともそれは、報道ではないのはもちろん、説明や解明でもない記述、すなわち根拠づけせず意味づけしない仕方で事の外側から抑制的になされつつ、なにより事の内側からも共感的になされる記述となろう。事にあたって記さぬわけにはいかぬという、独自な共感に裏打ちされているのが〈沈黙の記述〉の最大の特徴なのだった。同様にいまこの「心中」の記述も、核心に迫る記述ではなく、核心に触れる記述でもなく、核心の内側からなされる記述となると考えたい。ちょうどあの「みごとだ」との呟きがこの核心の内側から発せられたように。

もっとも、私自身、夫婦には別の選択もあったであろうし、なければならない、と冒頭でも述べたように、夫婦はその行為に行き着くまで、おそらくは幾度も己が人生を振り返ったにちがいない。その点では子の首を打ち落としたあの親とて同じであろう。そして、そこでこそ、福祉や医療についての吟味・検討が尽くされねばならないこともいうまでもない。しかし、「みごとだ」と、普段は無口な奥越の同郷人（＝私の知人）をして言わしめたこの出来事に向き合うとき、ともにこの奥越の山深い大地に暮らす者たち（＝かの夫婦とこの知人）の、あたかも共鳴・共振しあうかのような同類の魂が、いわば一番大事なところでものを言っているように思えてならない。「とき満ちれば大地に還り、いつとも知れずまた芽吹く」あの命にも似た、振り返ることなき自然な命の静謐に応えるには、振り返ることなき自然な応答をもってするしかない、と。

そうであってみれば、夫婦の行為（の意味）を前方へと押し進めている、と述べた通り、奥越でのかの出来事を「みごとだ」と語る知人の語りそれ自体が、もはやこの出来事を過ぎ去ったこととして顧みるのではなく、それどころかあたかもそこに居合わせているかのように、いまやみずからがこの出来事そのものの一部となって、いわばこれを上書きする仕方で出来事そのものを前へと押し進めているとはいえないか。後方に原因を探求するのでなく、そうして前方へと意味を推し進めるこの〈みごとだ〉は、出来事をみずから担うかのように、その点では出来事の内にも外にも立つかのようである。ならばこの〈みごとだ〉は、やはり単なる感想を超えたものとして、それ自体が出来事のいわば拡張——説明ではなく拡張——なのだと考えることはできないだろうか。同様に、事の外側からなされつつ内側からもなされている〈沈黙の記述〉は、そのかぎりで、己が記述している当の出来事の、外的説明ではなく、内的拡張なのだと考えることはできないか。そしてそれこそが、核心に迫るのでなく核心に触れるのでもない、核心の内側からなされる記述つまり

〈沈黙の記述〉の本質をなすとは考えられないだろうか。この本質、すでにそれについて前節末尾ではこう述べた。〈沈黙の記述〉という柳田民俗学の独自スタイルが、山に暮し山に死ぬ物言わぬ日常を、生に意味を求めぬ「山の人生」として、創造している、と。

すくなくともここにきて、あの私の違和感——心中、孤独死、病気苦等、用意された類型に固有名を入れるだけの報道に、当地の人たちだけでなく私自身も感じる違和感——は、説明し・解明し・意味づけし・根拠づける思惟のいわば根本気分たる〈静謐と沈黙の不在〉から来ている、ということだけはいえるであろう。民俗学（Volkskunde）がかりにKunde（告げ知らせ）という手法をもってする学ならば、その告げ知らせは、柳田民俗学にあっては、まずは報道（Nachricht）や情報（Information）には手の届かぬものの告げ知らせでもなければならなかった。そしてそれは、説明でも解明でも根拠づけでもない〈沈黙の記述〉という形を借りた告げ知らせなのではなかったかと、この書『山の人生』を前にしていまあらためて私は思う。

五．語られぬもの

掟としての死、すなわち自然としての死や必然としての死を標榜することは、年間自殺者三万人を数える現代日本では様々な意味で危険であろう。ただ、かりに死も生の部分なら、ことさらに生を気にかけない単純な生活者にあっては死もことさらに気にかけられはしまい。生きることに覚悟は必要ないように、死ぬことにも覚悟は必要ないわけである。自然は「みずからが咲かせた花の本数を台帳に記帳したりしない」（ジャンケレビッチ）ように、生の意味（したがって死の意味）という観念は、己を振り返らない単純な生の単純な進行の只中では——つまりピュシスから生え出たかのようなあの掟の只中では——もともと空虚な観念でしかないのかもしれないということである。

淡々と繰り広げられる不思議なまでのあの「山の人生」のあっけなさも、よかれあしかれそれが原的な生存の実相を暗に告げ知らせて（bekunden）いる可能性があるということは確かであろう。大切なのは、こうして顔をのぞかせる実相（つまり基底相と超越相）の何であるのかは、根拠づけし意味づける反省的思惟には与えられず、それには特殊な思惟と特殊な記述つまり〈沈黙の記述〉による告げ知らせをもってするしかないということにあるのだった。いまあらためて確認しておきたいのは、この原的な命の基底相は反省的思惟にとっては生の超越相となって遠ざかるという、そのこと自体もまたこの〈沈黙の記述〉が告げ知らせているということである。

たしかに医療や法律は、社会つまり公共的で平均的な最大公約数的共通領域を効率的に運営するには必須の技術である。しかし山に暮らし山に死ぬ、素朴な生活者の素朴な技や術の背後には、かかる共通領域とは別の世界が開けている。現代医学がどこまでも死を生から切り離すのなら、そして法律が殺人は殺人としか思考しないのなら、私はあの「偉大なる人間苦の記録」を、人の生き死にに関する別の思考――とそれに相応しい特殊な記述様式――が存在することの端緒として際立たせたい。言い換えるなら、素朴な生活者のかくも危うくも逞しい剥き出しの生存の次元を理解するには、現代の都市生活者の情緒ではあまりに歩幅が狭すぎるということである。そして、その都市生活者の静謐なき情報空間における沈黙なき死生観は、現代にあってはもはや抜け難い袋小路に入り込んでいるように見える。いまや『山の人生』全体を貫く〈沈黙の記述〉はこれらのことをも告げ知らせているとはいえないだろうか。

周知のように、もともと柳田は、古代史偏重の歴史学に対して近代史の重要なことを、それも名もなきものたちの名もなき歴史の一等重要なことを、郷土史研究における現在性、実際性の重視という仕方で終始一貫して強調していた。そしてまさにこの現在性や実際性の重視のゆえに、彼の関心は同時代の名もなき人々の赤裸々な生の現実へと移り変わっていったのでもあった。柳田民俗学にあっては、民俗・民族に関する歴史的起源や根源への問題意識と、同時代の名もなき人々の赤裸々な生の現実への関心とは、文字通り切っても切れぬものだったわけである。そうであってみればこの関心は、まずは名のあるものたちのいわば大文字の歴史が一人歩きすることへの抵抗として、さらには名もなきものたちの民俗固有の土着性がだれにでも接近できる平均的な共通領域へと没してしまうことへの抵抗として、いわば多重の抵抗を纏って現れることになるだろう。そうした抵抗から生み出された柳田独自の記述スタイル、これを私は〈沈黙の記述〉と呼んだのであった。ならばいまやそれ〈沈黙の記述〉は、もはや言葉による共有という、およそ記述することそのものの有する一般的な理由や目的を超え、あえていうなら〈共有の拒否〉という背理を内包することになる。

くわえて、もとより口承によるところの多い「山の人生」の特徴を、より公共性・汎通性・反復性の高い記述という形で固定するかぎり、ここにもうひとつの避けがたい問題が生じてくることも明らかである。すなわち、この記述がいかに〈沈黙の記述〉であったとしても、今度は、そもそもやはりそれが記述であるというその一点で、もはや当初の口承という、いわば一度限りの生きた語りからくるそのときその瞬間の生々しさは鳴りをひそめざるをえないということである。民俗学は、すでにその学としての成立以前で、普遍化しえぬものの普遍化という原理的な矛盾を抱え込んでいたのかもしれない。

それだけではない。語られるものを通して己を告げ知らせるだけの、したがって〈語られぬもの〉つまり生の基底相は、そうであってみればこそ、出発点における語りつまり口承の時点で実はもうすでにある種の隠蔽の危険に晒されている。この〈語られぬ生の基底相〉は、本来〈語られる次元〉におけるいかなる定立作用もすり抜け、すり抜ける仕方でこの作用を支え際立たせる隠れた次元（つまり生の超越相）にあるからである。またそのかぎりでこの隠れた次元は、語りの成立する場所、すなわち語ることそのもののいわば〈おいてある場所〉でもあるだろう。〈沈黙の記述〉――死を死としては追究しない、報道でも説明でも解明でもない〈告げ知らせ〉――の真の目的、柳田自身気づかなかったかもしれぬその目的は、これら〈語られるもの〉と〈語られぬもの〉との無自覚的混同への、すなわち前者による後者の圧殺への、語られることなき警鐘でもあったのかもしれない。

おわりに

『遠野物語』第九九話に、三陸大津波（明治二九年六月十五日、死者二万一九五九人）で、妻と子供を亡くした男の話がある。遺された二人の子と共に元の場所に暮らし始めて一年ほど経った初夏の或る晩、男は、霧のかかる月夜の渚で、死んだ女房と出会う。男を見てにこりと笑った女房は、同じ津波で死んだ男性と二人連れで、今は夫婦になっていると言う。結婚前に互いに深く心を通い合わせたと聞いていた相手である。子供は可愛くはないのか、と言うと、女は顔色を変えて泣いた。朝になって帰ってきた男はその後久しく煩った、という話である（傍点は戸島）。

よく知られたこの話を、いまかりに〈沈黙の記述〉として読めるなら、ここに、語られることなく、ただ告げ知らされているだけの、その〈語られぬもの〉を、私は、一年も経てば逝った者は逝った先で思いを遂げている、という声なき声として聞き取りたい。「にこりと笑った」女の笑顔も、「顔色を変えて泣いた」女の涙も、共に、一年も経てば生者も生者で己に戻れ、もうこれ以上〈逝った者〉を追ってはならぬ、と告げ知らせているかのようである。すなわち、〈逝かれて〉はならぬ、と。

「逝かれる（行かれる）」は、心を奪われて放心する・機能停止する・頭がおかしくなるといった意味を持つ語「イカレル」の語源だそうである。

【付記】

本論は拙論「沈黙の記述」（『モラリア』第23号、東北大学倫理学研究会、二〇一六）に加筆・補正を施したものである。

［コラム：私と柳田國男］

『遠野物語』第九九話のこと

戸島貴代志

「俗信」という言葉をご存知でしょうか。「烏が泣いて不幸を知る」とか「夢のお告げ」などがその例です。この「俗信」について触れた箇所を柳田の『民間伝承論』（一九三四年）に見つけたのは私がまだ三〇代半ばのころでした。彼はそこでは、種々の俗信を「兆」「応」「禁」「呪」というある種の時間的指標（つまり事前的か事後的か）に従って区分し、これを全国津々浦々に散在する数々の俗信の事例を用いて系統的に説明していました。詳しいことは省きますが、そこでの説明を通して私は、俗信に潜む或る興味深い特徴にあらためて強く惹かれたように思います。哲学を主に研究していた私は、もともとこの俗信に興味があり、西欧哲学のいわゆる「知」や「信」には嵌りきらない独自な〈知にして信〉のあり方を、まさにその柳田の俗信の記述に見つけたと思ったからです。

このことを皮切りに、その後も折に触れて柳田の書いたものやその書き方のスタイルなどにも関心を広げながら、専門の哲学の研究を続けていた二〇一一年三月一一日、あの震災に遭いました。津波で私の知人も含め多くの方々が亡くなって、哲学研究の手も止まりかけていたときに、ふと目に留まったのが拙論末尾でも触れた『遠野物語』第九九話でした。ここに描かれる三陸大津波の話がそのときの私にはなぜか不思議な希望を感じさせてくれたのをいまでもはっきりと覚えています。この話が、大切な人を亡くして自分が生き残ったことを悔やむ人たちに、まるで、亡き人のあとをいつまでも追うものではない、と優しく言い聞かせているかのように思えたからです。そしてそのとき同時に、この話全体が、あの「俗信」の一つである「禁」（禁忌や行為の抑制および不行為）と深い関わりを持つものでもあることに気づきました。

亡き人のあとをいつまでも追うものではない――これを宗教なら、たとえば臨済禅の「逢仏殺仏」（＝仏に逢うては仏を殺せ）の立場から、つまり仏を外に追い求めることなくひたすら己の現在を生きよとの立場から、逝った人を追い求める人間をときに励ましときに叱り飛ばすかもしれません。また哲学なら、生の本質や死の本質について理論的に説明したり、さらには生の永遠性を根拠づけたりするかもしれません。これらに対しこの『遠野物語』第九九話は、叱るでもなく諭すでもなく、ましてや理論的に説明したり根拠づけたりするはずもなく、しかしそれでいて宗教や哲学とは違う力をもって、まさしく「逝くこと」そのものの本質について優しく語り聞かせているかのように私には思えたのです。しかも「逝くこと」そのことを主題にはしない仕方で。

フランスのある哲学者が言っています。哲学者は生涯みなただ一つの単純な直観に基づいて――言うに言えぬ根源的な直観に基づいて――語り続ける、と。直観について、ではなく、直観から語る。沈黙を通してでしか語れぬこの直観をまさに柳田は沈黙によって語っているのかもしれません。

特別寄稿　柳田國男のお嫁さん

柳田冨美子

はじめまして、私は〝柳田國男のお嫁さん〟と言われている九十二歳のお婆さんです。このたびは大変な災害のあとにも拘わらず、予定通りにこのシンポジウムを開いて下さった東北大学のお力と熱意とご努力を、深く尊敬し感謝致しております。鈴木先生を始め諸先生、まことにありがとうございました。

又、あと先になりましたが、被災なさった方々と直接間接に関係のある方々とに心からお悔やみを申し上げます。

本日私は遠野の柳田山荘からこちらに出掛けてまいりましたが、御承知のように遠野は多田一彦さんの「まごころネット」が活動しておりまして、ボランティアの若い人たちはひどい環境の中で辛抱強く良く働いていていて、衰えている日本のエネルギーを奮い起こす原動力になればよいと願いまして、この年ではほんの僅かしか出来ませんが、出来るだけ若い方達の後ろでお茶会などを開いて励ましているつもりになっているところです。

この山荘は昭和九年に柳田國男が自分の書斎、即ち「喜談書屋」の東側に立てた和風二階屋をそっくり移築したもので、階下は柳田國男の客間で二階が長男為正の居住区でした。

私は、大正八年（一九一九）、東京は小石川区（現文京区）表町の大島仁・武子の四女として生まれました。生まれてすぐ大流行していたスペイン風邪につかまりましたが幸い父が医者だったので命を救われたということで、そのせいか誠にこと多き一生でございました。本郷の誠之小学校から現在の白鴎、つまり昭和の東京府立第一高等女学校を経て聖心女子学院高等専門学校、現在の聖心女子大学を卒業したのが一九四〇年（昭和十五）でした。入学時二〇人位いた仲間が卒業する時は一〇人位でした。聖心女子学院はシスターが英語で授業をなさるので、それほどに厳しかったということでした。大学三年生の時に、聖心にしては珍しいテニスのコーチがドイツからいらしたというので、私は仲良しといっしょに早速に硬球テニスを始めました。現在はテニスと言えば硬球にきまっていますが、その頃の日本のテニスは軟球が主体でした。そろそろ軍の統制が厳しくなっていた時機でしたから、ヨーロッパからのレフュージーのお嬢さんだったものかと後に想像致しました。

私の長姉玉手幸子と柳田國男の次女赤星千枝とが、お茶の水高等女学校のクラス会でたまたま隣席であったことから、会話が妹と弟の縁談に及びました。

赤星千枝さんの弟さんは柳田為正さん。東大理学部の大学院の学生さんでした。牛込成城学園小学校から小田急成城学園の町に移った中学高校卒業までの間に、二年半とび級をした学園始まって以来の秀才ということで、而も将来は天皇陛下のお相手というオマケがついていました。私の母は女子教育の先端を切った下田歌子先生の実践女学校卒業生で、彼女自身教育ママの先頭で六人の子女をきびしく統制して優等生に育て上げ、一軒に一人の割合で患者がいたと言われる肺結核ゼロという健康優良児の母親でした。とび級と天皇陛下は誠に刺戟的で、当時天皇様は神様でしたから無理はないとは言っても、彼女はすっかり興奮して忽ち頭の中に柳田冨美子のイメイジが完成して以来動じる事はないように見えました。

勉強に明け暮れてやっと卒業した私は、遊びたい盛りで水泳とテニスの他タップダンスを始めたいなどとねだって母を困らせていました。スポーツ系の私に、柳田為正さんはとても私の遊び相手には見えず、私が尻込みしたのは言うまでもありませんでした。

もう一つ大きい難問がありました。私はカソリックの洗礼を受けたいとも考えていました。一九四〇年頃のカソリック教会は戒律がきびしく、ミサで聖体拝領する時にはその前の食事はしないなどは軽い方で、結婚は洗礼を受けた者同志に限るなどの制限がありました。五人も娘を持った私の母にとっても、コーネリヤの宝石であった娘の結婚は最大関心事で、総ての妨害は避けたいところでしたから洗礼などもっての他でした。

一方で為正さんのお母様は、長女の三穂さんが双葉女学校時代に洗礼をうけて、カソリックというだけで結婚相手をえらび、両親も祖父母も反対だったのが原因で大そうカソリックを嫌っていると聞いていました。

柳田為正さんはお父様の柳田國男さんが四〇才の時に貴族院書記官長の官舎で生まれて、若様と呼ばれて育ったそうでした。お父様は直後退職してフリーになり、その退職金で成城学園の分譲地を求めて、夢だった自分の書斎兼書庫を建てました。お父様は第一次世界大戦直後世界平和会議に日本代表として出席したので、家は西洋館でフローリング、ラヂエイターが設備されましたから、ボイラーの煙突と赤い瓦屋根の角の西洋館として成城では誰にも親しまれていました。この家は現在柳田國男記念伊那民俗学研究所として、長野県飯田市に移築されています。為正さんはお父様を頭とする男世帯の中で目と鼻の先の中学に通い、昼も友達とお弁当を食べるわけでなく家に戻って大人の研究者の人たちとお昼ご飯を食べてから午後の授業を受ける、という偏った暮らし方をさせられていたそうです。

お母様は加賀町の家にご両親と残り、両方の間で悩み多き時代であったと後にききました。柳田國男の名はその時分はめったにラヂオに出ることもなく、現在のようにポピュラーになったのはテレビが出来てからです。理科系の私の父は、一時期医者として期待をかけていた私を眺めては、どうしたものかと迷っている様子でした。そこへ為正さんのお父様からの変わった申し入れがありました。「大島家のことは全部よく知っているし冨美子さん本人のこともよく解っています。ついては為正を一人で小石川に遣わしますので皆さんでよくご覧下さい」と言うものでした。申し出の通り六月頃だったと覚えていますが、為正さんが一人で私の家にやって来ました。目鼻が目立つ立派な顔立ちで、緊張しているのは当然ですから先ずオッカナイと思い、次に遊んでもらえそうもないと思い、私向きではないと決めるのに時間はかかりませんでした。私が乗り気でないのに気がつくと、すかさずお父様は私の父を学士会館に呼び出しました。お父様は将来の経済上の約束をした上、帰り際に『フミコさんの恋愛感情が湧くまで待ちましょう』と粋な言葉で結んだそうです。これが決め手になりました。私の父は上の娘を三人も嫁に出しましたが、こんな父親は初めてだと感激してしまって、私が頼りにしていた父親までが母の側に廻り、結局私は追い詰められて柳田父子につかまえられることになりました。ナイーヴな関係者はソフィスティケイトしたインテリ関西者相手にはかないっこありません。絶対服従を看板にしていらっしゃる為正さんのお母様が、遠まわしに意思表示なさる間もなかったことのようでした。善は急げと柳田家から結納の使者が立ち、成城と小石川の家を往復して婚約が整い年内の結婚式となりました。

学士会館は東京駅舎や丸ビルなどの旧東京煉瓦街の続きですから赤星陸治氏の傘下にあり、十二月三日に日取りが決り、お飾りのお仲人様も赤星家の親族の一人で当時の文部大臣安井英次ご夫妻の承諾を得たとのことでした。

結婚式と披露宴の時のお父様は、いつもの和服姿で如何にも嬉しそうで小柄な細身ながら並居る立派な紳士方の中で群を抜いて輝いて見えましたから、花婿さんには少し気の毒でした。メインのお客様方は一高・

東大のOBが多く、皆お父様のお仲間で、夫々が官僚・実業界・法曹界などの一流の退役者方でした。型通りの食事等が終わると皆様立ち上がって円陣をつくり、どなたも御機嫌で適当に花嫁を持ち上げながら和やかに談笑する様子は、此の時代には見られないエリートの優雅で贅沢な、然し品格のある紳士方の集りでした。新婚の二人にとっては、最初で最後の華やかな集いになるとは誰にも予期出来るはずがありませんでした。

十二月三日の晩は帝国ホテルに泊まり、一週間の予定で新婚旅行を為正さんが計画していました。まるで修学旅行のような説明つきの旅行で、花嫁業に馴れない私は疲れ切ってオウチに帰りたいとばかり思って八日に下田に到着。そこから竹橋まで船に乗るはずで、ほっとしたところ、船が出ちゃったとか出ないとか要領を得ないニュースで、わけもわからぬまま客引きに引かれて宿屋さんに一泊させられ、翌日バスで天城山を越えて熱海に出る事になりました。木炭バスです。ガソリンなんてとっくに軍隊が独占していました。恵比寿の駅から北里研究所まで昭和一四、五年の通学には毎日乗った木炭バスには馴れていました。生まれて始めての燈火管制でした。汽車のヘッドライトも遮光してあるのは勿論、車内も車外の町並みも燈火管制で暗いのですから誰でも気が滅入るのに、その上おまけに霰が降って冷く冷え込んでいました。

成城の家の内玄関から入ると、お母様が出迎えて下さってそのまま長い廊下を歩いてお父様のお書斎へ御挨拶ですが、天井の高い広い部屋は冷え切っているのにお父様は寒そうな御様子ではありませんでした。お父様もお母様も、寒さにも暑さにも強いのには驚く他はありませんでした。お書斎から下って二階に入ると、今度は練炭ストーヴの火付きが悪く部屋中煙くて咳が出る程で、呆れていると女中さんがあとからついて来てお召物をたたみましょうとジロジロ見るのは不愉快でした。この人はわざと意地悪していたのは後に彼女が嫁入りして自分で白状してあやまったので知りましたが、前途多難が思いやられました。夜のお紅茶もビスケットも無い侘びしい柳田家第一日目でした。

何よりも翌朝の朝食が問題でした。

思った通り寝起きの悪い為正さんは、お父様が食堂で待っていらっしゃるのを承知で私を困らせているみたいでした。為正さんとお父様の間で私はウロウロしていました。

朝食は女中さんが焼いたというコチンコチンのフランスパンと称するメリケン粉のかたまりとマーガリン。半熟玉子とコーヒーでした。お父様は美しい手指でパンをお火鉢で焙って文句も言わずに食べていらっしゃいました。半熟玉子はスタンドにのせてあって、銀製の玉子鋏で殻の上の方を切り取ってからスプーンですくって召し上がりました。ヨーロッパで覚えた習慣だったのでしょう。お父様は新築の喜談書屋をフローリングにして靴をはいたまま出入りするおつもりだったそうで、やり始めてみたら家中泥だらけになっちゃって諦めざるを得なかったとか、自立なさったので色々試みてごらんになったそうです。

朝食のあとは訪問着に着替えて御挨拶廻りでした。袋帯は自分ではしめられないので、為正さんのお母様にしめて頂かなくてはなりません。さっさと適当にしめてしまう実家の母とは違って、一々上がいいかとか下が良いかとか聞いて下さるのには閉口しました。私にはどちらでも大したことではありません。やっと終わって丁寧に御礼を申し上げてそれから又お書斎に御挨拶に出ます。長い廊下を静かに小走りに走って型通りの御挨拶をすませると、訪問先によってお父様からの伝言あり、又急いで長い廊下をもどって為正さんのお供つかまつるという段取りです。お嫁入りって不自由なものと思いました。私は三つ指ついて夫に仕える育ち方はしていませんでした。私に対して男の人がこんなに威張っているのを見るのは初めてでした。私の姉の夫達は、三人ともハイカラ族でしたから。

お父様は私が夫を為正さんと呼んでいるのを聞くと「武士は名乗りで呼ぶものではない」とおっしゃいましたが、私は「今時武士でもあるまい」と思っていました。第一に小太郎とか小吉とか呼び名がついていないのですから、為正さんと呼ぶより呼びようがありません。ペンとお箸しか持てないような腕に刀など持てるはずもないのに、武士だ武士だと言ってほしくはありませんでした。お父様は一応お母様に義理立てして、柳田家は武家であると注意なさったものでしょう。武士の出でないことはお父様と私との共通点であり、共に差別を快く思っていなかった点でもありました。別にお父様は御養子で私は嫁で共に外から入った者としても共感するところがあり、違うと言えばお父様が男で家長なので、殊更に家庭内で大袈裟に大威張りしてみせる傾向がありました。例えばお風呂は絶対に最初のサラ湯に入る掟があり、夜の来客がおそくまで話し込んでいらっしゃると家族の者はその晩の入浴は諦めざるを得ませんでした。

毎日毎日結婚の御挨拶まわりをしているうちに、思いがけない不幸が持ち上がりました。仲人役をした赤星千枝が外傷で入院したということです。幼い隆子が中耳炎になり、その黴菌がガーゼ交換の時に指から入り敗血症らしいと言うことでした。麹町近くの町医者にかかり入院したのは残念でした。せめて東大か聖ルカなど大きな病院をと悔やまれましたが、私の父の話ではその頃まだペニシリンなど国内には無く、命を助けるには腕を患部から切り落さなければならないという野蕃な方法しかなかったのだそうです。父は自分の口から言い出すのをためらっているうちに、姉があっけなく亡くなったので、ずっと後々まで気にかけて居りました。千枝さんは柳田家の姉妹の中で一番頼りにされていた人でした。小説を書いて芥川賞候補になるなど才たけている所と俗事を卒なくこなす才能もあり、一家のホープでしたから皆がっかりしました。柳田の両親は悲嘆にくれるという風情ではなく、私は一人はかりかねて不思議に思っていました。学者とかインテリ族とか武士とか血の流れとか、色々考えることが沢山ありました。

訪問着が喪服に変わり、しきたりに従ってひと七日、二た七日、三、七日と一週間毎の法事が丁寧に行われました。七七、四十九日で終わります。お父様も必ず出席なさってお経のあとのご馳走は召上がらず、さっさと引き上げてお帰りになりました。

一九四二年（昭和一七）の正月がどうであったか記憶にありませんが、春になってカゼを引いたと思って近所の親しいお医者様の往診をお願いした処、妊娠とわかりました。為正さんは研究室に出掛けるようになり、お母様は今までしていらしたようにお出掛けが多くなりました。お父様は二階にいる私を階下の座敷に呼び出して、お嫁さん教育を始めました。応挙の軸を二枚かけて「お前どちらが本物か解るか」と尋ねました。画は好きですから勿論わかりました。お父様はご満足の様子でした。

妊娠している私を気遣うのは、柳田の家ではお父様だけでした。知人に頼んで稗をとりよせたのは産後母乳がよく出る為とのこと、ある時はお母様を連れて埼玉県まで鯉を買いに出掛けたりもなさいました。これも乳の出を良くするとの事でした。お母様は、田舎はお好きでないからお気の毒でした。

少しづゝ食物の統制がきびしくなって、お父様が計画していらした遠出の旅は出来なくなりました。一九四二年の夏はことの外暑く、お二階の屋根焼けはきびしいので着物を着て帯を締めているのは本当に暑くて辛い我慢でした。それにしてもおなかが空くのは一番困りました。戦前の習慣では女が一人で寿司屋や鰻屋などに入れないので外食は出来ず、小石川の実家に行った時だけがのびのびと食事出来るチャンスでした。

赤坊は予定日よりかなり早く生まれてしまいました。

お父様は大そうな喜びようだったそうでしたが、民俗学者だけあって七日間は産屋に入らず、八日目に孫の顔を見にまいりました。名を清彦とつけました。清と為とが柳田家の男子の名乗りに使われて来たそうでした。

ここでお父様はお祖父様になりました。子供が産まれたあとも、もっと抱いてやりなさいとか、少し大きくなると子供には下駄を履かせた方がいいとか、今から考えるとなかなか理に叶った助言をして下さっていました。然し赤坊がやっとヨチヨチ歩くようになって床の間に腰を掛けているのを見て、「そこは腰かける場所ではない」などとも言うのでヤリスギの感もあり、若い母親はちょっと馬鹿にしたりもしたものです。

お父様の兄弟は非常に仲良くお互い助け合うことが多かった御様子で、その点私の姉妹の密接なつながりと似ていました。布佐の松岡さんの系統の中で古沢克衛さんが急に亡くなった時は、本当にがっかりしていました。又一人頼りになる人が消えました。

一九四四年（昭和一九）の二月には、私の父まで六〇歳をすぎたばかりで癌で亡くなってしまいました。私の父は死ぬまで重役待遇という約束で研究をやめて日清紡（株）の病院総長を引き受けた人でしたから、今度は私がひしゃげてしまいました。柳田のお父様は私の父を尊敬して信頼していましたが、私の母のナイーヴで多少ワイルドな母性愛を敬遠しているのをよく知っていました。

ある日お父様は、為正さんには後楯になる人が必要だから渋沢榮一さんに紹介したいと思いついて鴨猟に誘いました。空模様を気にして大きな洋傘を持ってお供したので私は喜んでいましたら、思いがけない早すぎる時間に戻ってきたので驚きました。目玉をギョロギョロさせて不機嫌な上洋傘はどこかに置き忘れて来ていました。案の定お父様が例によって為正さんを紹介なさる時「これは高校時代に寮生活をしていないのでいつまでも大人になりませんで」と謙遜なのか弁解なのか卑下なのか愚痴なのか言わずもがなのことをおっしゃったので、又例によって為正さんがカンカンに怒って渋沢榮一さんを振っちゃった結果になってしまったというわけでした。おかげで私はとうとう渋沢榮一さんなるお方にはお目にかからず仕舞いでした。

一九四四年四月には、長女が生まれた聖ルカ病院から帰ると、庭に防空壕が出来ていました。空襲警報が鳴ると、お父様と赤坊を抱いた私とは庭に出てベンチに並んで腰を掛けて、御近所の話などしながらチョコチョコ歩き廻る清彦を見守っていました。未だに壕に入るほどの状態ではありませんでした。

南の空に敵機が見えるようになっても、お父様も私も落ち着いていました。勝てる戦さとは考えていたはずもないのに、書物の疎開など考えてもいない様子でした。舅と嫁と孫と一緒に居るのに満足している様子でした。心配性の母に引っ張られるように黒田原に疎開していった私には、かなり失望をしてがっかりした気持ちが今頃わかって来ました。大切にしていた長男の清彦をつれて離れて行く嫁を止める気は無く、私の能力と運にかけたにせよお互いの信頼に多少の隙が出来なかったはずはありませんでした。

五月に疎開して夏になった頃、一五人もの三度の食事を賄っていた主の顔にかげりが見えて、私はお父様に相談して母子三人知り合いの農家に借家人として住んで見る相談の手紙を出しました。お父様が案外あっさりと私の能力を信頼して委せるからよろしく頼むと返事を下さいました。実の処私は、帰っておいでと返事が来ることを期待していましたから多少がっかりしている所に終戦の放送がありました。ほっとしてさっさと切符を調達して屋根のない貨車に乗って、立ち詰めでおうちに帰りました。帰宅は正解でした。三原家は成城で赤ちゃんが生まれていっそう賑やかになりすっかり落ち着いていましたから、私達の方がお客様みたいでした。少くとも義兄は、一生成城に居たいように見えました。

成城の町は全く攻撃を受けぬうちに戦争は終わって、間もなく目ぼしい家は接収となり、成城町には米軍の空軍将校とその家族と大きな車が目立ちました。麻布高輪のような高級住宅地ではない郊外の成城町は、アメリカの小さな町のようで彼等の宿舎にはピッタリでした。

敗戦直後は汽車も電車も混雑でごった返しでしたが、しばらく経つと市内は勿論、遠くからもお父様を尋ねて人々が成城に集まって来ました。やっと牢屋から解放された共産党の人たちも自由の身となり、軍に気がねなく自由に話せる幸せを皆心から楽しんで誠に喜談書屋でした。集まった人々の情報から、喜談書屋が二度目の接収をかわせそうもないと知って、お父様の書斎は『民俗学研究所』の看板を掲げることになりました。

それからまもなく文化勲章が授与されて、私達のお父様で子供たちのお祖父様は〝柳田國男〟になり、私は〝柳田國男のお嫁さん〟になって今に到りました。お父様の年齢ではパージにならなかったのは恐らく柳田國男さんだけで、家は焼けず家族も無事で人々の羨望の的になりました。人が有名になりますと周りに沢山の人が集まって来て取り囲みますから、常に身近に居る者は邪まなのでうとまれたりそねまれたり憎まれたりすることになるようです。ここから始まる柳田國男のお嫁さんの場所は険しいものでしたし、今も尚日本文化の為に柳田國男が『遠野物語』だけに矯少化されないように気を配ったりするのは段々しんどくもあり、本日のシンポジウムのような全体像の展開を今後も期待しております。ありがとうございました。

【付記】

本稿は、二〇一一年一一月に東北大学におき開催した柳田國男五十年祭記念シンポジウム「柳田國男と東北大学」におき、当日配布された資料集に収録されたものの再録である。

あとがきに代えて
——柳田國男の「学問論」——

鈴木岩弓

柳田國男のご長男、為正氏の令夫人である柳田冨美子氏を除いた本書の執筆者九人は、みな東北大学の教員、もしくは教員経験者である。その専門は、哲学・宗教学・日本史学・比較文化学・国文学・国語学・言語学・教育学・倫理学と、人文学の領域に広がっていた。シンポジウム開催当時の所属部局から言っても、文学研究科・国際文化研究科・教育学研究科と、東北大学内の人文学の拠点となる部局に分かれて所属し、それぞれの立場から人間追究を行ってきたわけである。

本書をご覧になって明らかになったことと思うが、これだけ多様な学問領域の専門家たちが、みな柳田國男の著作を読んでおり、それぞれ何らかの影響を得た上で、柳田との絡みで論考を発表していると言うことは、柳田を知らない人々にとっては少々驚きであろう。この点に想いを巡らせて考えてみると、柳田と言う人の間口の大きさには、改めて感服するところである。言葉を替えて言うなら、柳田國男は人文学の〝地底湖〟と言ったところであろうか。このことが示すように、柳田自身が残した著作は膨大な量に上っており、またその足跡が多くの学問領域に広く及んでいることは衆目の認めるところであろう。今その全貌を、既成の学問領域の枠組みに準じて示した色川大吉の分類から抜粋するなら、おおよそ以下のようになる（色川大

吉『日本民俗文化体系（1） 柳田國男』講談社、一九七八、一八〜二〇頁）。

（1）宗教社会学・日本宗教史　『先祖の話』『日本の祭』『神道と民俗学』『新国学談』
（2）世相史・日本風俗史　『明治大正史世相篇』『木綿以前の事』『食物と心臓』
（3）言語学・国語史　『国語の将来』『毎日の言葉』『方言覚書』『西は何方』
（4）説話学・国文学　『口承文芸史考』『杉垰郎の誕生』『女性と民間伝承』
（5）随筆文学・紀行文　『雪国の春』『秋風帖』『海南小記』『信州随筆』
（6）人類学・日本人起源論　『山の人生』『島の人生』『妖怪談義』『海上の道』
（7）村落史・家族制度史　『都市と農村』『日本農民史』『家閑談』『婚姻の話』
（8）建築史・地理・生物学　『三角は飛ぶ』『地名の研究』『野草雑記』『野鳥雑記』
（9）学問論・方法論　『青年と学問』『民間伝承論』『郷土生活の研究法』
（10）その他民俗学プロパーのもの　『後狩詞記』『遠野物語』『産育習俗語藤』『山村語彙』

この分類は、色川自身も認めるように、あくまでも便宜的に行なったもので、複数の領域に跨ったり、既成の学問領域では分類不能の著作が多々見られるのは言をまたない。柳田の業績全体を指して、しばしば「柳田学」という表現が用いられる所以でもあろう。

ならば、これだけ幅の広い学問領域で研究を行ってきた柳田國男にとって、そうした知的営為（＝学問）の目指す目標はどこに置かれていたのであろうか？結論からいうならば、柳田の考える学問のありうべき姿というのは、一九三五年（昭和一〇）、「新たなる国学」において主張された「学問救世」という短い言葉の中に集約されているものと考えられる。即ち、「学問が世を救ふべきもの」というのが、柳田がその生涯を通じて変わることなく持っていた学問観の根幹をなす意識であった（「新たなる国学」『郷土生活の研究法』刀江書院、一九三五年（『全集』⑧　二六〇～二六二頁））。

ではこの「世を救うための学問」とは、一体どのようなものであろうか。例えば、大正一五年に発表された「Ethnology とは何か」においては、次のように述べられている。

私などは根が俗人である為か、学問に世用実益の有無を問はれるのは当然だと思って居る。こうして結局政治を改良し得れば、学問の能事了れりと迄考へて居る。

（傍点は引用者。以下同様）（「Ethnology とは何か」『青年と学問』日本青年館、一九二八年（『全集』④　一六二頁））

ここにおいて柳田は、「学問救世」の意味をまず学問に「世用実益」のあることと考え、窮極的に学問の行き着く先を「政治の改良」に役立つことに求めたのである。この「世用実益」という点は、他の著作などにおいても表現を代えてしばしば述べられている。例えば、「人生に弘く用立たぬものは学問で無いとさへ考へて居る」（「郷土研究と郷土教育」『郷土教育』二七、一九三三年（『全集』⑭　一五〇頁））「学問の本旨は要するに利也」（『信州随筆』山村書院、一九三六年（『全集』））「真の学問は身体を良くする為にする衛生学生理学のやうに世の中をよくする為のものでなくてはならない」（「私の仕事」『世界』九八、岩波書店、一九五四年（『全集』㉜　三二七～八頁））などというのがそれであるが、とりわけ一九四七年（昭和二二）に出された「現代科学といふこと」においては、激しい語調で次のように述べている。

ところが世の中には、斯ういふ現世の要求に応ずることを、何か学問の堕落のやうに賤み、視ようとする気風がある。学問に向ってどれだけ現代に役立つかを尋ねるなどは、冒瀆のやうに感ずる学者もあった。無遠慮に批判すれば、是ほど片腹痛い言ひ草はたんと無い。学問を職業にし、それで衣食の資を稼がうと企つればこそ賤しからうが、弘く世の中の為に、殊に同胞国民の幸福の為に、又は彼等を賢こく且つ正しくする為に、学問を働かすといふことがどこが賤しい。寧ろさうしたくても出来ないやうな者こそ、気が咎めてよいのである。(『全集』㉛　三九三頁)

なかなかもっともな話である。つまりこれらにおいて柳田は、学問のありうべき姿を研究者の単なる自己満足に終わるような虚学に求めるのではなく、積極的な意味でその成果が世の中に役立つ、実学として想定していたわけである。このような意識の背後にこそ、長く在野にあった柳田の、大学で行なわれている学問に対するもどかしさや、厳しい、批判の眼が潜んでいたものというべきであろう。

とはいえ、柳田自身、初めから実学としての学問の具体的あり方を、明確に把握していたわけではなかった。例えば、一九二五年(大正一四)の『青年と学問』には次のように書かれている。

学問といふものが、単に塵の浮世の厭はしい故に、暫しは之を紛れ忘れようとするやうな、高踏派の上品な娯楽であるか、はた又趣味を同じうする有閑階級に向って、切売小売を為すべき一種の商売であるならばいざ知らず、断じてその二つの何れでも無いことを信じながら、尚これほど眼前に痛切なる同胞多数の生活苦の救解と、未だ何等の交渉をも持ち得ないといふのは、実は偲び難き我々の不安であった。(『全集』④　一二頁)

そしてこの「忍び難き不安」を解消すべく、学問による「生活苦の救解」の道を模索する中から形成されたのが、柳田の学問であった。彼がこのような模索を行なうようになった背景には、勿論いくつかの理由があるものと思われるが、直接的には、本書の出された一九二五年に、普通選挙法案が議会を通過したことが大きく影響していたものと考えられる。彼は続けて次のように述べている。

今が今まで全然政治生活の圏外に立って、祈禱祈願に由るの外、より良き支配を求めるの途を知らなかった人たちを、愈々選挙場へ悉く連れ出して、自由な投票をさせようといふ時代に入ると、始めて国民の盲動といふことが非常に怖ろしいものになってくる　（同前　一三頁）

即ち、成人男子に限られているとはいえ普通選挙が実施されるようになると、知らないが故の「国民の盲動」の危険が生じて来るというのである。そのような事態に陥らないようにすること、それが柳田の考える学問の目標であった。そして更に、この機会に学問の成果を役立てることができれば、盲動を回避できるばかりか、ひいては「政治の改良」が可能となり、自ずと「生活苦の救解」が実現するものと考えたわけである。このことこそが、柳田のいう「学問救世」の真意であったと思われる。それでは、人々の盲動防止に役立つ学問の具体像とは、一体どのようなものであろうか。

学問が実際生活の疑惑に出発するものであり、論断が事実の認識を基礎とすべきものである限り、国の前代の経過を無視したる文化論は有り得ない。　（『民間伝承論』、共立社書店、一九三四年（『全集』⑧　一〇頁））

出来るだけ多量の精確なる事実から、帰納によって当然の結論を得、且つこれを認むることそれが即ち科学である。　（「新たなる国学」、刀江書院、一九三五年（『全集』⑧　二五九頁））

以上の二つの記述より、まず柳田の学問が扱う問題というのが、現実の我々の生活の中から生じた、素朴な

「疑惑」に端を発していること、次にその「疑惑」解明のために考察対象とするのが、「前代の経過」をも含む「多量の精確なる事実」であること、そしてそれらの事実から結論を引出すのが、科学的方法である「帰納」法であることが明らかになる。つまり「疑惑」となった問題を、「事実」の集積によって検討し、「帰納」的に結論を導こうとするのが、彼の考える、学問のとるべき技術上のプロセスなのであった。このうち特に、その原点ともいえる「疑惑」に関しては、

さうして自身にも既に人としての疑問があり、また能く世間の要求期待を感じて居る。差当りの論議には間に合はなくとも、他日必ず一度は国民を悩すべしと思ふ問題を予測して、出来るものならそれをほゞ明かにしておかうと企てゝ居る。（同上　二六〇頁）

とあることからも窺えるように、それを持つのが学者か否かといった次元の問題ではなく、人ならば誰でも必ず抱くであろう生活に密着した「疑惑」であると明言する点は、柳田の実学の姿勢を如実に反映しているものといえよう。

このようにして得られた成果は、結局次のようにして人々の啓蒙に役立つことになる。

自分等ばかり偉いやうな顔をして、同胞の多くを土人のやうに、遠く見て居たのが学者たちであった。私たちは其罪滅しの為に、自分の得たものを速やかに常識に引渡すだけで無く、更に出来るならば久しい年月の間に、少しづつ積み重ねて来た経験を整理して、それを安全なる記録として後に残し、嗣いで出て来る人たちに二重の労作を節約させ、其余裕を以て全く新たなる方面の開発に専心せしめたいと念じて居る。

（「私の信条」『世界』六二、岩波書店、一九五一年（『全集』㉜　一九四〜五頁））

つまり、「人としての疑問」を解消するため、科学的方法により得られた結果を提示し、そのような成果

を共有して行く中から「人を今よりも賢こくする」（「女性生活史（二）」『婦人公論』一二六―一二（『全集』㉚三七五頁））のが学問の目的だとするのである。かかる学問のあり方を、彼はさらに続けて次のように述べている。

……自然科学の方面では夙くから、当り前の事としてそれを続けて居り、たゞ所謂今日の文化科学のみが、いい気な顔をして受売り、焼直し、半分以上も人と同じものを書いて、古来まことに無駄な時間を潰して居たのである。是に気が付いただけでも、もう大きな前進の機会だったと思ふ。（同前　一九五頁）

これまた非常に手厳しい指摘であるが、これらの引用からも明らかなように、柳田は自身の目指す学問を文化科学の領域に位置づけていた。そしてそれまでこの領域が持っていた非科学性を批判し、これを自然科学並みに改めて行く中から、上述した学問のあり方、即ち科学本来の意味での文化科学のあり方を確立するに至ったわけである。このようにして、柳田が最終的に作り上げ、かつまた実践して行った学問こそが「民俗学」、もっというなら「日本民俗学」と言うことになる。彼はこの学問に対する自信の程を、以下のように語っている。

私は私の学問を通じてそんなに沢山の野心を持ってはおりません。ただ、私の側の学問、つまり民俗学の方法は事によったら、他の考古学、歴史学というようなものに応用が出来やしないかという野心は持っております。実証科学というものを日本においておこして行くいとぐちになりたいと思います。証拠から入って行くべきだということが根本の条件になる教え方、説き方が私どもの学問が先駆となって、今後、日本の心理学でも社会学でも、それで行くようになるのではないかという気がします。

（「村の信仰」思想の科学研究会編『私の哲学』、中央公論社、一九五〇年（『全集㉜』）

こうして見て来ると、柳田の学問観、そしてそれを実践する形で結実した「日本民俗学」というのは、従来、自然科学の領域以外ではあまり意識されていなかった、実証性を重視する本格的な科学を指向するものであったということができよう。またさらに付け加えるなら、それらが彼以前の学問、とりわけ大学人の学問のあり方に対する、「在野の研究者」からのアンチテーゼとして形成されてきたことは、充分留意すべき点であろう。

堀一郎の妻となった柳田の三女堀三千は、身近に見てきた父親である柳田國男について「世のための学問に邁進するために、役職もなげうち、すべてを犠牲にして研究に没頭した父」と記している。（堀三千『父との散歩』人文書院、一九八〇年、二二〇頁）ここにある「世のための学問」と言う言葉は、まさに柳田が主張してきた「学問救世」を指すもので、そうした柳田の強い意志は、身近な人々にも強く伝わっていたものと思われる。

ならば「学問救世」の言葉通り、世を救うための学問は、具体的にはどのような形で社会に還元されるのであろうか。このことを考える際に、西脇順三郎のエッセーは参考になる。

先生はひとりごとのように「私は日本民族は山の信仰が中心だと思う」とか、「折口君は神主を仮想の読者にしているが、私は小学校の先生だ」とかおっしゃった。

（西脇順三郎「柳田先生の思い出」『定本柳田國男集　月報』16、筑摩書房、一九六九年、二頁）

親しい人との何気ない会話の中から垣間見られる柳田の気持ちとして、彼は自分の著作の読者を小学校の先生に想定していることが明らかになる。つまり彼が学問を行って得られた研究の成果は、小学校の先生に読んで貰いたくて文章化されているというのである。さらに補足するなら、柳田は研究の成果を小学校の先生に読んで貰うことで、その内容を児童に対する教育の現場に還元して貰いたいと考えていたのであろう。本書第八章で水原が触れているように、新生社会科の教科書の監修まで行なった柳田の関心というのは、まさに教育を通じた「学問救世」の実現と言うことであったものと思われる。先ほども挙げた「人を今よりも賢こくする」(「女性生活史(二)」『婦人公論』二六—二(『全集』㉚三七五頁)ことを実践する上で、柳田は「教育」に大きな期待をおいていたのである。

ただここで注目すべきは、最初に取りあげた色川の分類からは、「教育」の話が全く見出されない点である。はたして、「教育」というのは取り立てて類別するには当たらない領域だったのであろうか。この点について筆者は、全てに共通して流れる視点であるがゆえに「類別するには当たらない」ことになっていたものと考える。実際、柳田の著作のいくつかを読めば、それぞれの著作の主題に見え隠れしつつ、彼の「教育」に対する言及がそこここに見られることに、誰しも気付くであろうことが明白だからである。つまり、柳田の著作に「教育」の名を冠したものが数少ないのは事実であるが、色川の分類に見る多くの学問領域をヨコ糸とするなら、それらを通じてタテ糸の如く、彼の一貫した教育観が脈々と流れていると見做すことができると思われる。(この点に関しては、拙稿「柳田國男における『教育』の位置」『社会科研究』一一、島根大学教育学部社会科研究室、一九八六年でまとめたことがある。)

そうしたことの足跡は、柳田國男が行ってきた講演、とりわけ学校における講演の実績を見ることからも明らかになる。『柳田国男伝　別冊』に収められた「年譜」には、柳田の毎日の行動記録が書かれている(柳田国男研究会編「年譜」『柳田国男伝　別冊』三一書房、一九八八年)。これを見ると、柳田は全国各地で週に何回も、時には一日に複数回講演を行うこともあった。ここに書かれた講演のうち、学校で行われたものを集計してみると、合計で一四〇件見いだすことが出来る。とはいえここに挙げたのは、その学校を会場に行われた学会主催の講演は除外し、その学校の教職員・児童・生徒・学生対象に開催されたと判断される講演に限って計上したものである。そうした一四〇件のさらなる内訳で言うと、大学が六五件、旧制高校が一六件、中学校一二件、小学校一四件、その他、師範学校・高等師範学校・女学校・高等女学校・高等農林・農林・高等商業・商業などが計三三件見られた。ここから見ると柳田は、自分の研究成果をさまざまな段階の学校において講演していることがわかろう。講演の半数以上は大学ではない学校で行ってきた、といった実績からは、彼の高等教育以前の教育に向けた熱意を感じることが出来る。エリートをさらに引っ張るのみではなく、普通の人々のレベルアップを図ることにも力を尽くして次の時代を作っていこうとする柳田の「学問救世」の構想は、このような形で実践されていたのである。

さて本書のもとになったシンポジウム、東北大学の人文系からの発信としては近年稀に見る広範な学問分野からの参加で開催された。そうした成果がまとめられた本書であるが、柳田が目指したと同様、「学問救世」として今後の世界の見直しや新たな方向付けの基礎資料となっておりましたら幸いである。

最後になったが、本書刊行に当たっては多くの方々のお世話になった。とりわけ東北大学出版会の小林直之さんには、多大なお世話をお掛けしました。心より御礼申し上げます。

著者略歴（執筆順）

野家　啓一（のえ　けいいち）
一九四九年宮城県生まれ。東京大学大学院理学研究科科学史・科学基礎論博士課程中退。修士（理学）。南山大学文学部専任講師、東北大学大学院文学研究科教授を経て、現在、東北大学名誉教授、総長特命教授。
専門：哲学、科学基礎論。
主な著作：『物語の哲学』（二〇〇五年、岩波現代文庫）、『科学哲学への招待』（二〇一五年、ちくま学芸文庫）、『歴史を哲学する』（二〇一六年、岩波現代文庫）

鈴木　岩弓（すずき　いわゆみ）
一九五一年東京都生まれ。東北大学大学院文学研究科博士課程後期単位取得退学。文学修士。島根大学教育学部助手・講師・助教授を経て東北大学大学院文学研究科教授を二〇一六年度で定年退職。現在は東北大学名誉教授、総長特命教授。専門：宗教民俗学・死生学
主な著作：『変容する死の文化―現代東アジアの葬送と墓制―』（共編著、二〇一四年、東京大学出版会）、『〈死者／生者〉論―傾聴・鎮魂・翻訳―』（共編著、二〇一八年、ぺりかん社）

柳原　敏昭（やなぎはら　としあき）
一九六一年新潟県生まれ。東北大学大学院文学研究科博士課程後期単位取得退学。博士（文学）。鹿児島大学大学助教授を経て、現在、東北大学大学院文学研究科教授。専門：歴史学（日本中世史）
主な著作：『中世日本の周縁と東アジア』（二〇一一年、吉川弘文館）、『平泉の光芒』（編著、二〇一五年、吉川弘文館）

鈴木　道男（すずき　みちお）
一九五八年宮城県生まれ。東北大学大学院文学研究科博士課程前期修了。博士（国際文化）。東北大学講師、助教授を経て、現在、東北大学大学院国際文化研究科教授。専門：（比較文化論）
主な著作：『江戸鳥類大図鑑』（二〇〇六年、平凡社）

佐倉　由泰（さくら　よしやす）
一九六一年長野県生まれ。東北大学大学院文学研究科博士課程後期三年の課程退学。博士（文学）。東北大学文学部助手、信州大学教養部専任講師、信州大学人文学部助教授、東北大学大学院文学研究科准教授等を経て、現在、東北大学大学院文学研究科教授。専門：日本文学
主な著作：『軍記物語の機構』（二〇一一年、汲古書院）、『『大塔物語』をめぐる知の系脈』（二〇一三年、日本学術振興会科学研究費補助金基盤研究（C）報告書）

小林　隆（こばやし　たかし）
一九五七年新潟県生まれ。東北大学大学院文学研究科博士課程後期単位取得退学。博士（文学）。国立国語研究所研究員を経て、現在、東北大学大学院文学研究科教授。専門：方言学
主な著作：『方言学的日本語史の方法』（二〇〇四年、ひつじ書房）、『方言が明かす日本語の歴史』（二〇〇六年、岩波書店）、『柳田方言学の現代的意義』（共著、二〇一四年、ひつじ書房）、『ものの言いかた西東』（共著、二〇一四年、岩波書店）

後藤　斉（ごとう　ひとし）
一九五五年宮城県生まれ。東北大学大学院文学研究科博士課程後期単位取得退学。山形県立米沢女子短期大学講師、東北大学助教授を経て、現在、東北大学大学院文学研究科教授。専門：言語学（言語情報学、ロマンス語学、エスペラント学）
主な著作：『日本エスペラント運動人名事典』（共編、二〇一三年、ひつじ書房）、『人物でたどるエスペラント文化史』（二〇一五年、日本エスペラント協会）

水原　克敏（みずはら　かつとし）
一九四九年宮城県生まれ。東北大学大学院教育学研究科博士課程後期単位取得退学。教育学博士。東北大学教育学部講師・助教授・教授を経て、現在、東北大学名誉教授、早稲田大学教育・総合科学学術院特任教授。専門：教育学（カリキュラム論）

主な著作：『近代日本教員養成史研究』（一九九〇年、風間書房）、『現代日本の教育課程改革』（一九九二年、風間書房）、『近代日本カリキュラム政策史研究』（一九九七年、風間書房）、『増補改訂版　学習指導要領は国民形成の設計書』（二〇一七年、東北大学出版会）

戸島　貴代志（としま　きよし）
一九五八年香川県生まれ。京都大学大学院文学研究科博士課程後期単位取得退学。博士（文学）。福井医科大学、福井大学非常勤講師、福井工業高等専門学校助教授を経て、現在、東北大学大学院文学研究科教授。
専門：現代哲学（現象学、生の哲学、実存思想等）
主な著作：『創造と想起―可能的ベルクソニズム―』（二〇〇七年、理想社）、『現代フランス哲学に学ぶ』（二〇一七年、放送大学教育振興会）

柳田　冨美子（やなぎた　ふみこ）
一九一九年東京府生まれ。聖心女子学院高等専門学校（現在の聖心女子大学）卒業。柳田國男の長男為正氏令夫人。
主な著作：『緑蔭小舎と作家たち』（二〇〇九年、ときの忘れもの）

装幀：物部朋子（HAKULO）

柳田國男と東北大学

Kunio YANAGITA and Tohoku University

2018年4月27日　初版第1刷発行
編　者　鈴木岩弓・小林　隆
発行者　久道　茂
発行所　東北大学出版会
〒980-8577　仙台市青葉区片平2-1-1
TEL：022-214-2777　FAX：022-214-2778
http://www.tups.jp　E-mail:info@tups.jp
印　刷　亜細亜印刷株式会社
〒380-0804　長野市三輪荒屋1154
TEL：026-243-4858㈹　FAX：026-241-0674

ISBN978-4-86163-311-9　C3039
定価はカバーに表示してあります。
乱丁、落丁はおとりかえします。